AZUSA STREET

El principio del pentecostalismo en el siglo xx

por Frank Bartleman

P

Azusa Street
Frank Bartleman

Publicado por:
Editorial Peniel
Boedo 25 (1206) Tel: 981-6034
e-mail: penielar@starnet.net.ar
Bs. As. Argentina

Publicado originalmente en inglés con el título:
Azusa Street.
Por: Bridge Publishing

Traducido al español por
Virginia Lopez Gradjean

ISBN N° 987-9038-13-4
Producto N° 316027
Edición N° 1
Año 1997

Printed in Colombia
Impreso en Colombia

CAPILLA DE ORACION DE AZUSA

El despertar de Azusa, cuya crónica es vívidamente presentada al lector en este libro, fue la base de muchas y profundas características básicas paralelas que encontramos en el movimiento carismático del día de hoy. Considero que el autor de este libro es uno de nuestros mejores historiadores modernos sobre el tema. Hace pocos años, Vinson Synan y yo estuvimos frente a la entrada de este humilde lugar en la calle Azusa, ahora flanqueado por enormes rascacielos, mientras mi equipo de filmación documentaba la historia de las dos últimas personas vivas (de las cuales, desde entonces, una ha muerto) que fueron partícipes de esa temprana parte de nuestra historia.

En la actualidad existe en muchos líderes, tanto de los grupos clásicos como los de los carismáticos, el deseo de conservar el lugar donde se produjo el despertar de Azusa como monumento histórico religioso. El plan sería adquirir el lugar y erigir allí una pequeña capilla de oración. Los alumnos de la Facultad de Teología de Melodyland se han ofrecido a servir en ese lugar de oración durante veinticuatro horas al día. Allí podrían ponerse a disposición de los visitantes literatura (incluyendo este libro) y breves proyecciones fílmicas, además de contar con el antiguo piano que se utilizara en Bonnie Brae. Oramos para que muchos se sientan motivados a contribuir con este notable proyecto. La Clínica Carismática de Melodyland eligió como tema oficial de su reunión de 1981 el tema del despertar de Azusa, y *Azusa Street* es el texto oficial del aniversario número setenta y cinco, sus bodas de diamante.

Hace poco tiempo, me sobrecogió la emoción al ver un viejo y descolorido periódico con sus enormes titulares en primera plana sobre el gran terremoto de San Francisco. Ese mismo periódico, en un rincón de alguna página perdida, informaba sobre otro terremoto, poco conocido, pero cuyos efectos se sentirían luego en todo el mundo: el despertar de Azusa. Quizá una amplia difusión por medio de este libro produzca otro tremendo temblor de avivamiento en estos turbulentos tiempos.

Ralph Wilkerson
Pastor del Centro Cristiano Melodyland

Azusa Street es la reimpresión completa de la historia escrita por Bartleman en 1925, titulada *How "Pentecost" Came to Los Angeles - How It Was in the Beginning (Cómo llegó el "Pentecostés" a Los Angeles - Cómo fue en el principio).* Sólo se han agregado la introducción y los apéndices.

En 1955 se publicó una versión abreviada del libro bajo el título *Another Wave Rolls In (Otra ola está llegando).*

Azusa Street se publica como parte de la celebración del 75mo. aniversario de la apertura de la histórica obra misionera en la calle Azusa, que comenzó en abril de 1906. Esperamos que la reaparición de este libro ayude a mantener ardiendo el fuego pentecostal hasta que Jesús vuelva.

Vinson Synan

Julio de 1980

Oklahoma City, Oklahoma

Este librito está dedicado a las muchas preciosas almas junto con las cuales el autor tuvo el privilegio de ver y experimentar los primeros días de bendición de la "lluvia tardía", el derramamiento producido en la vieja "usina", la obra misionera de la calle Azusa. Ha sido escrito con la esperanza y en la oración de que pueda renovarse, si hubiera sido perdida, la visión de aquellos que alguna vez compartieron con nosotros la gloria de esta "primera casa" de bendición; y que por medio de este humilde medio, pueda ser relatada "a las nuevas generaciones".

FRANK BARTLEMAN
Los Angeles, California

Abril de 1925

Contenido

Contenido

Introducción Frank Bartleman y Azusa Street

por Vinson Synan

Pocos eventos han afectado tanto a la historia de la iglesia moderna como el famoso avivamiento de la calle Azusa, ocurrido entre 1906 y 1909, que abriera el camino para la renovación pentecostal que alcanzó a todo el mundo en el siglo veinte. De este avivamiento ha surgido un movimiento que en 1980 cuenta con más de 50.000.000 de pentecostales clásicos en incontables iglesias y obras misioneras en prácticamente todas las naciones del mundo. Además de estos pentecostales, hay innumerables carismáticos en cada denominación, al menos parte de los cuales cuyo legado puede remontarse a las reuniones que se realizaban en la obra misionera de la calle Azusa.

Personajes claves en este evento fueron Charles Parham, maestro; William J. Seymour, predicador; la ciudad de Los Angeles; Frank Bartleman, periodista; y el edificio de la obra misionera de la calle Azusa. En un pasaje de apenas dos cuadras en el centro de Los Angeles, Azusa 312 es la dirección más famosa de la historia pentecostal-carismática.

Aunque no estuvo presente en el comienzo del avivamiento de la calle Azusa, Parham fue, en muchos sentidos, el padre teológico del mismo. Parham había sido un ministro metodista de Kansas, que en 1898 inició un hogar de sanidad en Topeka, donde se invitaba a los alumnos a estudiar las Escrituras en la comunidad de un pequeño instituto bíblico. Los alumnos no pagaban por sus estudios, sino que se les requería que "vivieran por fe". Parham compartía las enseñanzas normales del movimiento de la Santidad de su época, es decir: la justificación por la fe, la santificación como una segunda obra de la gracia, la sanidad divina y la segunda venida de Cristo previa al Milenio. En 1900 tenía aproximadamente 40 alumnos en una mansión de ladrillos cuyos cuartos estaban distribuidos en forma irregular, conocida como "La locura de Stone", en las afueras de Topeka.

En enero de 1901, uno de los alumnos de Parham, una joven de dieciocho años llamada Agnes Ozman, fue bautizada en el Espíritu Santo y comenzó a hablar en otras lenguas según el Espíritu le daba. Esto vino como resultado de un intenso estudio de las Escrituras en cuanto a la "evidencia" de haber recibido el Espíritu Santo. A partir de esta experiencia, Parham construyó su teoría de que el hablar en lenguas era la evidencia bíblica de que alguien había sido bautizado en el Espíritu Santo.

Desde 1901 a 1905, Parham y sus equipos de la "Fe Apostólica" predicaron el mensaje pentecostal en el oeste medio, ganando conversos dondequiera que iban. En 1905 mudó el instituto a Houston, Texas, donde se produjeron las mismas manifestaciones carismáticas. Desde su instituto en Houston, Parham evangelizó todo Texas y el sudoeste. Desde 1901 hasta 1908 pudo ganar aproximadamente 25.000 seguidores en varios estados desde Misuri hasta Texas. Sus obras misioneras de la Fe Apostólica contaban con poco más que la enseñanza y el carisma de su líder para mantenerlas unidas, dado que Parham se oponía tenazmente a toda forma de organización eclesiástica.

Fue en Houston que un predicador negro del sur, del movimiento de la Santidad, llamado William J. Seymour, se unió al instituto bíblico de Parham. A pesar de las leyes segregacionistas que regían en el sur, Seymour pudo asistir a las clases dictadas por Parham. Seymour era originalmente bautista, y había entrado a las filas del movimiento de la Santidad antes de 1905, aceptando luego libremente las radicales enseñanzas de Parham, que ahora incluían cinco puntos: justificación, santificación, bautismo en el Espíritu Santo con la "evidencia inicial" del hablar en otras lenguas, sanidad divina y premilenialismo.

Aunque Seymour aceptó la enseñanza de Parham sobre las lenguas (glosolalia), no recibió esta experiencia en Houston. Pero el manto del liderazgo en el recién nacido movimiento pentecostal pronto sería transferido de Parham a Seymour, y el "lugar de bendición", de Houston a Los Angeles.

En 1906, Seymour recibió una invitación para predicar en una iglesia nazarena negra en Los Angeles, pastoreada por una predicadora, la Rev. Sra. Hutchinson. Al llegar a Los Angeles, en la primavera[1] de 1906, Seymour se encontró con una ciudad de 228.000 habitantes que crecía un 15% cada año. La atención religiosa de la ciudad se dividía entre muchas religiones extrañas y una gran diversidad de denominaciones. Los Angeles era un crisol, una metrópolis en que se podía encontrar numerosos mejicanos, chinos, rusos, griegos, japoneses, coreanos, y anglo-estadounidenses.

La vida religiosa de la ciudad era dominada por Joseph Smale, cuya enorme Primera Iglesia Bautista se había transformado en la "Iglesia del Nuevo Testamento" como consecuencia del avivamiento galés que se estaba haciendo sentir en Los Angeles en ese momento. Otra importante influencia religiosa en la ciudad era Phineas Bresee, quien había fundado la Iglesia Pentecostal del Nazareno en 1895, en un intento de preservar la enseñanza de la santidad, que según él, se estaba perdiendo en la iglesia metodista, denominación en la cual había servido como ministro dirigente durante aproximadamente treinta años.

Bresee comenzó su trabajo en la Obra Misionera Peniel, en la zona más pobre de la ciudad, repitiendo lo hecho por Wesley un siglo atrás en Inglaterra, al ministrar a los desheredados por la sociedad de Los Angeles. Sus seguidores nazarenos se estaban convirtiendo rápidamente en la iglesia del movimiento de la Santidad más grande de Estados Unidos.

En la comunidad negra se había estado desarrollando una rica vida social y religiosa durante los últimos años del siglo anterior, y muchas iglesias metodistas, bautistas y de la Santidad se habían focalizado en la comunidad negra centrada alrededor de la calle Bonnie Brae.

Sin duda, William J. Seymour fue la figura clave del avivamiento de la calle Azusa, y siempre será recordado como el vaso elegido por el Señor para encender la llama del avivamiento pentecostal en todo el mundo. Pero muy pocas de las cosas que él escribió se han conservado para la posteridad.

Este hecho no debe ser causa de desánimo, sin embargo, ya que podemos recordar que ni Sócrates ni Jesús dejaron un conjunto de obras escritas para que las leyeran las futuras generaciones. Sócrates tuvo a Platón para registrar sus diálogos, y Jesús tuvo a los cuatro evangelistas, Mateo, Marcos, Lucas y Juan, para dejar un registro escrito de sus enseñanzas. Seymour tuvo a su Frank Bartleman.

El diario personal de Bartleman y las notas que escribió para la prensa de la Santidad constituyen el material más completo y confiable sobre lo sucedido en la calle Azusa. En años posteriores, Bartleman reunió las anotaciones de su diario y los artículos escritos en varios periódicos y los publicó en un libro.

En este libro, llamado *How Pentecost Came to Los Angeles (Cómo el Pentecostés llegó a Los Angeles)*, podemos sentir el entusiasmo de los sucesos ocurridos en la vieja obra misionera de la calle Azusa. Desde el principio, aparentemente Bartleman sintió la significación histórica que revestía este Pentecostés de Los Angeles. Desde la primera reunión a la que asistió, en abril de 1906, sintió que el resultado sería "un avivamiento mundial".

La vida de Bartleman fue, de diversas maneras, una preparación para que él pudiera registrar lo sucedido en las reuniones de Azusa. Es probable que sin sus relatos, el movimiento pentecostal no se hubiera expandido tan rápidamente y con el alcance con que lo hizo. Su actividad periodística no sólo informó al mundo sobre el movimiento pentecostal, sino que en gran medida, también ayudó a darle forma.

Bartleman nació en Bucks County, Pensilvania, en 1871. Su padre era alemán, católico romano, y su madre, inglesa, era cuáquera. En la granja en la que se crió, su primer trabajo consistió en seguir al arado. Bartleman temía a su rígido padre, pero disfrutaba de una tierna relación con su madre. Desde sus primeros días de vida, sufrió de una salud delicada. En sus propias palabras, era un "semiinválido de por vida", que siempre vivió "con la muerte mirándome por sobre el hombro".

Su conversión se produjo en octubre de 1893, en el Templo Bautista de Filadelfia, pastoreado por el famoso predicador Russell Conwell, autor del clásico *Acres of Diamonds (Acres de diamantes)*. Después de ser bautizado por Conwell, Bartleman rechazó la oferta que aquél le hiciera de pagar sus estudios universitarios. Explicó que: "tomé una decisión al elegir entre un púlpito famoso y con el que ganaría buen dinero, y un humilde camino de pobreza y sufrimiento... Elegí a las calles y los suburbios para que fueran mis púlpitos."

En el momento en que recibió su licencia para predicar, otorgada por la Iglesia Bautista del Templo, decidió "confiar en Dios" en lo relativo a su cuerpo. A partir de allí siguió durante toda su vida una devoción total a la doctrina de la sanidad divina. El deseo de predicar lo consumía. "El evangelio era un fuego en mis huesos que ardía todo el día", escribió el joven ministro.

En 1897 Bartleman abandonó el ministerio bautista y recaló en el movimiento de la Santidad. Se unió al Ejército de Salvación y pasó un breve período en Johnstown, Pensilvania, como capitán, aunque luego se retiró muy desilusionado. Más tarde viajó al Chicago para asistir al Instituto Bíblico Moody.

Pero no estudió mucho tiempo allí. Tenía "pies movedizos". Pronto se subió a un "tren evangelístico" para hacer una gira por el sur. Allí se hizo amigo de los negros, para gran consternación de los blancos sureños. Finalmente, la vida nómada lo deprimió. En una segunda gira, realizada en 1899, su estado depresivo era tan profundo, que llegó a pensar en suicidarse. Pero más tarde se sintió lo suficientemente mejor como para considerar la idea de contraer matrimonio.

En 1900 se casó con Miss Ladd, directora de una escuela para "jovencitas descarriadas" en Pittsburgh, Pensilvania. También experimentó entonces su primera manifestación espiritual de "gritos y saltos", aunque anteriormente había llevado una vida de "tendencia bastante monástica".

Poco después de casarse, Bartleman fue ordenado en Filadelfia "en relación con lo pentecostal", expresión de la que nunca explicó totalmente su significado. El grupo probablemente fuera uno de los pequeños grupos de la Santidad de esa época, que encontró apropiado utilizar la palabra "pentecostal" en su nombre, como referencia a la segunda bendición de la santificación por medio del bautismo en el Espíritu Santo (sin referencia alguna a la glosolalia).

Aproximadamente en la época en que contrajo matrimonio, se unió a la Iglesia Metodista Wesleyana y se le asignó un pastorado en Corry, Pensilvania. Este tiempo fue una experiencia poco feliz para Bartleman, que encontró que la iglesia no era "ni siquiera espiritual" y, a su juicio, "una carga de santidad apartada".

En este período, Bartleman vivió varias experiencias místicas más, además de los saltos y gritos de unos pocos meses atrás. En una reunión de un campamento sintió "shocks eléctricos", a tal punto que caía inconsciente. Luego, después de que su caballo fuera sanado como respuesta a una oración, una noche Satanás lo atacó en su cuarto "para destruirme". A la mención del nombre de Jesús, el diablo huyó. Después de una sanidad milagrosa, Bartleman "cayó bajo el poder del Espíritu" y permaneció así durante media hora, delante de una congregación a que le había predicado.

Cuando su suegro lo invitó a unirse a la Conferencia Episcopal Metodista en Nueva York, Bartleman se negó. Aunque en este período, la iglesia metodista se estaba apartando de la expresiva y emocional religión de la Santidad, Bartleman iba en dirección opuesta; y se refirió a la iglesia metodista como "muerta y comprometida".

Después de abandonar la Iglesia Metodista Wesleyana de Pensilvania, Bartleman fijó su mirada en el oeste. Haciendo un trabajo aquí y otro allá, llevó a su esposa y a su hija recién nacida, Esther, a un viaje a Colorado, con California como meta final.

En Denver, trabajó con Alma White, líder de la iglesia Columna de Fuego, un pequeño grupo de la santidad que se especializaba en la "danza sagrada". Allí fue que Bartleman "se curó para siempre de adorar un credo o un celo religioso".

Mientras estuvo en Colorado, Bartleman continuó el ministerio que se convirtió en su misión de por vida: trabajar en los suburbios, entre alcohólicos y prostitutas. La mayor parte de su tarea fue hecha en las misiones de rescate de la Santidad que se ubicaban en las áreas centrales de las ciudades más grandes del país.

También se sintió llamado a escribir y distribuir tratados como parte de su ministerio. Además de los tratados, Bartleman muchas veces pintaba citas bíblicas en los puentes, en las rocas junto a las carreteras, o en otros lugares públicos. Por hacerlo, algunas veces estuvo en problemas con la ley. En 1902 fue arrestado en Boulder, Colorado, por pintar citas bíblicas en las paredes del cañón cercano a la ciudad. Además de estas actividades, el infatigable evangelista predicaba en cada "saloon" y prostíbulo que encontraba en las ciudades que visitaba. En Denver, eso significó más de cien "saloons".

En 1904, Bartleman finalmente alcanzó su meta, California. Al llegar allí, exclamó: "Hemos llegado al paraíso." Su primera escala fue en Sacramento, donde inmediatamente fue puesto a cargo de la Obra Misionera Peniel, una misión de rescate de la Santidad ubicada en el corazón de la ciudad. Su obra en Peniel falló "por obreros incompetentes" y por la agresiva actividad proselitista de las obras misioneras rivales, Columna de Fuego y Zarza Ardiente.

Después de dejar la Obra Misionera Peniel, Bartleman trató frenéticamente de retornar al ministerio pastoral. Su intento de lograr un pastorado con la iglesia metodista wesleyana falló, como también su solicitud a Phineas Bresee de que le otorgara un pastorado en una iglesia nazarena. "No hay ninguna disponible", fueron las palabras de Bresee.

El desesperado Bartleman debió recurrir a cualquier trabajo que pudiera conseguir: pintar, recoger manzanas, cortar madera, etc. Las cosas se pusieron tan mal que su segundo hijo nació en un hogar de caridad. Los directores del hogar no permitieron que el desventurado evangelista pudiera quedarse allí con su esposa y su hijo. Más tarde, su esposa debió comenzar a buscar comida en los cestos de desperdicios. No tenían dinero para comprar ropa, y sus zapatos estaban llenos de agujeros.

En diciembre de 1904, Bartleman abandonó Sacramento camino a Los Angeles, donde registraría algunos de los más conmovedores sucesos en la historia de la iglesia. "El Espíritu nos había llevado a Los Angeles para el derramamiento de la 'lluvia tardía'", escribió luego al final de su libro autobiográfico, *From Plough to Pulpit — From Maine to California (Del arado al púlpito — De Maine a California).*

En Los Angeles, Bartleman fue inmediatamente a la

Obra Misionera Peniel en la calle South Main, fundada y dirigida por la Sra. Manie Ferguson, autora del himno "Bendita quietud". (P.F. Bresee había trabajado para Peniel antes de fundar la Iglesia del Nazareno en 1895).

La dificultad y la tragedia esperaban a Bartleman en Los Angeles. Pobreza, enfermedad, y la muerte de su hija mayor, la "reina Esther", en enero de 1905, dejaron al infortunado predicador y a su esposa transidos de pena, pero más decididos que nunca a cumplir con su ministerio en "la ciudad de los ángeles".

Durante 1905 Bartleman trabajó con las diversas iglesias y obras misioneras de la Santidad que había en la zona de Los Angeles. Pero muchas de las iglesias de la Santidad se habían vuelto rígidas y negativas ante cualquier viento nuevo de avivamiento que pudiera comenzar a soplar. Como advertencia para ellas, Bartleman confesó en su diario que "algunas iglesias de la Santidad [las más prominentes en esa época] se van a sorprender de que Dios las pase de largo. El obrará en los canales que se rindan a él. Deben humillarse para que él las visite."

En realidad, las mayores señales del avivamiento en Los Angeles eran, en 1905, las iglesias metodistas y bautistas, en particular la Iglesia Metodista de Lake Avenue, en Pasadena, y la Primera Iglesia Bautista de Los Angeles, pastoreada por Frank Smale.

El avivamiento en la iglesia de Smale fue iniciado por las noticias del gran avivamiento que se produjo en Gales en 1904 y 1905 con Evan Roberts. Un viaje de Smale a Gales, y un intercambio de correspondencia entre Bartleman y Evan Roberts, demuestran un lazo espiritual directo entre el movimiento de Dios en Gales y el derramamiento pentecostal de Los Angeles, en 1906.

También en este momento Bartleman comenzó a

escribir artículos para la prensa de la Santidad. Sus artículos, escritos en Los Angeles, fueron impresos en el *Camino de Fe*, de Columbia, Carolina del Sur, y *El Evangelista de Dios*, de Cincinnati, Ohio. A partir de estos influyentes periódicos, los artículos de Bartleman fueron reimpresos en otros periódicos de la Santidad en todo el país. En 1906, Bartleman ya era conocido en los círculos del movimiento como un reportero confiable, cuyos artículos enfatizaban la necesidad de renovación espiritual en todos los cristianos, pero en particular en los integrantes del movimiento de la Santidad. Por lo tanto, estaba en una posición estratégica para describir el clima espiritual de Los Angeles antes del avivamiento de la calle Azusa y para informar sobre los eventos históricos luego de que comenzaran las reuniones allí, en 1906.

Los relatos del avivamiento en la calle Azusa fueron reunidos en un libro publicado por Bartleman en 1925: *Cómo el Pentecostés llegó a Los Angeles: Cómo fue en el principio.* Este libro fue escrito varios años después de los eventos sucedidos entre 1906 y 1909 y está compuesto por extractos de su diario personal y de artículos que había escrito para la prensa de la santidad.

En este libro, Bartleman se incluye a sí mismo en la historia como uno de los promotores de los sucesos de la calle Azusa. Aunque es cierto que Bartleman ayudó a establecer el clima espiritual en que el movimiento pentecostal pudo florecer en Los Angeles, el rol vital fue el de William J. Seymour, pastor de la Obra Misionera de la calle Azusa.

En 1906, Seymour había sido invitado a predicar en una iglesia nazarena negra, pastoreada por la "Sra. Hutchinson". Cuando Seymour predicó su primer sermón, proclamando la teoría de la "evidencia inicial" del bautismo en el Espíritu Santo, fue echado de la iglesia nazarena. El predicador errante fue entonces invitado a quedarse en el hogar de Richard Asbury, en la calle Bonnie Brae, hasta que pudiera arreglar lo necesario para volver a Houston. Pero Seymour estaba destinado a pasar el resto de su vida en Los Angeles, debido al tremendo avivamiento que se desató poco después.

En 1906, la teoría que hizo que Seymour fuera echado de esa iglesia nazarena era nueva para los círculos de la Santidad. Expresada en forma simple, la teoría dice que no se puede afirmar que uno ha sido "bautizado en el Espíritu Santo" sin contar con la "evidencia inicial" del hablar en lenguas (como lo hizo la iglesia en el día de Pentecostés). Esta era una enseñanza ofensiva y revolucionaria, ya que prácticamente todos los cristianos decían haber sido bautizados en el Espíritu; los evangélicos, en el momento de su conversión, y los del movimiento de la Santidad, en el momento de su "segunda bendición" o "santificación completa". La enseñanza del bautismo del Espíritu certificado por la glosolalia se convirtió en la pieza central de la enseñanza pentecostal, con Seymour como apóstol del movimiento.

Aunque aún no había hablado en lenguas él mismo cuando fue echado de la iglesia nazarena, Seymour lo hizo poco después, en el hogar de los Asbury. Las reuniones caseras de oración pronto dejaron paso a reuniones en las que cientos de personas llenaban la casa hasta el porche, ansiosas por escuchar a Seymour y sus seguidores que hablaban en lenguas. Pronto la cantidad de gente que asistía creció tanto que fue necesario encontrar una nueva "sede" para este grupo en rápido crecimiento.

La búsqueda de un lugar en el centro de Los Angeles produjo como resultado un viejo edificio abandonado en la calle Azusa, que había sido utilizado sucesivamente como templo de una iglesia metodista, establo y depósito. En 1906 estaba en ruinas, pero era adecuado para la bandada de pentecostales que comenzaron a realizar sus cultos allí en abril de 1906.

Bartleman comenzó a asistir a los cultos cuando el grupo aún se reunía en la calle Bonnie Brae, y luego siguió a Seymour a la calle Azusa. El periódico *Los Angeles Times* escribió el primer artículo sobre los sucesos de Azusa en abril de 1906. El artículo, aparecido en primera plana, llamaba a las lenguas "una extraña Babel", y a los seguidores de Seymour "una secta de fanáticos", con lo cual sólo consiguió que se despertara la curiosidad de la gente, que comenzó a acudir en masa a las reuniones de la calle Azusa. "La prensa escribió cosas vergonzosas sobre nosotros," diría Bartleman, "pero eso sólo hizo que viniera mucha más gente". Lo que sigue es parte de un artículo aparecido en el *Times* el 18 de abril de 1906 (ver el artículo completo en el apéndice A):

> Emitiendo extraños sonidos y expresando un credo que parecería incomprensible para cualquier mortal en su sano juicio, la más reciente secta religiosa ha comenzado en Los Angeles. Las reuniones se realizan en una choza a punto de derrumbarse en la calle Azusa, cerca de San Pedro, y los devotos de esta extraña doctrina practican los más fanáticos ritos, predican las teorías más alocadas y llegan a un extremo de loco frenesí en su peculiar celo.
>
> La congregación se compone de personas de color y unos pocos blancos, que vuelven odio-

> sas las noches para el vecindario con sus aullidos de adoradores y pasan horas sacudiéndose de adelante para atrás en una actitud de oración y súplica que crispa los nervios [sic]. Dicen tener "el don de lenguas", y ser capaces de comprender la babel.

El avivamiento continuó durante tres años y medio en Azusa. Las reuniones se realizaban tres veces por día: mañana, tarde y noche. El hablar en lenguas era la atracción principal, pero la sanidad de los enfermos no le andaba lejos. Las paredes pronto quedaron cubiertas de las muletas y los bastones de los que eran milagrosamente sanados. El don de lenguas fue pronto seguido por el don de la interpretación. Pasado un tiempo, Seymour y sus seguidores comenzaron a decir que la totalidad de los dones del Espíritu habían sido restaurados a la iglesia.

Pronto se hizo obvio que Seymour era la personalidad líder en el Pentecostés de Los Angeles. Se convirtió en el pastor de la iglesia y siguió siéndolo hasta su muerte, en 1929. A pesar del hecho de que Seymour era negro, muchos de sus seguidores eran blancos. Aunque al principio del avivamiento predominaban los negros, en el momento de mayor desarrollo los blancos eran mayoría. Después, la obra misionera volvió a estar compuesta predominantemente por negros, dado que los blancos comenzaron a organizar sus propias iglesias en Los Angeles después de 1906. En cuanto a la situación racial, Bartleman sostenía, exultante, que "la línea que separaba los colores ha sido borrada por la Sangre".

A medida que continuaba el avivamiento, era evidente que el rol de Bartleman sería el de informar al mundo religioso sobre el Pentecostés de Los Angeles. Sus artículos contaban con un gran público en todos los Estados Unidos y en otras tierras. Sus artículos sobre Azusa aparecían en *Camino de Fe, El Evangelista de Dios* y *El Cosechador Cristiano,* y se pasaban de mano en mano.

Además de los artículos escritos por Bartleman y los negativos comentarios aparecidos en la prensa secular de Los Angeles, Seymour y los líderes de Azusa comenzaron a publicar su propio periódico, titulado *La Fe Apostólica*. El mismo se enviaba gratuitamente a cualquier persona que lo deseara en los Estados Unidos. La editora era una mujer blanca que trabajaba en la obra misionera, Florence Crawford. El nombre se tomó del Movimiento de la Fe Apostólica de Charles Parham.

Sin embargo, la conexión entre Seymour y Parham se rompió en octubre de 1906. Seymour había invitado a Parham, su "padre en el evangelio", a predicar en Azusa, pero los mensajes negativos de Parham y sus intentos de corregir lo que él consideraba abusos llevaron a que fuera expulsado de la iglesia. De allí en adelante hubo una ruptura completa entre Seymour y Parham que nunca fue sanada.

Pero ya nada podía detener el inexorable avance del avivamiento que surgía de la calle Azusa. Comenzaron a llegar "peregrinos a Azusa" desde todas partes de Estados Unidos, Canadá y Europa. Ellos, a su vez, llevaban el fuego a otros lugares. Desde Carolina del Norte llegó Gaston Barnabus Cashwell, de la Iglesia Pentecostal de la Santidad. Después de "crucificar" sus actitudes racistas, pidió a los hermanos de color de Azusa que oraran por él. Según su propio testimonio, Cashwell recibió el bautismo y "pronto estuve hablando en la lengua alemana". Pocos meses después, en una reunión en Dunn, Carolina del Norte, y una gira de predicación por el sur, Cashwell llevó a varias denominaciones de la santidad del sur al pentecostalismo (la Iglesia Pentecostal de la Santidad, la Iglesia de Dios, la Iglesia de la Santidad Bautizada por Fuego, la Santa Iglesia Unida de América, y la Iglesia Bautista Pentecostal del Libre Albedrío).

C.H. Mason, presidente de la Iglesia de Dios en Cristo de Memphis, Tennessee, llegó a Azusa en 1906 y recibió su experiencia personal. Después de que él volvió a su iglesia, la mayoría de la Iglesia de Dios en Cristo se pentecostalizó. En Birmingham, Alabama, M.M. Pinson y H.G. Rodgers, futuros pilares de las Asambleas de Dios (organizadas en 1914) fueron bautizados en el Espíritu Santo bajo el ministerio de Cashwell. Cuando Florence Crawford se mudó a Portland, Oregon, llevó con ella el periódico de Azusa, *La Fe Apostólica,* y tomó ese nombre para su nueva denominación pentecostal.

Desde Azusa, la llama pentecostal se extendió hacia Canadá con R.E. McAlister y A.H. Argue. El "Apóstol del Pentecostés" a Europa, T.B. Barratt, canceló un viaje que había planeado hacer a Azusa después de recibir su Pentecostés en Nueva York. Al volver a Oslo, Noruega, en 1906, abrió la primera obra misionera pentecostal en Europa. A partir de su ministerio, la antorcha pasó a Suecia, Dinamarca, Inglaterra, Alemania y Francia. En forma menos directa, la llama pasó a Chile, bajo el ministerio del misionero de la Iglesia Metodista Americana, Dr. W.C. Hoover; a Brasil bajo el ministerio de Daniel Berg y Gunnar Vingren; y a Rusia y otras naciones eslavas con Ivan Voronaeff, un bautista ruso de la ciudad de Nueva York.

Así fue como en poco tiempo, el Pentecostés de la calle Azusa se convirtió en un mover del Espíritu Santo a nivel mundial. Las cinco enseñanzas principales de Azusa sirvieron como pautas por las que se rigió esta primera oleada de pentecostales: (1) justificación por fe; (2) santificación como obra concreta de la gracia; (3) el bautismo en el Espíritu Santo, evidenciado por el hablar en otras lenguas; (4) la sanidad divina "como en la expiación"; y (5) el arrebatamiento personal premilenialista de los santos en la segunda venida de Cristo. Aunque muchos "vientos de doctrina" soplaban en Azusa, Seymour y sus seguidores hicieron énfasis en estas enseñanzas durante todos los años que funcionó la obra misionera.

Con el tiempo, las opiniones del mundo religioso se dividieron amargamente en cuanto al avivamiento de la calle Azusa. Aunque un gran porcentaje del movimiento de la Santidad aceptó el avivamiento como señal del Pentecostés por el cual tanto tiempo habían orado, la mayoría rechazó el pentecostalismo. Los fundamentalistas lo rechazaron, y para 1928 habían excluido de sus filas a todos los pentecostales. La gran mayoría de los cristianos de las denominaciones más importantes sabían poco y nada de este movimiento, o lo rechazaban considerándolo una herejía más de la "ola de santidad".

Después de setenta y cinco años, es posible ahora tener una mejor perspectiva histórica en lo relativo al avivamiento de la calle Azusa. En los años de 1906 a 1909, durante el pico de entusiasmo, era imposible que alguien fuera objetivo sobre los eventos ocurridos en la obra misionera y las enseñanzas que allí se impartían. Para aquellos que fueron bautizados en el Espíritu y hablaron en lenguas, la reunión era un preanuncio de un avivamiento mundial. Para los que rechazaban las enseñanzas de Seymour, soplaban "vientos de perdición" en la "choza" de la obra misionera en la calle Azusa.

La tormenta de acusaciones y contraacusaciones que giraba alrededor de la controvertida obra misionera hizo poca mella en Bartleman y Seymour. Aunque reconocieron que había excesos y que ocasionalmente se habían entrometido espiritistas y médiums entre ellos, siguieron considerando que el avivamiento era el comienzo de un despertar histórico. Una característica principal de los cultos era la lectura de informes de otras ciudades, estados y naciones donde se estaba extendiendo el avivamiento. La opinión de Bartleman era que el avivamiento liberado en la calle Azusa sería "de alcance mundial, sin dudas".

Mientras Bartleman se regocijaba en las dimensiones históricas del nuevo movimiento, otros en Los Angeles no estaban tan seguros. En diciembre de 1906, el Dr. Phineas Bresee, fundador de la Iglesia del Nazareno (conocida en ese momento como Iglesia Pentecostal del Nazareno) se sintió movido a escribir un editorial sobre los cultos en la calle Azusa en *El Mensajero Nazareno.* Bresee vivía en Los Angeles, cerca de la obra misionera, pero no hay evidencias de que haya asistido alguna vez a los cultos que allí se realizaban.

En el artículo, titulado "El don de lenguas" (ver Apéndice C), se refirió tangencialmente a los artículos que Bartleman ya había enviado a los editores de periódicos de la Santidad ubicados en el este:

> Pero algunas personas que han tenido la confianza de los editores del Este lo suficiente como para asegurarse la publicación de lo que han escrito, han presentado tan maravillosos relatos de sucesos ocurridos en conexión con esto, que en razón de aquéllos que están a la distancia, y de los muchos que nos escriben

sobre ello, estimamos prudente decir simplemente una palabra.

Minimizando la importancia del fenómeno de la calle Azusa en Los Angeles, Bresee sostenía:

> Localmente es insignificante, tanto en número como en influencia. En lugar de ser el más grande movimiento de la época, como se lo reprensenta (al menos en Los Angeles), es de poca monta. Ha tenido, y tiene ahora, en la vida religiosa de la ciudad, tanta influencia como un guijarro echado al mar...

Finalmente, Bresee creía que los pentecostales de la calle Azusa casi llegaban al fanatismo y la herejía al enseñar que los cristianos son santificados antes de recibir el bautismo con el Espíritu Santo, siendo este bautismo el don de poder sobre la vida santificada, y que es esencial y necesaria evidencia del bautismo el don de hablar con nuevas lenguas [que él llamaba] un jerga sin sentido.

En cuanto a los adoradores que se reunían en la calle Azusa, el líder nazareno manifestaba:

> Aquellas personas más o personas menos cuya experiencia es insatisfactoria, que nunca han sido totalmente santificadas, o han perdido la preciosa obra que fuera realizada en sus corazones, correrán tras la esperanza de cosas excepcionales o maravillosas, sólo para su propia destrucción.

Es obvio que los "tan maravillosos relatos" a las que Bresee se refería eran los que Bartleman hacía circular en la prensa de la santidad. Su opinión de que el movimiento tenía tanta influencia en Los Angeles como "un guijarro echado al mar" fue contradecida por el tremendo crecimiento de las iglesias pentecostales en la zona de Los Angeles y la explosiva expansión del pentecostalismo en los Estados Unidos. Finalmente, Bartleman resultó ser mejor profeta que Bresee.

Quizá la capacidad de prever de Bartleman fuera resultado de su vida y su carrera antes de 1906. Era un agudo observador, escribía con viveza sobre todo lo que veía, y no temía juzgar todo y a todos los que veía. A lo largo de su vida se produjeron muchos sucesos importantes y puntos de inflexión de la vida religiosa en los Estados Unidos.

Cuando se unió a la "nueva orden de sacerdotes" como pentecostal, Bartleman no tuvo problema alguno en aceptar que el bautismo en el Espíritu Santo se evidenciaba en el hablar en lenguas. Cuando William Durham, de Chicago, predicó sobre la santificación como una "obra completa", Bartleman estuvo a su lado y aceptó alegremente sus enseñanzas. Pocos años después, cuando apareció el movimiento de la "unidad", Bartleman se unió a Glen Cook y Frank Ewart y fue rebautizado "en el nombre de Jesús".

Después de unirse a lo que los pentecostales trinitarios llamaban el movimiento pentecostal de "sólo Jesús", Bartleman perdió muchos amigos y contactos. Ya no podía escribir para periódicos pentecostales, ni de la Santidad, por lo que perdió influencia en el movimiento y se vio en gran manera aislado, excepto por sus colegas de la "unidad".

Después de los años del despertar de Azusa, Bartleman continuó sus viajes y escribió otros libros, especialmente *Two Years Mission Work in Europe... 1912-1914 (Dos años de obra misionera en Europa: 1912-1914)*. Este libro describe sus experiencias durante un viaje alrededor del mundo que fue interrumpido por la Primera Guerra Mundial. Su descripción de Europa al momento de comenzar la guerra y sus intentos de volver a su hogar "cruzando la zona de conflicto" realmente son de lectura estimulante. Pero nada de lo que hizo durante el resto de su vida puede compararse con la importancia de sus informes sobre "cómo fue en el principio" en la calle Azusa.

El antiguo evangelista, que hasta el fin de sus días sufrió de muy malas condiciones de salud, pasó sus últimos años en Los Angeles, dedicado a su primer amor: la obra misionera. Finalmente, se negó a unirse a cualquiera de las denominaciones pentecostales establecidas. Murió como había vivido: en independencia. La muerte le llegó en setiembre de 1935 en su amada Los Angeles.

En los años posteriores a 1909, Seymour continuó como pastor en la obra misionera de Azusa. Luego de su muerte, su esposa continuó con los cultos durante unos años más, hasta que la misión fue cerrada en 1929. El viejo y santo edificio fue ofrecido a las Asambleas de Dios en caso de que lo quisieran como monumento histórico pentecostal. Los líderes de esta iglesia lo rechazaron, alegando que "no estaban interesados en reliquias".

Al conmemorarse el septuagésimo quinto aniversario del avivamiento de la calle Azusa, en 1981, es posible reflexionar sobre la importancia de este evento que fue un momento decisivo en la historia cristiana. En este año se estima que el número aproximado de pentecostales y carismáticos en el mundo es aproximadamente 75 millones. Esto significaría que aproximadamente un millón de personas por año ha aceptado las premisas del Pentecostés de Los Angeles a partir de 1906.

En 1981 el Pentecostés ha llegado a la misma Roma: millones de pentecostales católicos se regocijaron en el bautismo en el Espíritu Santo. En 1975, más de 10.000 católicos se reunieron en la Catedral de San Pedro, en Roma, para celebrar la estación de Pentecostés. En un culto memorable, estos carismáticos se gozaron al escuchar al Papa Pablo VI dar su aprobación al movimiento. En el clímax de ese culto, miles de personas hablaron y cantaron en lenguas.

En 1978, un culto pentecostal similar se realizó en la Catedral de Canterbury, en Inglaterra. Aproximadamente 2.000 anglicanos y episcopales llenos del Espíritu se gozaron en él, mientras lenguas y profecías brotaban en la venerable sede de la Comunión Anglicana Mundial. El Arzobispo Coggin fue el orador en esa ocasión y habló en términos brillantes sobre la renovación en Inglaterra.

Se ha recorrido un largo camino desde la calle Azusa hasta San Pedro y Canterbury, pero en 1981 es obvio que el Pentecostés no sólo ha llegado a Los Angeles, sino a todas las ciudades y naciones del mundo.

El último capítulo de este libro, titulado "Un ruego por la unidad" suena extrañamente relevante a aquellos que están activos en los movimientos de renovación pentecostal/carismática en la actualidad. Después de experimentar toda una vida de luchas y divisiones sectarias, un Bartleman más maduro concluye su libro sobre Azusa con un llamado ecuménico:

> por la unidad de los creyentes hoy, por
> "un cuerpo", para que la oración de
> Jesús: "que todos sean uno, para que el

mundo crea", sea respondida...
Pertenecemos al uno y único cuerpo de Cristo, tanto en el cielo como en la tierra.

"Pertenecemos al uno y único cuerpo de Cristo" es una frase que bien podría aplicarse al conjunto de creyentes que se reunían en la obra misionera de la calle Azusa en abril de 1906. Nunca pertenecieron a un grupo denominacional organizado. Ninguna de las grandes denominaciones pentecostales de la actualidad, como las Asambleas de Dios o la Iglesia de Dios en Cristo, puede afirmar que esa obra misionera es de su exclusiva pertenencia. Ella pertenece a la totalidad del cuerpo de Cristo. Seymour no puede ser reclamado por los negros, ni por los pentecostales solamente; él le pertenece al cuerpo entero de Cristo: de todas las naciones, todas las razas, todos los pueblos. Y el bautismo en el Espíritu Santo, con sus dones y gracias correspondientes, no pertenece sólo a los pentecostales, sino al cuerpo todo de Cristo; es "para cuantos el Señor nuestro Dios llamare" (Hechos 2:39).

Este libro ha sido reimpreso en honor de Johnny Bartleman, hijo del autor, quien nació en Los Angeles en 1906, durante el clímax del avivamiento de la obra misionera en la calle Azusa.

En momento de escribirse estas palabras (julio de 1980), Johnny continúa con el ministerio de su padre a las personas marginadas por la sociedad por medio de su labor en la Misión de Fe Cristiana de la calle Echo, en Los Angeles.

1

Pruebas y Bendiciones. Comienza el avivamiento

El autor de las páginas que siguen llegó a Los Angeles, Calif., con su esposa y dos hijas, la mayor de tres años y medio de edad, el 22 de diciembre de 1904, luego de trabajar durante dos años como misionero en el norte, habiendo cruzado previamente el continente, en varias tranquilas etapas. (Ver "Del arado al púlpito", precio 50¢, si se desea información sobre las experiencias anteriores).

Después de detenernos por una noche en la Obra Misionera Peniel, en la calle S. Main 227, alquilamos dos cuartos sin amoblar, en un primer piso, sin calefacción, a unos amigos, en la calle Temple 1055. Yo tenía poco dinero. Conseguí algunos muebles. Cocinábamos y comíamos bajo una carpa tendida en el patio. Sufríamos mucho, porque llovía y hacía frío. Nuestra hija más pequeña se enfermó, pero Dios la libró. La mies era mucha, pero los obreros pocos, en esos días; había mucho trabajo misionero a nuestro alrededor, pero la pregunta era cómo serían suplidas nuestras necesidades.

Comencé a hacer reuniones en la calle, pero pronto un oficial me lo impidió. Yo no tenía permiso, por lo cual fui a trabajar con las obras misioneras ya establecidas. Cada noche tomaba parte de algún culto, y pasaba los días haciendo obra personal. Vivíamos por fe, ya que no teníamos ingresos. Yo había servido al Señor así desde mi conversión en 1893, poco después de la cual fui llamado a predicar. Mi esposa tenía mi misma convicción.

Para el 31 de diciembre habíamos recibido sólo 50 centavos. No habíamos progresado. Mi salud era débil desde mi niñez. En ese momento escribí en mi diario: "Mi salud es muy débil, pero creo que viviré para ver terminada mi obra. A pocos les gusta ir a los lugares difíciles, pero mi tarea es ir donde otros no quieren ir. Parece que Dios sólo puede conseguir un hombre que no tiene más motivo por el cual vivir que el cielo, para hacer la obra, porque lo que se necesita un hombre con esa fortaleza. Me alegra que él me use hasta lo último para su servicio. Prefiero gastarme a arrumbarme; prefiero morir de hambre para Dios, si es necesario, que engordar para el demonio." Ese era el espíritu de mi consagración.

El 2 de enero testifiqué y ayudé en una reunión que duró todo el día en la Iglesia Evangélica Metodista de Boyle Heights, a la que llegué a pie, ya que no tenía dinero para tomar un coche. Estaba muy cansado al volver, por lo que le pedí al Señor que me llevara en coche, y encontré una moneda en la acera. Así volví a casa en coche.

Prediqué en la obra misionera de la calle Quinta, que era controlada por "Zarza Ardiente". Dios me ungió con su gracia mientras exhortaba a encontrar el punto medio entre el formalismo y el fanatismo. La gente se estaba volviendo loca. Jesús fue crucificado "entre dos ladrones". El diablo parte una obra por la mitad, y huye llevándose el corazón, dejando a los santos en los extremos, y así destruye el todo. Somos criaturas de extremos.

La pequeña Esther, nuestra hija mayor, comenzó a sufrir de convulsiones, y se fue a estar con Jesús el 7 de enero a las 4 de la madrugada. Ella había sufrido toda su vida; era muy débil desde el día que nació. Esta vez parecía que la voluntad de Dios era llevársela. Me vi obligado a orar para que se viera librada de tanto sufrimiento. Sentía que la estaba sujetando con mis oraciones, y así prolongaba su sufrimiento. Dios la quería, pero no podía arrancarla de mí. El hizo que yo estuviera dispuesto a renunciar a ella, y se la llevó. Pronto pasó al mundo de gloria sin luchar más. Yo la había besado esa mañana por última vez, mientras estaba consciente, sin darme cuenta de que sería el último beso. Nuestros pequeños se nos escapan tan rápidamente. Aprovechémoslos al máximo cuando los tenemos con nosotros. Tratemos a los niños con dulzura. La vida ya es bastante dura con ellos, y quizá tengamos que lamentar su pérdida cuando sea demasiado tarde. Este es un universo tremendo para el espíritu infantil, lleno de fuerzas terriblemente malignas. Debemos protegerlos y ayudarlos todo lo posible. Mi esposa rogaba a la mujer inconversa que estaba en la casa que arreglara sus cosas con Dios mientras el espíritu de la pequeña Esther partía; tan grande era la gracia que le había sido dada. Habíamos esperado que nuestra pequeña familia jamás se viera quebrada por la muerte. Pero Dios sabía qué era lo mejor.

Copio lo que sigue de mi diario, escrito en ese momento: "La pequeña Esther se deslizó de nuestro lado esta mañana temprano, para irse con Jesús. Los ángeles la llamaban, y fue a encontrarse con ellos. Ellos se la llevaron y dejaron nuestros corazones en soledad. ¡Oh, qué vacío deja su ausencia en nosotros! Pero no nos lamentamos como los que no tienen esperanza. Ella es salva por siempre jamás. Salva de un mundo enemigo, de una vida de sufrimiento. Ella era demasiado frágil para el largo viaje de la vida en este mundo, por eso Dios la libró. Era tan inocente del mal como era posible serlo. El dolor más grande de su vida ya terminó para ella. Se ha ido antes, delante de nosotros, ahorrándose el dolor de la partida. Ha escapado y ahora está segura, mientras que nosotros debemos continuar la lucha. Su obra concluyó en el fresco de la temprana hora de la mañana de la vida, y se ha ido al Hogar, sin tener que sufrir el calor del viaje. Los ángeles la cuidarán mucho mejor de lo que nosotros podríamos, y será inconcebiblemente más feliz. Por su propio bien, no quisiera llamarla para que volviera, aunque pudiera. Por eso dejamos su cuerpo aquí con la plena seguridad de una resurrección gloriosa. Algún día, su espíritu glorificado, radiante y arrebatado por el gozo inefable del cielo, nos encontrará en la 'bella entrada'. Confiamos en que no pasará mucho tiempo."

La pequeña Esther era verdaderamente una "gloria de la mañana". Esa era la flor que más le gustaba. Coloqué una de estas flores sobre su pecho, dulcemente, mientras su cuerpo yacía en el ataúd, listo para ser enterrado. Pero ella se había ido "donde están Dios y los ángeles", y nunca "se fatigaría del mundo". Estábamos felices de que hubiera venido a nosotros, aunque sólo se quedó un corto tiempo, y nos rompió el corazón al partir. Hay un alma más en el cielo. Si nosotros también somos llamados antes de que Jesús venga, sólo nos pesarán los que debemos dejar atrás. Nos regocijaremos por todos los que se han ido antes. Sólo extrañamos a nuestros seres queridos aquí. Si sólo pudiéramos captar una línea de la pura melodía del cielo, perderíamos el gusto por los sonidos terrenales para siempre. Si pudiéramos captar un atisbo de nuestros seres queridos que se han ido, por la "puerta entreabierta", ya la tierra no podría contenernos. Debemos ver las cosas del lado del cielo. Los sonidos y los espíritus de la tierra son tan crudos y crueles... El cielo es todo amor, y gozo, y paz, y descanso. ¡Gracias a Dios! Allí ya no se conocerán el dolor y la partida. No más sillas vacías, ni tumbas, ni ataúdes allí.

La hermana Frambes, esposa del pastor de la Iglesia Metodista en Lamanda Park, California, me relató la siguiente historia real en este momento. El incidente ocurrió hace más de medio siglo en un suburbio de Columbus, Ohio. La anciana Tía Mellinger, una maravillosa santa, testigo presencial, se lo relató muchas veces a la hermana Frambes. Una pobre y oscura familia tenía una hijita de diez años de edad. La criatura siempre había sido muy precoz para las cosas de Dios, y ahora estaba a punto de morir. La Tía Mellingher, junto con otras personas, se había acercado para verla morir. Pronto la niña exclamó, como si estuviera prestando atención a algo: "¡Escuchen! ¡Escuchen!" Intentaron escuchar algún sonido, pero no lo lograron. Los oídos de la niña ya habían sido despertados para escuchar sonidos que estaban más allá de la capacidad auditiva terrenal. Pero muy poco después ellos también comenzaron a oír las más bellas melodías musicales, que evidentemente no eran de este mundo, acercándose desde la distancia. El sonido se aproximó rápidamente, haciéndose más audible, hasta que finalmente se detuvo justo sobre la casa donde estaban reunidos. El rostro de la niña se encendió con un verdadero halo de gloria, y mientras la presencia de Dios llenaba el cuarto, comprendieron que un grupo de seres celestiales los rodeaban, y parecía que casi podían oír el sonido del batir de alas de los ángeles, al tiempo que el espíritu de la pequeña se retiraba de este templo de barro, en un arrebatamiento de gozo trascendente. La música celestial comenzó nuevamente, y pronto se perdió en la distancia. Los ángeles habían vuelto a la ciudad celestial, y el espíritu de la pequeña había partido con ellos. "¡Venid, ángeles, venid alrededor de mí! ¡Oh, llevadme muy lejos sobre vuestras níveas alas, a mi hogar inmortal!"

Leemos en el diario de John Wesley, en su anotación del día 29 de marzo de 1782: "Siendo Jueves Santo, vine a Mansfield a asistir en los cultos del día. Mientras administrábamos el sacramento a aproximadamente mil trescientas personas, escuché un sonido solemne, grave, suave, como el de un arpa eólica. Continuó durante cinco o seis minutos, y afectó de tal manera a tantas personas, que no pudieron contener las lágrimas. Luego, gradualmente, se desvaneció." Evidentemente se trataba del coro de ángeles, que se unía a la adoración.

La hermana Ferguson vino de la Obra Misionera Peniel a consolarnos, al día siguiente a la muerte de Esther, pero al entrar en el cuarto, se vio obligada a exclamar: "¡Pero, el Consolador está aquí!" No teníamos dinero para el funeral, pero el hermano Geo. Studd nos consiguió una parcela barata de la municipalidad, en el Cementerio Evergreen, en la sección de niños. Esther yace enterrada entre los niños de otros países. Y así, sigue siendo una pequeña misionera, como lo fuera en vida.

Yo llevé el ataúd, que contenía todo lo que quedaba en la tierra de nuestra pequeña querida, sobre mis rodillas, en el coche. Estaba lloviendo demasiado como para que mi esposa fuera al cementerio. Entonces la enterramos, en un día oscuro y tormentoso, esperando la mañana de [illegible]surrección, donde no habrá nubes ni lamentos. ¡C[illegible] puro será el aire de esa mañana! ¡Cuán gloriosos [illegible]tros seres amados! ¡Cómo cantará la creación [illegible] mientras aparece el Sol de Justicia, con sanidad e[illegible]s alas! No tuvimos coche fúnebre ni el funeral ac[illegible]mbrado. Pero Dios proveyó, como lo había hecho [illegible]te la vida de la niña.

[illegible]stra pequeña "reina Esther" parecía haber nacid[illegible]ra esta hora" (Ester 4:14). Junto a ese pequeño ataú[illegible] el corazón sangrante, entregué nuevamente mi vid[illegible]rvicio de Dios. En la presencia de la muerte, cuán re[illegible]e vuelven las cosas eternas... Prometí que el resto d[illegible]vida sería dedicado enteramente para él. El hizo un p[illegible] nuevo conmigo. Y yo le rogué que abriera una puer[illegible] servicio rápidamente, para que no tuviera tiempo de [illegible] en la tristeza.

Justo una semana después de la partida de la pe[illegible]ueña Esther comencé a predicar dos veces por día en la pequeña Obra Misionera Peniel, en Pasadena. El diablo luchó con fuerza. Debe de haber sentido lo que se estaba acercando. Por momentos, mientras predicaba, una ráfaga caliente del "abismo" parecía golpearme. Más de una vez me desvanecí, y tuve que juntar nuevas fuerzas antes de continuar. Allí prediqué al mediodía y a la noche durante casi un mes. Una noche tuvimos un tiempo de gran quietud en el altar, durante casi una hora. El Señor llegó verdaderamente cerca. Estábamos en silencio delante de él. Es bueno estar en silencio. Entonces él nos habla con esa voz "suave y apacible". Nuestros espíritus están demasiado inquietos. No lo podemos escuchar. El no grita ni hace torbellinos.

Pronto tuvimos un tiempo de gran quebrantamiento en la obra misionera. Las almas comenzaron a llegar al Calvario, llorando. Un día, mientras iba a Pasadena, el demonio trató de electrocutar al conductor. El trole también se salió del cable una docena de veces, y pareció que nunca llegaríamos. Yo tenía un mensaje que me ardía en el alma, y oré con todas mis fuerzas. Finalmente llegamos, justo a tiempo para que yo diera el mensaje en la reunión. Tuvimos una gran victoria. Pero el diablo había hecho todo lo posible para impedirlo.

Teníamos reuniones de poder, con maravillosos cultos evangelísticos. El Espíritu convencía con su poder. El 6 de febrero llevé a mi esposa y a la pequeña Ruth a Pasadena, a la casa pastoral de la obra misionera. Había comenzado la lucha. Un enemigo trató de persuadir a los Ferguson, de Los Angeles, de que detuvieran las reuniones. Pero Dios lo mandó a la cama con gripe. Decidí que no comería ni dormiría hasta que hubiera victoria, así que ayuné y oré durante todo un día. Esa noche el Señor se manifestó con poder. El no quería que muriera en sus manos. No pude predicar por la fuerza de la presencia de Dios. La gloria se reflejaba en mi rostro como un baño de sol caliente. Dios habló esa noche. El púlpito estuvo rodeado de gente que buscaba sinceramente a Dios hasta medianoche.

Mi obra allí aparentemente había terminado por ese momento, así que alquilé dos cuartos sin amoblar en la calle Grove 213, Pasadena, por cinco dólares por mes, y mudé a mi familia allí, trayendo nuestros muebles desde Los Angeles. Mis nervios habían quedado muy desgastados por los años de trabajo misionero pionero en varias partes del país. Siempre habíamos trabajado por fe, habiendo tomado como lema Is. 33:16: "se le dará su pan, y sus aguas serán seguras". No teníamos dinero, por lo cual me pareció necesario conseguir empleo por un tiempo.

En ese momento yo todavía no le había dado la espalda por completo al trabajo secular, como Dios me guió claramente a hacerlo tiempo después, aunque ya había estado predicando durante más de diez años.

Aunque se habían salvado muchas almas durante las reuniones de ese mes en la Obra Misionera Peniel, la victoria más grande fue ganar un grupo de jóvenes que estaban asistiendo allí. Varios de ellos fueron llamados por el Señor para servirlo. Entre ellos se destacaban Amil Allen, Edward Boehmer, y Orville Tingle. Dos de ellos, al menos, son muy activos en la obra pentecostal en la actualidad. La hermana Mamie Craybill también jugó un activo rol en estas reuniones, especialmente en el ministerio de intercesión. Ella fue un vaso escogido por el Señor, que luego también colaboraría activamente en la obra pentecostal.

A pesar de la debilidad de mi cuerpo, conseguí trabajo como jardinero. Esto nos proveyó de comida. Yo predicaba con frecuencia en las calles, y ayudaba en la obra misionera. Mi siguiente trabajo fue cosechar naranjas, con la ayuda de una escalera, pero tuve que abandonarlo al mediodía de la primera jornada. El peso de la fruta y la escalera que se doblaba casi me rompen la espalda. Este era mi punto débil. Conseguí más trabajo como jardinero, y construyendo cercas. Esto no era tan duro. Casi todas las noches me encontraban en alguna reunión, predicando o testificando. Era mi vida. Mi primer llamado era a predicar.

Sufrimos mucho por el frío y la lluvia, porque sólo teníamos un quemador de gas en la casa, tanto para calefacción como para cocinar. La pequeña Ruth se enfermó con fiebre, y casi nos habíamos quedado sin comida. El trabajo escaseaba. Prediqué en la Obra Misionera Peniel, sin mencionar nuestra necesidad, pero declarando mi fe en que el Señor estaría junto al hombre que había elegido estar junto a él. Ellos oraron por la sanidad de Ruth y el Señor la tocó esa noche mientras orábamos. Un hermano me alcanzó cinco dólares después del culto. Dios había estado conmigo.

Distribuí muchos tratados en Los Angeles, entre las prostitutas y en los "saloons". Pasaba mi tiempo libre repartiendo tratados o haciendo obra personal, o predicando en la calle y en las obras misioneras. Sólo descansaba cuando dormía, y muchas veces, en lugar de eso, oraba. Tenía una gran carga por las almas. "Nadie hay... que se despierte para apoyarse en ti" (Is. 64:7).

El hermano Allen, uno de los jóvenes de la obra misionera, me dio un trabajo de pintura. Era contratista. Durante algún tiempo trabajé en esto. Un día el diablo trató de matarme. Estaba pintando el borde superior del techo a dos aguas de un granero, subido a una escalera. Repentinamente, sin aviso previo, la escalera se deslizó y cayó. Pero yo caí con los pies bien apoyados sobre el techo. Sucedió tan rápido que ni siquiera supe qué pasaba. La pintura salpicó todo el techo. Inmediatamente recordé el Salmo 91:11, 12. Los ángeles del Señor me habían "sostenido". Podría haber caído del techo al suelo y haberme roto el cuello.

El 8 de abril, escuché predicar a F.B. Mayer, de Londres. El describió el gran avivamiento que se estaba produciendo en Gales, adonde había ido de visita recientemente. Había conocido a Evan Roberts. Mi alma se conmovió hasta lo más hondo, ya que había leído hacía muy poco tiempo sobre ese avivamiento. Allí, en ese momento, le prometí al Señor que tendría plena libertad para actuar en mí, si podía usarme.

La Madre Wheaton, la evangelista de las prisiones,

vino a Pasadena y predicó en Peniel. Esa mujer amaba ardientemente al Señor. Yo ansiaba estar totalmente dedicado a la obra del Señor una vez más, pero no sabía cómo podría sostener a mi familia. Los obstáculos parecían muy grandes, y mis fuerzas muy pequeñas. Pero el llamado de Dios estaba sobre mi vida. Mi familia le pertenecía a él. Si él me llamaba, yo no osaría fallarle.

Distribuí tratados en el correo, bancos, y edificios públicos de Los Angeles, y visité muchas tabernas para distribuir tratados allí también. Más tarde, recorrí aproximadamente otras treinta tabernas en Los Angeles. Los prostíbulos estaban totalmente abiertos en esa época, así que entregué muchos tratados allí.

La muerte de la pequeña Esther me había partido el corazón, y yo sentía que sólo podría vivir mientras sirviera a Dios. Yo quería conocerlo en forma más real y ver avanzar su obra con poder. Una gran carga, un gran clamor por un tremendo avivamiento se apoderó de mi corazón. El me estaba preparando para servirlo en algo nuevo. Esto sólo podría realizarse al darme cuenta de una necesidad más profunda de Dios en mi corazón y un verdadero trabajo de parto por las almas para Dios. Y me lo dio. Muchos estaban siendo preparados de manera similar en ese momento, en distintas partes del mundo. El Señor se estaba preparando para visitar y librar a su pueblo una vez más. Se necesitaban intercesores. "...y se maravilló que no hubiera quien se interpusiese" (Is. 59:16); "Y busqué entre ellos hombre que hiciese vallado y que se pusiese en la brecha delante de mí, a favor de la tierra, para que yo no la destruyese; y no lo hallé" (Ez. 22:30).

Cerca del 1 de mayo, un poderoso avivamiento se desató en la Iglesia Evangélica Metodista de Pasadena, situada en Lake Avenue. La mayoría de los jóvenes que habían salido de las reuniones en la Obra Misionera Peniel asistían a esta iglesia, y habían sentido la carga de que hubiera un avivamiento allí. En realidad, habíamos estado orando por un avivamiento que barriera toda Pasadena. Dios estaba respondiendo nuestras oraciones. Me encontré con que en Lake Avenue se estaba produciendo una maravillosa obra del Señor. El púlpito estaba rodeado de almas que buscaban a Dios. No había grandes predicadores allí. Una noche casi todas las almas inconversas fueron salvadas. Dios estaba barriendo el lugar. La convicción pesaba en las almas de las personas. En dos semanas, doscientas personas se arrodillaron ante el altar, buscando al Señor. Los jóvenes de Peniel estaban debajo de todo esto, y Dios los estaba usando en forma maravillosa. Entonces comenzamos a orar por un derramamiento del Espíritu para Los Angeles y todo el sur de California.

Encuentro las siguientes observaciones en mi diario, escrito en esa época: "Algunas iglesias de la Santidad [las más prominentes en esa época] se van a sorprender de que Dios las pase de largo. El obrará en los canales que se rindan a él. Deben humillarse para que él las visite. Estamos clamando: '¡Pasadena para Dios' Las personas están demasiado satisfechas con su propia bondad. Tienen poca fe y poco interés en la salvación de los demás. Dios las humillará pasándolas de largo. El Espíritu nos está inspirando a orar por un derramamiento poderoso y amplio. Grandes cosas nos esperan. Pedimos en grande, que nuestro gozo sea completo. Dios se está moviendo. Estamos orando por las iglesias y por sus pastores. El Señor visitará a quienes se rinden a él."

Y lo mismo se aplica hoy al pueblo pentecostal. Su fracaso o su éxito final para Dios será determinado por este factor. Debemos mantenernos humildes y pequeños a nuestros propios ojos. Si nos dejamos elevar por el sentimiento de nuestra propia importancia, estamos perdidos. La historia se repite en relación con esto. Dios siempre ha buscado un pueblo humilde. El no puede usar otro. Martín Lutero, el gran reformador, escribió: "Cuando nuestro Señor y Maestro Jesucristo dice arrepentirse, quiere decir que la vida entera del creyente sobre la tierra debe ser un constante y perpetuo arrepentimiento. El arrepentimiento y el dolor, es decir, verdadero arrepentimiento, duran mientras el hombre está disgustado consigo mismo, es decir, hasta que pasa de esta vida a la eternidad. El deseo de la autojustificación es causa de muchos dolores del corazón." Siempre hay mucha necesidad de preparar el corazón, en humildad y apartado de lo demás, antes de que Dios pueda venir en forma concreta. **La profundidad de un avivamiento será determinada exactamente por el espíritu de arrepentimiento que éste logre.** En realidad, ésa es la clave de todo verdadero avivamiento nacido de Dios.

El 12 de mayo, Dios trabajó en mí en lo relativo a darle todo mi tiempo a él, haciendo que le diera la espalda finalmente y para toda la vida a todo empleo secular. El quería ahora que yo confiara totalmente en él para sostenerme a mí mismo y a mi familia. Yo acababa de recibir un librito, "El gran avivamiento de Gales", escrito por S.B. Shaw. Salí a caminar un poco antes de desayunar y comencé a leerlo. El Señor había estado tratando de llevarme a tomar esta decisión sobre el servicio a él durante años. Entonces celebramos un nuevo contrato. El iba a tener el resto de mi vida en su totalidad. Y yo jamás me atreví a romper ese contrato. Me encanta trabajar, y algunas veces he estado terriblemente tentado a hacerlo, ante una aparente necesidad. Siempre he trabajado más de lo que mis fuerzas naturales me lo permitían razonablemente.

Mi esposa me guardó el desayuno. Pero yo no regresé hasta el mediodía. Había perdido el apetito por la comida. El Espíritu, por medio de ese pequeño libro, me hizo arder. Visité a tres predicadores y oré con ellos y varios otros obreros antes de volver a casa, a mediodía. Había recibido una nueva comisión y una nueva unción. Sentía la carga por un avivamiento. Un hermano me dio el dinero para un nuevo par de zapatos que necesitaba. El Señor ya estaba proveyendo. El diablo me estaba tentando en cuanto al contrato. Hacía tres semanas que yo no trabajaba. Dios me había cerrado las puertas del trabajo.

Durante algún tiempo pasé todos los días visitando gente y orando con ellos, distribuyendo el panfleto de G. Campbell Morgan sobre "El avivamiento de Gales". El espíritu de oración crecía en mí y decidí obedecer a "la visión celestial". La "cuestión del pan" me había preocupado durante muchos años. Oré pidiéndole al Señor fe para confiar plenamente en él. "No sólo de pan vivirá el hombre" (Mat. 4:4).

El Señor me bendijo con un mayor espíritu de exhortación al avivamiento entre las iglesias, dándome artículos para escribir para la prensa de la santidad al mismo tiempo. Comencé a escribir para el "Camino de Fe" y "El Evangelista de Dios". Una noche me desperté gritando alabanzas a Dios. El se apoderaba de mí cada vez más. Ahora yo iba día y noche, exhortando a los hermanos a tener fe en Dios y esperar obras poderosas. El espíritu de profecía también vino con fuerza sobre mí. Aparentemente recibí un "don de fe" por el avivamiento, muy definido.

Evidentemente estábamos en los comienzos de

maravillosos días por venir, y yo profetizaba continuamente sobre un derramamiento tremendo.

Yo tenía un verdadero ministerio en la prensa religiosa, y comencé a asistir a las reuniones de oración de varias iglesias, para exhortarlas. Estábamos sin dinero, y el diablo me tentaba para que volviera a trabajar. Debíamos la renta, y yo sólo tenía 50 centavos. Pero el Señor escuchó nuestra oración. Estábamos por vender la cocina. Teníamos que tener un techo para cubrirnos. Recibimos justo el importe que necesitábamos, sin pedirlo a nadie. Dios fue fiel.

El tratado de G. Campbell sobre el avivamiento en Gales extendió el fuego en las iglesias en forma extraordinaria. Visité también a muchos santos, y comencé a vender el librito de Shaw, "El gran avivamiento de Gales", entre las iglesias. Dios lo utilizó maravillosamente para promover la fe por un espíritu de avivamiento. Continué trabajando con la distribución de tratados en tabernas y negocios.

Para esta época, ya mis ropas estaban muy gastadas. En respuesta a la oración, el Señor me dio, por medio del hermano Marsh, un metodista de Pasadena, dos juegos de ropa usada, uno liviano y otro más grueso, para el verano y el invierno. Ambos eran mejores que el que yo estaba usando. Así que recibí una doble bendición, el doble de lo que había pedido.

Prediqué en la iglesia metodista de Lamanda Park. Cuatro almas fueron salvas, y otras quedaron bajo convicción de pecado. Uno salió corriendo de la reunión para no tener que rendirse al Señor. Comencé a visitar más iglesias, y a escribir más mensajes para la prensa religiosa. Con frecuencia, el Señor permitía que pasáramos por grandes pruebas económicas, pero nunca dimos a conocer nuestras necesidades a la gente. Cierta vez, sólo teníamos un puñado de porotos en la casa. Pero él nos proveyó antes de que termináramos de consumirlos. Un hermano me trajo una bolsa de papas como resultado de un testimonio que di en la Primera Iglesia Evangélica Metodista. Vale la pena obedecer a Dios. Prediqué nuevamente en la iglesia metodista de Lamanda Park y la reunión duró hasta pasada la medianoche. Cayó fuego esa noche. Luego nos retiramos a la casa pastoral y seguimos orando hasta casi entrada la mañana.

Yo le debía una semana de renta a la dueña de las habitaciones. El diablo entró en ella y me ordenó que le pagara inmediatamente o me fuera. Pero Dios envió el dinero para la renta. Prediqué varias veces más en Lamanda Park, y el fuego de Dios volvió a caer en forma maravillosa. Muchas almas fueron salvadas. El hermano Frambes y su esposa, los pastores, eran preciosos hijos de Dios. Dios también comenzó a obrar en las reuniones de la carpa del hermano Manley, en Pasadena. La carga de oración por la obra era muy fuerte en mí en esos días. Descansaba muy poco, de día o de noche, ya que siempre estaba en algún culto u orando. Eran los primeros días. La lucha había comenzado. Tanto Dios como el diablo se estaban moviendo.

En mayo de 1905 escribí en un artículo: "Mi alma arde al leer sobre la gloriosa obra de la gracia en Gales. Los 'siete mil' de la tierra, los que han estado con los que fueron 'perdonados' (Ez. 9), que han estado 'gimiendo y clamando' por la abominación y la desolación en la tierra, por el deterioro de la piedad vital para el cuerpo de Cristo, tienen una buena excusa para regocijarse en un momento y con una perspectiva como ésta, en que Dios una vez más se está moviendo en la tierra. Pero ¿dónde están los hombres que 'se despertarán para aferrarse a

Dios'? Que nuestra expresión clave en este momento sea 'California para Cristo'. Dios está buscando obreros, canales, gusanos del polvo. Recordemos que debemos ser como gusanos para trabajar con él. La vida de Jesús rebosaba de oración por cada poro. Este género es demasiado para la mayoría de la gente. Pero... ¿no será éste el 'último llamado' de nuestro Señor?"

2

El Pastor Smale Retorna de Gales

El 17 de junio fui a Los Angeles para asistir a una reunión en la Primera Iglesia Bautista. Ellos estaban esperando en el Señor por un derramamiento del Espíritu en ese lugar. Su pastor, Joseph Smale, acababa de regresar de Gales. Había estado en contacto con el avivamiento que allí se estaba produciendo y con Evan Roberts, y ardía por ver la misma visitación y la misma bendición en su iglesia en Los Angeles. Esta reunión reflejaba exactamente mi propia visión, mi carga y mi deseo, y pasé dos horas orando en la iglesia antes del culto vespertino. Allí se realizaban reuniones todas las noches, y Dios estaba presente.

Una tarde inicié la reunión mientras ellos esperaban que apareciera Smale. Los exhorté a no esperar a los hombres, sino a esperar de Dios. Ellos estaban dependiendo de que apareciera algún grande, con el mismo espíritu de idolatría que ha maldecido a la iglesia y ha estorbado la acción de Dios en todas las épocas. Como los hijos de Israel, debían tener "otros dioses antes que el Señor". En Europa, en las iglesias oficiales, el pastor muchas veces es conocido como "el pequeño Dios". Yo comencé el servicio vespertino en los escalones de entrada al templo, afuera, mientras esperábamos que viniera el casero con las llaves para abrirnos. Tuvimos unos momentos de oración por la comunidad que nos rodeaba. La reunión de la noche fue una victoria contundente.

Cuando la iglesia de Dios se convierta en lo que debe ser, en amor y unidad, las puertas nunca estarán cerradas con llave. Como el templo de la época antigua, estarán siempre abiertas. (Más tarde vimos cumplirse esto en la obra misionera de Azusa). Dios no tiene 666 iglesias, todas con nombres diferentes. No hay división en un verdadero "Pentecostés", ni tampoco en la verdadera adoración. "Dios es Espíritu; y los que le adoran, en espíritu y en verdad es necesario que adoren" (Juan 4:24). "Porque por un solo Espíritu fuimos todos bautizados en un cuerpo... ; y a todos se nos dio a beber de un mismo Espíritu" (1 Cor. 12:13).

El antiguo pueblo de Israel, cuando estaba en la relación correcta con Dios, era uno. ¡Cuánto más debería serlo la iglesia! Tenemos suficientes sacerdotes como para servir continuamente. Y muchas personas necesitadas, que buscan a Dios, como para llenar la iglesia en todo momento. Cuán lejos hemos caído de ese primer modelo, y aun de la clase de iglesia, Israel... Somos tan pequeños que apenas reconocemos lo verdadero. Aun la Iglesia Romana, aunque formal, nos lleva la delantera. La dificultad, y la vergüenza, es que estamos terriblemente divididos.

Fui una vez más a Lamanda Park, y luego de predicar, pasé la noche en la casa pastoral, alternando la oración con el sueño. Quería una revelación más plena de Jesucristo para mi alma. Como la luna llena que se acerca cada vez más y se hace más clara a nuestra visión cuando la miramos en forma constante, así Jesús se hace más real para nuestras almas cuando lo contemplamos en forma constante. Necesitamos una relación, una comunión más estrecha, personal, vital, con Dios. Sólo el hombre que vive en comunión con la realidad divina puede ser utilizado para llamar a las personas a Dios.

Fui nuevamente a la iglesia de Smale, y los encontré una vez más esperando ansiosamente que llegara el predicador. Muchos no parecían tener una idea concreta de para qué habían venido a la reunión. Comencé a orar en voz alta y la reunión empezó con poder. Cuando el hermano Smale llegó, estaba en su punto máximo. Dios quería que la gente lo buscara a él, no a un hombre. Quienes no buscan en primer lugar la gloria de Dios naturalmente no aceptarán esto. Pero ése es el plan de Dios.

Nos mudamos a una pequeña casita en la avenida N. Vernon 175 1/2, en Pasadena, donde pagábamos una renta de 3 dólares por mes, por un cuarto y una pequeña cocina, sin amoblar, sin gas ni agua. Me di cuenta de que la mayoría de los cristianos no querían aceptar una carga de oración. Era demasiado para su carne. Yo llevaba esta carga ahora en un volumen creciente, noche y día. Ministraba intensamente. Era "la participación de sus padecimientos", los "dolores de parto" del alma, con "gemidos indecibles" (Rom. 8:26, 27). A la mayoría de los creyentes les resulta más fácil criticar que orar.

Un día, yo tenía una gran carga de oración. Fui a la carpa del hermano Manley y caí ante el púlpito, donde pude descargar mi alma. Un obrero vino corriendo de una carpa situada al lado de la principal y me rogó que orara por él. Esa noche asistí a otra reunión y encontré a un joven hermano, Edward Boehmer, que había aparecido en las reuniones de Peniel realizadas en la primavera pasada y tenía la misma carga de oración que yo. A partir de ese momento nos sentimos maravillosamente unidos en el Espíritu. El estaba destinado a ser mi compañero de oración en el futuro. Oramos juntos en la pequeña obra misionera de Peniel hasta las 2 de la madrugada. Dios nos visitó y renovó nuestra seguridad en forma maravillosa mientras luchábamos con él por el derramamiento de su Espíritu sobre el pueblo. Para este entonces, mi vida estaba literalmente inundada de oración. Yo oraba día y noche.

Escribí más artículos para la prensa religiosa, exhortando a los santos a orar, y volví a asistir a una reunión de Smale en Los Angeles. Una vez más encontré a la gente esperando al predicador. Esta situación puso una carga muy grande en mi alma, e intenté mostrarles que debían esperar en Dios. Algunos rechazaron lo que les decía, pero otros respondieron. Estaban orando por un avivamiento como el que se estaba produciendo en Gales. Esta era una de las características sobresalientes. En Gales la gente esperaba en Dios. Las reuniones se realizaban, estuviera o no presente el pastor. La gente venía a encontrarse con Dios, y Dios se encontraba con ellos.

Yo le había escrito una carta a Evan Roberts a Gales, pidiéndole que oraran por nosotros que estábamos en California. Recibí una respuesta en la que decía que lo estaban haciendo, lo cual nos ligaba al avivamiento que ellos estaban experimentando. La carta decía lo siguiente: "Mi estimado hermano en la fe: Muchas gracias por su amable carta. Me siento impresionado por su sinceridad y la honestidad de su propósito. Congregue a las personas que estén dispuestas a rendirse totalmente. Oren y esperen. Crean en las promesas de Dios. Reúnanse todos los días. Que Dios les bendiga, es mi sincera oración. Suyo en Cristo, Evan Roberts." Nos alentó mucho saber que en Gales estaban orando por nosotros.

Prediqué otra vez en Lamanda Park, y una noche me sentí tan bendecido al hablar sobre el sacrificio de Elías que literalmente salté de gozo. Después del culto me informaron que a algunas personas les había chocado mucho mi "indigna" reacción, y que no querían que yo volviera allí. Eran muy metodistas en eso. Dios había bendecido mucho mi ministerio en ese lugar. El diablo no quería que yo predicara más allí. Era muy lindo hacer reuniones sociales y cenas, que en esa época estaban de moda. Eso era "digno". Pero me alentó recordar el hecho de que ni a Wesley ni a Fletcher les permitieron predicar dos veces en algunas iglesias, en su época. Muchos consideraban que Fletcher era un monstruo, cuando en realidad era uno de los hombres más santos de su tiempo. Muy pocas personas conocen realmente a Dios en cualquier época.

Yo iba con frecuencia a la iglesia del hermano Smale en Los Angeles, y tomaba parte de las reuniones allí, con gran bendición. Los jóvenes de Peniel iban conmigo y me ayudaban a avivar la llama. En mi hogar estábamos siendo probados muy duramente en lo económico. El dinero era muy escaso. Pero Dios no nos permitía sufrir demasiado. En esa época escribí algunos artículos para el "Camino de Fe", para "El Cosechador Cristiano" y "El Evangelista de Dios". Tomo de ellos los siguientes párrafos: "Aquí en Los Angeles, California, ha irrumpido una maravillosa obra del Espíritu Santo, precedida por una profunda obra preparatoria de oración y expectativa. La convicción de pecado se extiende rápidamente entre el pueblo, y la gente corre de todas partes de la ciudad a las reuniones que se realizan en la iglesia del pastor Smale. Ya estas reuniones comienzan a 'realizarse por sí solas'. Las almas son salvadas en todas partes, mientras que la reunión avanza arrolladora sin poder ser guiada por manos humanas.

La marea sube rápidamente, y estamos esperando cosas maravillosas. El 'dolor de parto' por las almas está convirtiéndose en una de las características principales del trabajo allí, y la corriente arrastra toda división sectaria. El temor de Dios cae sobre el pueblo como un fuego. El domingo por la noche, la reunión se extendió hasta las primeras horas de la mañana del día siguiente. El pastor Smale profetiza sobre las maravillosas cosas que vendrán. Profetiza sobre la inminente vuelta de los 'dones apostólicos' a la iglesia. Los Angeles es una verdadera Jerusalén, el lugar perfecto para que comience una poderosa obra de Dios. Hace tiempo que espero tal demostración del poder de Dios. He sentido que podía producirse en cualquier momento. Y que podía producirse cuando menos lo esperásemos, para que la gloria sea de Dios. Oremos por un 'Pentecostés'." (Frank Bartleman, junio de 1905).

La noche del 3 de julio, sentí fuertemente que debía ir a orar a la pequeña obra misionera de Peniel en Pasadena. Allí encontré al hermano Boehmer, que había llegado antes que yo. El también había sentido que Dios lo llamaba a orar allí. Oramos por un espíritu de avivamiento para Pasadena hasta que la carga se hizo casi insoportable. Yo lloraba como una mujer que está por dar a luz. El Espíritu intercedía. Finalmente la carga se levantó de nosotros. Después de un breve tiempo de espera, una gran calma se posó sobre nuestro ser. Entonces, repentinamente, sin aviso, el mismísimo Señor Jesucristo se nos reveló. Parecía estar directamente en medio de nosotros, tan cerca que podríamos haber extendido la mano para tocarlo. Pero no osamos movernos. Yo no podía ni mirarlo. En realidad, parecía que todo yo era espíritu. Su presencia parecía más real, si fuera posible, que si hubiera podido verlo y tocarlo físicamente. Olvidé que tenía ojos y oídos. Mi espíritu lo reconocía. Un cielo de amor divino llenaba y conmovía mi alma. Un fuego ardiente me recorría. En realidad, todo mi ser parecía fluir delante de él, como la cera ante el fuego. Perdí toda conciencia de tiempo y espacio, y sólo fui conciente de su maravillosa presencia. Lo adoré postrado ante sus pies. Realmente parecía que estaba en el "monte de la transfiguración". Estaba perdido en el puro Espíritu.

El se quedó durante algún tiempo con nosotros. Luego, lentamente, retiró su presencia. Todavía estaríamos allí si él no se hubiera retirado. Después de esta experiencia, yo no pude dudar de que él es real. El hermano Boehmer experimentó aproximadamente lo mismo que yo. Ambos habíamos perdido toda conciencia de la presencia del otro mientras el Señor estuvo allí. Casi teníamos miedo de hablar o de respirar cuando volvimos en nosotros. El Señor no nos había dicho nada; sólo había arrobado nuestros espíritus con su presencia. El había venido a fortalecernos y darnos seguridad para servirlo. Ahora sabíamos que éramos colaboradores suyos, partícipes de sus padecimientos, en el ministerio de "dar a luz almas". Los dolores de parto al dar a luz almas son tan reales en el espíritu como los son los dolores naturales del nacimiento. La similitud es casi perfecta. Ningún alma nace sin ellos. Todos los verdaderos avivamientos de salvación se producen de esta manera.

Cuando salimos a la calle, ya estaba avanzada la mañana y hacía rato que el sol brillaba. Pero parecía que la noche había pasado en media hora. La presencia de Dios elimina toda conciencia del tiempo. Con él, todo es eternidad. Es "vida eterna".

Dios no conoce el tiempo. Este elemento no se encuentra en el cielo. Este es el secreto de que el tiempo aparentemente pasa tan rápido en las noches que dedicamos verdaderamente a la oración. El tiempo es reemplazado por la eternidad. Esa maravillosa presencia pareció acompañarme durante días. El Señor Jesús era tan real...Yo apenas podía tomar parte en conversaciones humanas. ¡Me parecían tan crudas y vacías! Los espíritus humanos parecían tan bruscos; la comunión con lo terreno, un tormento. ¡Cuán lejos estamos, en lo natural, del dulce espíritu de Cristo!

Pasé el día siguiente orando. Fui a la iglesia de Smale en la tarde, donde ministré en intercesión. Una paz y un gozo celestiales llenaban mi alma. Jesús era tan real. Las dudas y los miedos no permanecen en su presencia.

Un día, mientras estábamos fuera, alguien dejó una carga de madera ante la puerta de nuestra casa. Nunca supimos quién había sido. Habíamos estado orando por madera. Yo asistía con frecuencia a las reuniones del hermano Smale en Los Angeles y tenía allí un ministerio de intercesión muy bendecido. Dios derramaba su Espíritu en forma maravillosa. Una vez más nos atrasamos con el pago de la renta. Pero un hermano hizo un cheque por el importe que debíamos, sin que nosotros se lo pidiéramos. Habíamos estado orando por eso.

Yo escribí varios artículos para diversos periódicos de la Santidad, describiendo el obrar de Dios entre nosotros, y exhortando a los santos de todo lugar a tener fe y orar por un avivamiento. El Señor usó en gran manera estos artículos para llevar fe y convicción en muchos lugares. Pronto comencé a recibir mucha correspondencia de diversos lugares. Me preocupaba especialmente la gente de la Santidad, que el Señor no los pasara de largo y se perdieran su bendición.

En ese momento escribí en mi diario lo siguiente (una advertencia para los pentecostales): "La gente de la Santidad está cargada con un espíritu de prejuicio y fariseísmo. Pero ¿nos atreveremos a separarnos tan fácilmente de los otros miembros del 'cuerpo'? Podemos apartarnos de Dios por nuestro orgullo espiritual, aunque él puede hacer que los más débiles se arrepientan y avancen para obtener la victoria. (Refiriéndome a la obra en la Primera Iglesia Bautista, con el hermano Smale). La obra en nuestros corazones debe ir más profundo que cualquier otra cosa que jamás hayamos experimentado, lo suficientemente profundo como para destruir el prejuicio sectario, el espíritu de división, etc., de todos los lados. La obra del avivamiento parece haberse iniciado fuera de las mismas iglesias de la Santidad. Dios puede perfeccionar a quienes él elija. La gente de la Santidad está demasiado orgullosa de su posición. (Demasiado confiados en su posición y en su condición también). Quizá Dios deba pasarlos de largo. Ellos también deben arrepentirse. Dios quizá quiera humillarlos, obrando en otros lugares."

Y la historia se repite. ¡Que tengan cuidado los pentecostales! El avivamiento mundial que existe hoy surgió de la cuna de la pequeña Gales. "Creció" en la India, luego; y más tarde maduró en Los Angeles. A principios de 1905 recibí del Señor este elemento clave para el avivamiento: **"La profundidad del avivamiento será exactamente proporcional a la profundidad del espíritu de arrepentimiento."** Y esto será para todos los pueblos, en todos los tiempos.

El espíritu de avivamiento de la iglesia del hermano Smale pronto provocó interés en la gente espiritual de toda la ciudad. Llegaban obreros de todas partes, de diversas filiaciones, para unir sus oraciones a las nuestras por un avivamiento general. El círculo de interés se amplió rápidamente. Ahora orábamos por California, por la nación, y por un avivamiento mundial. El espíritu de profecía comenzó a obrar cosas poderosas entre nosotros, a gran escala. Alguien me envió 5000 folletos de "El avivamiento de Gales", que distribuí entre las iglesias, y que tuvieron una gran influencia en avivar los espíritus.

Visité otra vez la iglesia de Smale y comencé la reunión. El pastor aún no había llegado. Las reuniones, a esta altura, eran maravillosas por su espontaneidad. Nuestra pequeña compañía de Gedeón iba marchando hacia la victoria segura, dirigida por el capitán de su salvación, Jesús. En esta temprana hora, el Señor me guió a orar por fe, discernimiento de espíritus, sanidad, profecía. También sentí que necesitaba más amor y sabiduría. Aparentemente en este momento recibí un verdadero "don de fe" por el avivamiento, junto con un espíritu de profecía con el mismo propósito, y comencé a profetizar sobre las cosas tremendas que sucederían.

Cuando comenzamos a orar, en la primavera de 1905, nadie parecía tener mucha fe para nada extraordinario. En general, entre los santos, aparentemente dominaba el pesimismo en cuanto a la situación actual. Pero esto había cambiado. Dios mismo nos había dado fe para cosas mejores. No había habido nada a la vista que pudiera estimular esa fe. Vino de la nada. ¿Acaso no puede Dios hacer lo mismo hoy?

En esa época escribí un artículo para el "Daily News" de Pasadena, describiendo lo que había visto en la iglesia del hermano Smale. La historia fue publicada y el editor mismo vino a verme poco después. Estaba bajo una tremenda convicción de pecado, por lo que vino al altar, buscando a Dios con toda su alma.

El artículo fue reproducido en varios periódicos de la Santidad, en todo el país. Su título era: "Lo que vi en una iglesia de Los Angeles". Lo que sigue son extractos de ese artículo: "Hace algunas semanas que se están celebrando cultos especiales en la Primera Iglesia Bautista de Los Angeles. El pastor Smale ha regresado de Gales, donde se puso en contacto con Evan Roberts y el avivamiento que allí tiene lugar. El pastor Smale sostiene que pronto Los Angeles será sacudida por el tremendo poder de Dios.

"El culto al que me refiero comenzó espontáneamente un poco antes de que llegara el pastor. Un puñado de personas se habían reunido temprano, lo cual aparentemente fue suficiente para que el Señor obrara. La reunión comenzó. La expectativa era de Dios. Dios estaba allí, la gente estaba allí, y para cuando el pastor llegó, la reunión estaba bien avanzada. El pastor Smale se ubicó en su lugar, pero nadie pareció prestarle demasiada atención. Sus mentes estaban concentradas en Dios. Nadie se interponía en la adoración de ninguna persona, aunque en la congregación estaban representadas varias denominaciones. Todo parecía una armonía perfecta. El Espíritu guiaba cada paso.

"El pastor se levantó, leyó una porción de las Escrituras, hizo unos pocos comentarios bien elegidos para la ocasión, llenos de esperanza y de inspiración, y la reunión volvió a escapársele de las manos. La gente la tomó y continuó como antes. Durante el culto se entremezclaron testimonios, oraciones y alabanzas. En lo que a la conducción humana se refiere, la reunión parecía avanzar sola. El pastor era uno más. Una persona espiritualmente sensible podía sentir en esa atmósfera que algo maravilloso e inminente está por ocurrir. Un misterioso y poderoso levantamiento en el mundo espiritual está a las puertas. La reunión le da a uno la sensación de tener 'el cielo en la tierra', con la seguridad de que lo sobrenatural existe, y en forma muy real." (Frank Bartleman, para "Daily News", Pasadena).

Escribí otro artículo para "El Metodista Wesleyano", del cual extraigo: "Rechazar la misericordia implica juicio, en directa proporción. En toda la historia del mundo creado por Dios primero se ha producido el ofrecimiento de misericordia divina, y luego el juicio. Primero viene Cristo sobre el caballo blanco de la misericordia. Después vienen los caballos rojo, negro y amarillo de la guerra, el hambre y la muerte. Los profetas no cesaban de advertir fielmente, día y noche, a Israel, pero sus lágrimas y súplicas, en gran medida, eran en vano. La terrible destrucción de Jerusalén en el año 70 de nuestra era, que tuvo como resultado la exterminación de un millón de judíos, y la cautividad para una gran multitud, fue precedida por el ofrecimiento de la misericordia divina de manos del mismísimo Hijo de Dios.

"En 1859, una gran ola de avivamiento visitó nuestro país, arrastrando a medio millón de almas a la fuente de la salvación. Inmediatamente le siguió la matanza de 1861 a 1865. Por ello, mientras esperamos con expectativas el próximo gran avivamiento, que rápidamente está tomando proporciones mundiales, nos preguntamos si a esta misericordia no le seguirá el juicio, como en otras ocasiones. Y un juicio directamente proporcional a la misericordia extendida. La actitud guerrera y la inquietud en las naciones nos hace preguntarnos si el juicio que seguirá no llegará, incluso, a meternos en la 'tribulación', la Gran Tribulación." (Frank Bartleman, julio de 1905).

Para "El Evangelista de Dios" escribí: "Como una inundación han venido sobre nosotros incredulidades de todas clases. Pero, estad atentos: ¡nuestro Señor también viene! Se está levantando el estandarte contra los enemigos. El Señor está eligiendo sus obreros. Este es el tiempo de concretar la visión de servicio. El Señor ha hablado y ha llamado a la tierra, desde el nacimiento del sol hasta que se ponga. Nuestro Dios vendrá, y no quedará en silencio. 'Juntadme mis santos, los que hicieron conmigo pacto con sacrificio' (Sal. 50)." Durante 1905 yo solía decir que **preferiría vivir seis meses en ese tiempo que cincuenta años comunes.** Eran días de comienzo de grandes cosas. Para el grano de trigo que estaba dispuesto a "caer a la tierra y morir" había promesas de una abundante cosecha. Pero para los "jovencitos emancipados" espiritualmente, como era natural, todo el asunto era nada más que una gran tontería.

Le escribí otra carta a Evan Roberts, pidiéndole que continuara orando por California. De esta manera nos manteníamos unidos con Gales, orando por el avivamiento. En aquellos días poco se entendía la oración verdadera. Era difícil encontrar un lugar tranquilo donde uno no fuera molestado. Las experiencias "en el Getsemaní", con Jesús, eran raras entre los santos en aquella época. Y ahora está rápidamente volviendo a suceder lo mismo entre las obras misioneras pentecostales. En la época de la Obra Misionera de la calle Azusa, en lo primero que se pensaba para tener una obra misionera adecuada era en el cuarto de oración. Ahora esto parece ser, generalmente, lo último que se considera.

Un día, yo estaba gimiendo ante el altar en la iglesia de Smale. El espíritu de intercesión estaba sobre mí. Un hermano me reprendió severamente. No lo entendía. La carne, naturalmente, se aleja de estas cosas tan profundas. Los "gemidos" no son mejor recibidos en la mayoría de las iglesias que una mujer con dolores de parto en una casa. No son una compañía agradable para los mundanos.

Pero no podemos hacer que nazcan almas sin gemir. En esta época tener niños no es algo muy deseable. Y lo mismo sucede con el verdadero avivamiento con almas nacidas de nuevo. La sociedad moderna tiene poco lugar para la madre que cría a su hijo. Son preferibles las "jovencitas emancipadas". Y eso mismo pasa en las iglesias que tiene "dolores de parto" para hacer nacer almas. Hay muy poca carga por las almas. Los hombres huyen de los gemidos de las mujeres en la sala de partos. La iglesia tampoco desea "gemidos" en la actualidad. Está demasiado ocupada divirtiéndose.

Una vez más vivíamos grandes apuros económicos, pero el Señor nos libró. Nunca le hicimos conocer nuestras necesidades a nadie más que a Dios, nunca mendigamos ni pedimos prestado, sin importar cuán profunda fuera la necesidad. Creíamos que si los santos vivían cerca de Dios, Dios les hablaría. Confiábamos en Dios con todas nuestras fuerzas, y si él no nos enviaba ayuda, no la buscábamos en otra parte. En esa época escribí mi primer tratado. Se titulaba: "El amor nunca falla". Este fue el comienzo de un prolongado ministerio de tratados. Tenía que confiar en el Señor para obtener los medios. Pero él nunca me falló.

Yo estaba predicando en diversas reuniones en ese tiempo. Un día recibí un mensaje para la reunión del hermano Manley. Quería citar dos líneas de uno de los volúmenes de comentarios de Clarke. Eran cuatro volúmenes; cada uno tenía mil páginas. Yo contaba sólo con unos pocos minutos para encontrar la cita. Mientras oraba, elegí uno de los volúmenes, cerré los ojos y dejé caer el libro. No estaba abierto ni marcado en ninguna parte en especial, pero, y esto es lo maravilloso del relato, al caer el libro se abrió exactamente en la página correcta y mis ojos fueron directamente a la cita que quería encontrar. Esto hubiera sido imposible de lograr naturalmente. Yo no sabía dónde encontrar la cita. Sólo recordaba haberla leído. Esto fortaleció en gran manera mi fe para el mensaje. Pero ciertamente no lo recomendaría como práctica.

Una noche, en la iglesia del hermano Smale, la reunión estaba siendo conducida "en la carne". Entonces el pastor llamó al pueblo a orar y quedó la cuarta parte de la gente que había. Y Dios vino con poder. Había demasiada "religión" allí. Hice un pedido de un tratado llamado "Ven, bandada de ángeles", y le pedí al Señor que me diera 1.000 tratados por un cierto precio. El imprentero me cobró exactamente esa cantidad, naturalmente, sin saber nada de lo que yo había orado. Una hermana me entregó cinco dólares, diciéndome que el Señor le había estado hablando durante cierto tiempo para que me diera ese dinero. Era exactamente la cantidad que yo había estado pidiendo. Poco después un hermano me entregó ese mismo importe, sin que yo siquiera insinuara el tema. Yo temblaba al pensar cuán maravillosamente el Señor estaba cuidando de nosotros. Mi vida estaba totalmente a su servicio; en ningún momento me atreví a volverme presuntuoso.

Una noche fui a la reunión en la carpa del hermano Manley, sin pensar en ministrar allí. Me senté en la parte de atrás. Pronto el Espíritu de Dios vino con poder sobre mí. Me levanté y hablé, y el poder de Dios vino sobre la congregación. Todo el pueblo cayó inclinando el rostro a tierra. Durante tres horas en toda la carpa se desarrolló un culto de adoración, en continua oración. Muchos fueron salvos y todos recibieron ayuda de Dios. Fue una maravillosa visitación del Espíritu. La gente no era tan rebelde en esa época como lo es ahora. Estaban más dispuestos a dejar que se interrumpiera el programa, y no había tantos espíritus fanáticos que estorbaran. Había un verdadero hambre de Dios. Casi todas las noches yo tomaba parte de alguna reunión. El Señor continuaba derramando su Espíritu.

Aproximadamente en esos días tuve un terrible ataque de neuralgia en el estómago. Sentí que moría. Ayuné y oré un día entero, y el Señor me libró. Parecía que el diablo quería matarme. Escribí otro tratado, llamado "Que todos sean uno". Esto movilizó ferozmente al diablo sectario. Pero era la oración de Jesús en Juan 17: "para que el mundo crea".

Un amigo pagó nuestros gastos en una reunión de campamento de la Santidad en el Arroyo durante unos días, así que fuimos allí con nuestra carpa. Estábamos en verano. Disfrutamos del cambio y de estar al aire libre. Pasé la mayor parte del tiempo con el rostro entre los arbustos, orando. En las noches de luna derramaba mi alma ante el Señor, y él se encontraba conmigo allí. Había mucha charla hueca en el campamento. La mayoría buscaba egoístamente bendiciones para sí. Iban corriendo a las reuniones para absorber más bendición, como esponjas. Necesitaban crecer... como muchos pentecostales en la actualidad.

La renta de nuestra casa estaba vencida una vez más. El diablo luchaba con todas sus fuerzas. Pero Dios vino a rescatarnos. La pequeña Ruth enfermó seriamente en el campamento. Hacía mucho calor. Oramos toda una noche por ella y el Señor la tocó. Me encontré clamando con el alma al Señor, mucho más allá de las aspiraciones que aparentemente tenía la mayor parte de la gente de la Santidad. Yo quería ir más profundo, más allá del mero ámbito emocional, llegar a algo más sustancial y duradero, que fuera como una roca en mi corazón. Estaba cansado de tanta espuma que pronto se desvanecía, tantas palabras religiosas altisonantes. Y el Señor no dejó que me sintiera decepcionado por mucho tiempo.

El comité organizador del campamento ahora estaba en mi contra por los tratados que yo distribuía. Pensaban que yo estaba atacando al movimiento de la Santidad. Pero yo sólo estaba exhortándolos a buscar más la profundidad de Dios. Necesitaban más humildad y amor. Mi tratado en contra de los sectarismos, "Que todos sean uno" realmente causó alboroto en todo el campamento. Naturalmente, los movimientos nacidos de hombres necesitan ser conmovidos. Dios tiene un solo "movimiento", un solo cuerpo. Este era el mensaje de la Obra Misionera de Azusa en sus comienzos.

Recibí una segunda carta de Evan Roberts, que decía: "Loughor, Gales, 8 de julio de 1905. Estimado hermano: Le agradezco sinceramente su amable atención. Me agradó sobremanera enterarme de las buenas noticias de las maravillosas cosas que están comenzando a experimentar. Mi oración es que Dios continúe bendiciéndole, y con profunda gratitud por sus buenos deseos, quedo, suyo en el servicio, Evan Roberts."

Una noche, en el campamento de la Santidad, el Señor me dijo que quería que yo predicara. Salí al bosque y traté de orar por la reunión. Pero él me dijo: "Quiero que prediques." Le respondí que ellos no me dejarían. Tenían una docena de predicadores suyos, ansiosos de que surgiera alguna oportunidad. Además, ellos me temían. Yo no pertenecía a su corriente religiosa. Pero él me dijo: "¡Predica!" Le dije que si él cerraba todas las otras bocas esa noche, yo le obedecería. Habiendo echado así la responsabilidad sobre él, fui a la reunión. Era el momento del mensaje. Ellos se miraban unos a otros, pero sus lenguas estaban atadas. Nadie me miraba. El Espíritu vino sobre mí y me puse en pie de un salto. Dios inundó mi alma de su poder. El mensaje vino directamente de él, y se clavó como una flecha en el blanco. Literalmente sacudió el campamento.

La pequeña Ruth ahora sufría convulsiones. El diablo estaba tratando de matarla. Hacía mucho calor, y ella estaba cortando los dientes. Esta era la paga del diablo para mí. Volvimos nuevamente a nuestra casa en Pasadena. Envié dieciocho paquetes con tratados escritos por mí a otras tantas obras misioneras en la costa del Pacífico. Entonces, Dios me dio otro tratado: "El corazón del asunto". En este escrito intenté presentar al objeto real de nuestra fe y nuestra adoración, Jesucristo, el centro de nuestra predicación, sin subterfugios. La pequeña Ruth empeoró tanto que en lo natural, ya no nos quedaban sino mínimas esperanzas de que se mantuviera con vida. Pero Dios oyó nuestros clamores y la libró. El enemigo parecía decidido a robarnos la última hija que nos había quedado con vida. También estábamos en una situación económica muy estrecha. No recibíamos ni una moneda. Pero la ayuda llegó, justo en el momento crítico. Dios no nos falló. Estábamos confiando en él.

Una noche el diablo llegó a estar muy cerca de mí. Me desperté bruscamente y sentí su presencia casi tan real como la mía en el cuarto. Clamé a Dios por su ayuda, y el diablo huyó. Mi esposa también lo había sentido, justo antes de que yo despertara. Estábamos pasando por el horno de fuego. Pero el "cuarto varón" estaba con nosotros. El enemigo parecía decidido a sacarme de la obra. Yo pasaba noches y días enteros orando. Evidentemente, el reino de Satanás estaba sufriendo. Los vecinos que me escucharon gemir mientras oraba, pensaron que estaba enfermo y preguntaron cómo me encontraba. Pero era solamente la carga del alma.

El Señor me había ayudado en forma maravillosa con el último tratado. El imprentero hizo un mal cálculo y tomó el trabajo por $ 6,50. En realidad costaba $ 9. Pero él mantuvo el precio que me había dado. Después imprimió 1000 ejemplares que salieron mal por un pequeño error de imprenta. Estaba a punto de desecharlos, pero me los dio por una suma ínfima.Yo corregí el error en cada tratado con una lapicera.

En la Obra Misionera de Peniel en Los Angeles, una hermana me habló después de un culto, y luego se retiró. Sentí que el Señor deseaba que ella me diera algún dinero.Yo lo necesitaba con gran urgencia.Así que oré en silencio. Ella se detuvo, luego de caminar como diez metros, volvió y me entregó un dólar. Unos minutos después, mientras le relataba este incidente a un hermano, él me dijo que lo esperara un minuto. Fue a su cuarto, en la obra misionera, y volvió con dos dólares para mí. Dios había escuchado mi oración.

Más tarde fui a la iglesia de Smale. Esa noche él renunció. En la Primera Iglesia Bautista se habían realizado reuniones diariamente durante quince semanas. Estábamos en setiembre. Los líderes de la iglesia estaban cansados de innovaciones y querían volver al antiguo orden de cosas. Se le dijo que detuviera el avivamiento o que se fuera. El, sabiamente, eligió esto último. Pero... ¡qué terrible que una iglesia tomara esa posición, echar a Dios! En la misma forma, más tarde, echaron al Espíritu Santo de las iglesias en Gales. Se cansaron de su presencia, y quisieron volver al viejo y frío orden eclesiástico. ¡Cuán ciegos son los hombres! Los miembros más espirituales de la iglesia de Smale, naturalmente, lo siguieron, junto con un grupo de otros obreros que se le acercaron durante el avivamiento, provenientes de otros lugares. Inmediatamente comenzaron a pensar en organizar una iglesia neotestamentaria. Yo sentía que quizá el Señor estaba sacando al hermano Smale del campo evangelístico, al menos por un tiempo, para extender el fuego en otros lugares. Pero él no lo veía así. Tuve una reunión con él para hablar sobre este tema, y pude arreglar para que predicara en la Iglesia Evangélica Metodista de Lake Avenue, del Pastor Brink, en Pasadena. Esta iglesia había sido el ojo de la tormenta del avivamiento en ese lugar.

Caminé durante todo el día esparciendo la noticia de la reunión, sin tener dinero para tomar un coche, y por la noche estaba tan cansado que no podía dormir. No teníamos ni un céntimo, estábamos atrasados con el pago de la renta otra vez, pero yo estaba, literalmente, derramando mi vida en el servicio a Dios. Apenas contábamos con las cosas indispensables para vivir. Seguramente alguien le estaba fallando a Dios. El Señor estaba conmigo en el Espíritu en una forma maravillosa. Muchos estaban siendo bendecidos por mi ministerio. Los líderes no me alentaban mucho, pero las almas hambrientas y necesitadas escuchaban hablar de Jesús gozosamente. Casi siempre el avivamiento comienza entre los laicos. Los líderes eclesiásticos rara vez reciben bien una reforma. La historia se repite. Los líderes actuales están, en general, demasiado cómodamente instalados como para desear innovaciones que pudieran requerir sacrificios de su parte. Y el fuego de Dios sólo cae sobre los sacrificios. Un altar vacío no recibe fuego. Tanto el frío intelectualismo como el eclesiasticismo formal y la dominación sacerdotal están fuera del genio del evangelio. Gracias a Dios que hay excepciones entre los líderes. Pero somos salvos para servir. El verdadero ministro es un siervo. Jesús no vino para ser ministrado, sino para ministrar. Aun el poderoso evangelista Charles Finney era tan pobre luego de quince años de prodigiosa labor para el Señor, que se vio obligado a vender su baúl de viaje para comprar una vaca y poder así alimentar a su familia.

La noche anterior al culto en que el hermano Smale predicara en Lake Avenue, dos de nosotros estuvimos orando hasta pasada la medianoche. El hermano Smale predicó dos veces ese domingo, y fue maravillosamente ungido por Dios para la ocasión. Pasamos el tiempo entre las dos reuniones orando. En su mensaje habló sobre el avivamiento en Gales. La gente se sintió tremendamente conmovida. El hermano Smale pronto organizó una Iglesia del Nuevo Testamento. Me convertí en miembro fundador de esa iglesia, ya que sentía que debía permanecer con ellos, aunque no me importaba demasiado la organización.

Llegamos a un punto en que debíamos tener dinero para pagar la renta y la comida, o dejarnos morir de hambre. Mientras me encontraba sentado a la mesa, escribiendo, el Señor me habló y me dijo que fuera a ver al hermano Geo. Crary. La impresión fue tan fuerte que dejé la lapicera y salí inmediatamente. Después de orar durante un tiempo con el hermano Crary y su esposa, me dispuse a irme. Yo no había dicho ni una sola palabra sobre nuestras necesidades. Ellos me entregaron $ 2,50, aclarando que el Señor me había enviado a ellos para que me dieran ese dinero. El diablo había tratado de alejar al hermano Crary tres veces antes de que yo llegara allí. Pero Dios lo mantuvo en ese lugar. Un rato después, otro hermano me dio un dólar. El Señor le mostró que debía hacerlo. Así que ahora yo tenía tres dólares para pagar la renta, y cincuenta centavos para comprar comida. En esos días, con cincuenta centavos podíamos comprar mucha más comida que ahora.

Una mañana, poco después de esto, mientras estábamos de rodillas, orando en nuestro hogar, y muy necesitados de comida, el verdulero vino a vernos y nos dejó cinco dólares en mercadería. No quiso decirnos quién lo enviaba. Alguien había pagado por esas provisiones para nosotros. La pequeña Ruth comió un durazno verde y estuvo nuevamente a punto de morir. La oración la salvó. El hermano Smale estaba ahora alquilando el Burbank Hall, preparándose para comenzar a tener reuniones allí. Yo conseguí el salón de la Santidad de la calle Cuarta para que se reunieran allí hasta que el Burbank estuviera listo. El Señor me dio otro tratado, titulado "¡Orad! ¡Orad! ¡Orad!" En fe, lo llevé al imprentero, y Dios me envió el dinero para pagar el trabajo a tiempo. Era una fuerte exhortación a la oración. Como los profetas de la antigüedad, debemos orar por los que no oran por sí mismos. Debemos confesar los pecados del pueblo por ellos.

En una ocasión en que el hermano Boehmer y yo estábamos orando, el Espíritu se derramó en una forma maravillosa en varias reuniones por las que estábamos intercediendo. Sentíamos que habíamos alcanzado a Dios en favor de ellas. Los comentarios que escuchamos luego confirmaron nuestra convicción. La oración cambia las cosas. Como Elías, un hombre "sujeto a pasiones semejantes a las nuestras", en el monte Carmelo. "La oración eficaz del justo puede mucho" (Stgo. 5:16). También puede ser necesaria la confesión en relación con esto. "Confesaos vuestras ofensas unos a otros".

Ahora nos ofrecían una casa en Los Angeles, por ocho dólares al mes. Ya hacía algún tiempo que sentíamos que el Señor nos quería nuevamente en Los Angeles. El nos envió lo necesario para pagar el primer mes de renta, y el hermano Penfield, de Pasadena, nos facilitó sus mulas para trasladarnos. Nos ubicamos en la parte trasera de la Avenida Towne 619. La dueña de casa vivía en el edificio en la parte delantera. Era el 27 de setiembre de 1905.

Una noche que pasé orando sentí fuertemente que debía ir a San Diego, así que le escribí a la hermana Tillie Hafner, quien estaba a cargo de la Obra Misionera Peniel allí. Sin solicitarlo, recibí el dinero para el viaje. Era la voluntad de Dios. Prediqué en la Obra Misionera Peniel y en reuniones en las calles. La policía me estorbaba, poniéndose de acuerdo con la gente de las tabernas y haciendo otras cosas. Pero Dios me dio mucha fortaleza y victoria. Visité a varias personas enfermas y oré con ellas, y realicé una breve visita a Tijuana, en México.

El grupo de la "Zarza Ardiente" había arruinado mucho el espíritu de los santos en San Diego. Los había vuelto duros y bruscos. Había poco amor, mucha lucha y contiendas. Dios, como siempre, me hizo mensajero de paz. Siempre he defendido la idea de que somos "un solo cuerpo" en Cristo. La hermana Haefner me comunicó que mi visita la había alentado mucho. Había luchado mucho por ella. Antes de volver, enfermé gravemente y estuve toda una noche en cama, con fiebre y escalofríos. Pero fue una experiencia notable. Tenía gripe. Aunque estaba transido de dolor, y ardiendo de fiebre, un tremendo espíritu de oración vino sobre mí. Parecía que fuera dos personas. Mi cerebro parecía estar aparte, vivo para Dios. Me sentía todo espíritu. En mi cuerpo, estaba enfermo de muerte. Mis sufrimientos parecían empujar al alma fuera del cuerpo. Fue una experiencia muy peculiar. Estoy seguro de que el diablo perdió allí. Mi espíritu parecía completamente elevado por sobre mi condición física.

Hablé sobre el avivamiento en Gales a la mañana siguiente, en la Iglesia de los Amigos, y luego volví a Los Angeles. Estaba tan débil que temí que debieran sacarme del tren en una camilla. Pero llegué a casa a salvo. Tenía justo el dinero necesario para llegar a mi hogar. Nuevamente estábamos en aprietos económicos. Un hermano me envió una carta con dos dólares, diciendo que el Señor le había mostrado que estábamos necesitados. Estábamos orando mucho. Qué bendición es vivir de tal forma que Dios puede hablarnos, aunque nos cueste algo en obediencia. Pocos parecen vivir hoy de esta forma. De allí el tremendo sufrimiento que existe hoy en día entre los obreros de Dios. Estoy convencido de que muchos obreros fieles son amargamente odiados sólo porque aquellos que sienten sus oraciones, y a quienes Dios les indica que los ayuden, no obedecen a la voz del Señor. Aquellos que dan a Dios no tienen posibilidad de perder. El egoísmo es un pecado y una maldición. Quienes le dan a Dios, nunca pierden. En realidad, lo único que realmente ahorramos es lo que le damos a Dios. El resto, todo lo demás, finalmente se pierde.

Casi cada día en Los Angeles me encontraba trabajando en evangelismo personal, distribuyendo tratados, orando o predicando en alguna reunión. Continuamente escribía artículos para la prensa religiosa. Antes de ir a una reunión en una carpa en Pasadena, oré y ayuné. El Señor me ungió portentosamente en la predicación, y veinte almas llegaron a su altar. En este momento, ya el espíritu de intercesión se había apoderado de mí de tal forma que oraba casi de día y de noche. También ayunaba mucho, tanto que mi esposa muchas veces temía seriamente por mi salud. Los padecimientos de mi Señor se habían hecho carne en mí. Estaba con él en el Huerto. La "agonía de su alma" había caído pesadamente sobre mí. Llegué a temer, como él, que quizá no viviera para ver la respuesta a mis oraciones y lágrimas por el avivamiento. Pero él me aseguró, enviando más de un ángel para sostenerme, que estaba satisfecho conmigo. Sentí que empezaba a comprender un poco de lo que Pablo decía cuando hablaba de "completar sus sufrimientos" por un mundo perdido. Algunos hasta temían que yo hubiera perdido el juicio. No podían entender mi tremenda preocupación. Tampoco muchos pueden comprender estas cosas hoy en día. "El hombre natural no percibe las cosas que son del Espíritu". Son "locura" para él. Los espíritus egoístas no pueden comprender ese sacrificio. Pero "quien quiera salvar su alma, la perderá". "Si el grano de trigo no cae en la tierra y muere..." Nuestro Señor fue "varón de dolores", así como de gozo.

Yo iba con frecuencia a Pasadena, confiando en que Dios proveería para el viaje de vuelta. Cierta vez, el hermano Boehmer sintió que yo estaba yendo allí. Fue hacia la pequeña Obra Misionera de Peniel y me encontró allí. Pasamos varias horas orando. Después el pagó mi viaje de regreso. En aquellos días pasábamos muchas noches orando juntos. Era un gran privilegio pasar toda una noche con el Señor. El se mostraba tan cercano... Parecía que nunca nos cansábamos. Boehmer trabajaba como jardinero. Nunca le pedí un centavo, pero él siempre me daba algo. Dios, finalmente, no sólo tenía su dinero, sino su vida también, en el servicio. Era un maravilloso hombre de oración. Dios nos enseñó lo que es no conocer a nadie "según la carne". El nos llevó a una relación tan elevada que nuestra comunión era únicamente en el Espíritu. Más allá de eso estábamos muertos el uno para el otro.

Le escribí por tercera vez a Evan Roberts para pedirle que siguieran orando por nosotros desde Gales. En esos días, después de predicar, generalmente yo llamaba a los santos a ponerse de rodillas y estar orando durante horas antes de levantarse. El Señor me movió a escribirles a varios líderes en todo el país, para que oraran por el avivamiento. El espíritu de oración crecía continuamente. La Iglesia del Nuevo Testamento parecía estar perdiendo el espíritu de oración a medida que su organización crecía. Ahora trataban de hacer recaer este ministerio sobre unos pocos de nosotros. Yo sabía que Dios no se agradaba de esto, y se convirtió en una gran carga para mí. Ellos habían comenzado a tener muchos intereses secundarios. Yo había tenido grandes esperanzas para este grupo de hermanos. Pero aparentemente el enemigo los estaba desviando, llevándolos a que, al menos, perdieran lo mejor que Dios tenía para ellos.

Ahora estaban tratando de organizar la oración, algo imposible de hacer. La oración es espontánea. Sentí que sería mejor no haberse organizado que perder este ministerio de oración y el espíritu de avivamiento como cuerpo. Era para esto que ellos habían sido llamados desde un principio. Luego se habían vuelto ambiciosos como iglesia y por su organización. Les parecía difícil no ser "como las otras naciones (iglesias) de alrededor". Y por eso, naturalmente, comenzaron a caer. A medida que aumentaba el trabajo en la iglesia, fueron perdiendo de vista el verdadero núcleo del asunto. Y las iglesias pentecostales, aparentemente, están enfrentando ese mismo peligro en la actualidad. La organización humana y la programación humana dejan muy poco espacio para que el Espíritu de Dios se mueva con libertad. Es tan importante que estemos dispuestos a ser considerados fracasados por tratar de construir un reino puramente espiritual... El reino de Dios no viene "por observación".

Es muy fácil quedarse con algo "de segunda". La vida de oración es mucho más necesaria aún que edificios u organizaciones. Muchas veces se utilizan estas últimas para reemplazar aquélla. Las almas nacen al reino sólo por medio de la oración.

Yo temía que la Iglesia del Nuevo Testamento desarrollara un espíritu sectario, partidista. Una rica dama les ofreció el dinero para construir un templo. El diablo estaba apostando fuerte. Pero pronto la dama retiró su ofrecimiento. Confieso que me alegró que lo hiciera. Si no lo hubiera hecho, pronto ellos no tendrían tiempo para otra cosa más que la construcción del templo. Habría sido el fin de su avivamiento. Habíamos sido llamados a evangelizar Los Angeles, no a construir otro espíritu partidista o sectario. No necesitábamos más maquinarias ni organizaciones que las estrictamente indispensables para la rápida evangelización de la ciudad. Ya teníamos entre manos suficientes organizaciones eclesiásticas rivales, separadas, cada una trabajando principalmente por su propio interés, su propio avance, su propia gloria.

En una ocasión en que no teníamos nada para comer en casa, sino un poco de pan duro, recibimos una carta del hermano Boehmer, con un dólar. El estaba en contacto directo con Dios. Posiblemente a los verdaderos santos les iría mejor si no hubiera tantos fraudes que traicionaran la confianza. Cada falso pastor, cada engañador en nuestras filas, hace todo mucho más difícil para los verdaderos siervos.

La Iglesia del Nuevo Testamento parecía estar dirigiéndose hacia el intelectualismo. Esto me produjo una gran carga. Durante una reunión, gemí en voz alta mientras oraba. Ver esto era algo que me mataba, después de las reuniones que habíamos tenido. Uno de los ancianos me reprendió severamente por esto. "¡Cómo han caído los poderosos!", era la frase que constantemente se repetía en mi mente. Algunos, los más espirituales, compartían mi carga.

Una vez más la oración era lo primordial. Tuvimos una maravillosa reunión en la iglesia poco después. Cien personas se arrodillaron ante el altar en un culto, un domingo por la noche. Me encontré con los jóvenes de Peniel en Pasadena, para orar, y tuvimos un tiempo de revelaciones. Sentimos que pronto el Señor obraría con gran poder. En la carpa del hermano Brownley, en las calles Séptima y Spring, en Los Angeles, teníamos un profundo espíritu de oración y tremendos cultos evangelísticos. Sentíamos en el aire que el Señor estaba a punto de hacer algo extraordinario. El espíritu de oración cayó con más fuerza aún sobre nosotros. En Pasadena, antes de mudarme a Los Angeles, yo solía quedarme en cama durante el día, retorciéndome y gimiendo por la carga. Por la noche, apenas podía dormir por el espíritu de oración que me invadía. Ayunaba mucho, sin que me importara la comida cuando sentía esa carga. Cierta vez estuve "con dolores de parto" en el alma, durante casi veinticuatro horas sin interrupción. Eso casi me consumió. La oración me absorbía por completo. Toda la noche gemía mientras dormía.

La oración no era formal en aquella época. Era inspirada por Dios. Venía sobre nosotros y nos abrumaba. No luchábamos para poder orar. Nos atrapaba un dolor de parto tan tremendo por las almas, que no podía ser desechado sin violentar al Espíritu Santo, como no pueden serlo los dolores de la mujer que va a dar a luz. Era una verdadera intercesión del Espíritu Santo.

Durante varios días sentí que llegaría otra carta de

Evan Roberts. En efecto, pronto llegó una. Decía: "Loughor, Gales, 14 de noviembre de 1905. Mi apreciado compañero: Qué puedo decirle que pueda alentarlo en esta terrible lucha... Creo que es verdaderamente temible. El reino del maligno está siendo sitiado por todas partes. ¡Oh, millones de oraciones, no sólo fórmulas de oraciones, sino las mismas almas, están hallando el camino hacia el Trono Blanco! La gente de Gales puede orar durante este último año. Que el Señor les bendiga con un poderoso derramamiento. En Gales parece como si el Santo estuviera descansando sobre la congregación, esperando que se abran los corazones de los seguidores de Cristo. El sábado pasado, por la noche, tuvimos un portentoso derramamiento del Espíritu Santo. Esto fue precedido por la corrección de los puntos de vista de la gente sobre la verdadera adoración. 1.- Dar a Dios, no recibir. 2.- Agradar a Dios, no a nosotros mismos. Por lo tanto, mirando a Dios y olvidando al enemigo, y el temor del hombre, oramos, y el Espíritu de Dios descendió. Ruego que Dios escuche vuestra oración, mantenga fortalecida vuestra fe y salve a California. Sigo, vuestro hermano en la lucha, Evan Roberts." Esta era la tercera carta que yo había recibido de Gales, de Evan Roberts, y creo que sus oraciones tuvieron mucho que ver con nuestra victoria final en California.

Evan Roberts nos cuenta sobre su propia experiencia con Dios: "Un viernes por la noche, la primavera pasada, mientras oraba junto a mi cama antes de retirarme a descansar, fui llevado a una gran expansión, sin tiempo ni espacio. Era comunión con Dios. Antes de esto, yo había tenido un Dios lejano. Esa noche sentí miedo, pero nunca más volví a sentirlo. Tan fuerte era mi temblor que sacudía la cama, tanto que mi hermano despertó y me sujetó, pensando que yo estaba enfermo." Esta experiencia se repitió todas las noches durante tres meses para Evan, desde la una de la madrugada hasta las cinco. Aproximadamente en esta época, Roberts escribió un mensaje al mundo sobre esto, que decía: "El avivamiento en el sur de Gales no es de los hombres, sino de Dios. El se ha acercado mucho a nosotros. Este movimiento no es cuestión de credos ni de dogmas. No enseñamos doctrinas sectarias, sólo la maravilla y la belleza del amor de Cristo. Se me ha preguntado sobre mis métodos. No tengo ninguno. Nunca preparo lo que diré, sino que le dejo eso a Dios. No soy la fuente de este avivamiento, sino un agente entre lo que está creciendo hasta llegar a ser una multitud. No deseo seguidores personales, sino que el mundo sea de Cristo. Creo que el mundo está llegando al umbral de un gran avivamiento religioso, y oro diariamente para que me sea permitido ayudar a provocarlo. Maravillosas cosas han sucedido en Gales en unas pocas semanas, pero esto es sólo el comienzo. El mundo será barrido por su Espíritu como por un viento recio. Muchos que ahora son cristianos silenciosos liderarán el movimiento. Verán una gran luz, y la reflejarán a miles de personas que ahora están en tinieblas. Miles de personas harán más de lo que nosotros hemos logrado, conforme Dios les dé el poder." (Evan Roberts). ¡Qué maravillosa humildad! Este es el secreto de todo poder.

Un testigo presencial, inglés, escribe sobre el avivamiento en Gales: "Nunca antes he sido testigo de un amor tan grande por las almas. He visto al joven Evan Roberts convulsionado de pena, y clamando a quienes lo escuchaban para que oraran. "No cantéis," exclamaba, "es demasiado terrible como para cantar." (Muchas veces, la convicción se ha apartado del pueblo cuando éste canta demasiado.)

Otro escritor declara que no era la elocuencia de Evan Roberts lo que quebrantaba a los hombres, sino sus lágrimas. "Roberts se quebraba, llorando amargamente para que Dios los doblegara, en una agonía de oración, con lágrimas cayendo por sus mejillas, todo su cuerpo convulsionado. Hombres fornidos se quebrantaban y lloraban como niños. Las mujeres gritaban. El sonido del llanto y el gemido llenaba el aire. Evan Roberts, en el clímax de su agonía, solía caer sobre el púlpito, mientras muchos de los que estaban en la multitud se desvanecían."

De la obra en la India, leemos que: "Las jovencitas de la India que tan maravillosamente fueron renacidas y bautizadas con el Espíritu (en la obra misionera de Ramabai), comenzaron a golpearse a sí mismas en forma terrible, bajo la punzante convicción de su necesidad. Pero recibieron una gran luz. Al ser liberadas, saltaban de gozo durante horas, sin fatigarse, de hecho, fortalecidas al hacerlo. Gritaban por el fuego que estaba en ellas y sobre ellas. Algunas caían al ver una gran luz pasar delante de ellas, mientras el fuego de Dios quemaba todo pecado, orgullo, ira, amor del mundo, egoísmo, impureza, etc., de los miembros del cuerpo. No comieron ni bebieron hasta que la victoria fue completa. Y entonces el gozo fue tan grande que durante dos o tres días después de recibir el bautismo del Espíritu Santo no les importó la comida. Aproximadamente unas veinte jovencitas entraron en trance al mismo tiempo y quedaron inconcientes de este mundo por horas; algunas, durante tres o cuatro días. Durante ese tiempo, cantaban, oraban, aplaudían, rodaban sobre sí mismas, o se quedaban sentadas, quietas. Cuando volvían a la conciencia, hablaban de haber visto un trono en el cielo, una multitud vestida de ropas blancas, y una gloria tan deslumbrante que no podían soportarla. Pronto el lugar entero comenzó a arder. Debieron suspender las clases, las niñas se olvidaban de comer y dormir, y pasaban días y noches enteros orando. El Espíritu se derramó sobre una de las niñas una noche. Su compañera, que dormía a su lado, despertó y al ver a esta niña envuelta en llamas, corrió y trajo un balde con agua para echárselo. En menos de una hora, casi todas las niñas del complejo estaban llorando, orando, y confesando sus pecados. Muchas de estas niñas fueron investidas de un extraño, bello y sobrenatural fuego."

La composición espontánea de himnos era una curiosa característica de algunas de las reuniones en otras partes de la India. En el campamento de Kara, un grupo de niñas comenzó a ver una serie de cuadros en las paredes que mostraban la vida de Cristo. Las figuras se movían en los cuadros, y eran en colores. Cada visión duraba aproximadamente entre dos y diez minutos, y luego la luz se iba desvaneciendo gradualmente hasta reaparecer, minutos después, en otra escena. Estas figuras aparecieron durante doce horas, y no sólo fueron vistas por las niñas nativas del orfanato y por ocho misioneras, sino por cristianos nativos que vivían en las cercanías, y aun por algunos paganos que venían a admirar la maravillosa visión. Todas ellas representaban fielmente las narraciones de la Biblia y eran totalmente sobrenaturales. Tuvieron un tremendo efecto al quebrantar los duros corazones de los paganos. En Gales, con frecuencia se veían luces de colores, como bolas de fuego, durante el avivamiento.

Día y noche seguí yendo a diferentes obras misioneras, exhortando continuamente a la oración, y a tener fe para un avivamiento. Pasé otra noche entera con el hermano Boehmer en oración. Una noche, en la Iglesia del Nuevo Testamento, durante un período de profundo espíritu de oración en la congregación, el Señor vino repentinamente, tan cerca, que podíamos sentir su presencia como si estuviera rodeando a quienes estábamos reunidos. Más de la mitad de la congregación se levantó alarmada, y algunos corrieron presurosos fuera del templo, dejando allí sus sombreros, fuera de sí por el miedo. En lo natural, no había habido ninguna demostración extraordinaria que causara ese temor. Era una manifestación sobrenatural de su cercanía. Qué harían los tales, si vieran al Señor...

Inicié una pequeña reunión de oración en mi hogar, donde todos tendríamos más libertad para orar y esperar en el Señor. El espíritu de oración estaba siendo estorbado en las reuniones. Los más espirituales estaban hambrientos de tener una oportunidad como ésta. Pero los líderes no me comprendieron, y se opusieron. Después, el diablo se apoderó de la dueña de nuestra casa, quien intentó echarnos. Ella no estaba en buena relación con Dios. Nuestra renta estaba al día. Pero el enemigo trataba de usarla. La lucha había comenzado. Empezaron a oponerse a mi ministerio en la Iglesia del Nuevo Testamento. Una hermana trató de disuadirme de que discontinuara las reuniones de oración que había iniciado. Le pedí al Señor que me mostrara su voluntad sobre el tema. El vino y llenó nuestro hogar con una nube de gloria, hasta que apenas pude soportar su presencia. Eso definió el asunto para mí. "Debemos obedecer a Dios antes que a los hombres." Sufrí muchas críticas en ese momento. Creo que temían que yo comenzara una nueva iglesia. Pero yo no pensaba en eso entonces. Sólo quería tener libertad para orar. Muchas misiones e iglesias han encallado en las rocas por oponerse a Dios. Escribí más artículos para la prensa religiosa, de los cuales copio estos extractos: "Lenta, pero firmemente, está viniendo sobre los santos del sur de California la convicción de que Dios va a derramar su Espíritu aquí como en Gales. Estamos teniendo fe para cosas que nunca habíamos soñado, para que sucedan en el futuro cercano. Estamos seguros de que habrá nada menos que un 'Pentecostés' en todo este país. Pero no tendremos resultados pentecostales sin poder pentecostal. Y esto significa una demostración pentecostal. Muy pocos quieren conocer cara a cara a Dios. 'La carne y la sangre no pueden heredar el reino de Dios'." ("El Cosechador Cristiano").

Luego escribí: "La corriente del avivamiento pasa arrasando junto a nuestra puerta. ¿Nos echaremos en su poderoso oleaje para navegar hacia la gloriosa victoria? **Un año de vida de este tiempo, con sus maravillosas posibilidades para Dios, vale cien años de vida común**. El 'Pentecostés' está golpeando a nuestra puerta. Ya no dudamos del avivamiento para nuestro país. Lenta, pero firmemente, la marea ha estado subiendo hasta que en un futuro muy cercano creemos que habrá una inundación de salvación que barrerá con todo lo que encuentre a su paso. Gales ya no estará sola en este glorioso triunfo para nuestro Cristo. El espíritu del avivamiento está viniendo sobre nosotros, movido por el aliento de Dios, el Espíritu Santo. Las nubes se están juntando rápidamente, enormes, para una lluvia poderosa, cuya precipitación no se tarda.

"Del polvo de oscuras y despreciables circunstancias surgirán héroes, cuyos nombres serán grabados en la eterna página de gloria del cielo. El Espíritu se mueve sobre nuestra tierra una vez más, como en la aurora de la creación, y la luz de Dios lo precede. 'Hágase la luz.' Hermano, hermana, ¿comprendes lo que sucedería si todos creyéramos en Dios? Muchos de nosotros, aquí, vivimos sólo para eso. El volumen de la oración sube noche y día hasta el trono. Los Angeles, el sur de California, y el continente entero se encontrarán en breve en el umbral de un poderoso avivamiento, por el Espíritu y por el poder de Dios." (F. Bartleman, en "Camino de Fe", 16 de noviembre de 1905).

El 14 de diciembre de 1905 cumplí 34 años. Sentía que había hecho tan poco en mi vida por Dios. Anhelaba ser usado por él en forma más concreta. No había ni un centavo en la casa, y no teníamos leche para la pequeña Ruth. Pero Dios nos hizo llegar su ayuda, luego de una feroz batalla en oración. La respuesta, como en la época de Daniel, muchas veces es detenida. El diablo influye en los santos para que retengan lo que tienen. Fui a una reunión en una carpa, prediqué y cayó fuego sobre ese lugar. Muchas almas fueron salvas. Durante bastante tiempo nos habíamos sentido movidos a orar por un Pentecostés. Naturalmente, no sabíamos lo que era un verdadero "Pentecostés". Pero el Espíritu sí lo sabía, y nos guió a pedir lo correcto.

Yo había estado orando por una lapicera. Un hermano encontró una y me la regaló. El ya tenía la suya. Escribí treinta cartas de exhortación a la oración y la fe por el avivamiento a otras tantas obras misioneras, en la costa y en campos en otros países. Pero no tenía dinero para el franqueo. Mientras estaba escribiendo, una hermana vino y me dio cuatro dólares. Yo había pedido una prueba de si esa carta era de Dios. Recibí muchos más artículos para la prensa religiosa. Luego de pasar otra noche entera orando con el hermano Boehmer, recibí un mensaje de exhortación que compartí en varias iglesias y obras misioneras.

Sentía que la Iglesia del Nuevo Testamento le estaba fallando a Dios, y estaba observando para ver por dónde vendría el Espíritu. Ellos trataron de quitarle fuerza a mi mensaje en muchos lugares. Yo apuntaba demasiado directo para ellos. Pero decidí que el diablo no se me escaparía. En todas partes, la maldición era el orgullo espiritual, esconder su desnudez espiritual ante Dios. Pero decidí desechar todo lo que no pasara la prueba de la Palabra de Dios, y desechar también el espíritu partidista. Las almas deben ser alcanzadas y salvadas. Tratar de obstaculizar el mensaje de Dios es como detener un rayo con la mano.

En esta época, el Señor me dio varios nuevos tratados para escribir. Pero yo veía más claramente que nunca que mi obra principal era ir abajo, fuera de la vista, en oración. Oraba con frecuencia que no me abandonara el espíritu de intercesión. La madre Wheaton volvió del este. Dios la envió para ayudarme en oración. Tuve una bendita carga de llanto durante muchos días en los cuales mi corazón se volvió muy delicado. Una noche, yo sentía tal carga que no podía dormir. Llamé a la madre Wheaton, que estaba quedándose con la dueña de casa, adelante, y ella me ayudó a orar. La batalla era demasiado dura para mí. Muchos trataban de apartarme del ministerio de oración que Dios me había dado. Pero, "¿no habéis podido velar conmigo siquiera una hora?" era la frase que resonaba continuamente en mis oídos. La "comunión de sus padecimientos" en oración es el ministerio más dulce. El Señor me había mostrado unos días antes de que la madre Wheaton llegara, que él la estaba enviando. Yo no estaba en contacto con ella. Ella me dijo luego que estaba a punto de ir hacia Florida para pasar el invierno, cuando el Señor le dijo que fuera a Los Angeles. Ella no comprendió porqué hasta que me encontró con una carga de oración tan grande. Viví varios meses bajo ese espíritu de oración, sin interrupción. Se convirtió en mi elemento natural.

El Señor le indicó al hermano Boehmer que se hiciera cargo totalmente de la renta de nuestra vivienda, con lo cual mi mente quedaría libre para la intercesión. Esto fue maravilloso. Y él ganaba sólo dos dólares por día. Pero obedeció a Dios. Cuántas veces he deseado que Dios pudiera hablarle a alguien de esa forma en la actualidad... sería tan importante para su obra.

En este tiempo yo iba con frecuencia a orar por una mujer enferma en Pasadena, movido por su urgente solicitud. Ella tenía un buen pasar, y muchas veces nos ayudó un poco económicamente. El Señor usó este medio para proveer para nuestras necesidades temporales en gran medida, durante un tiempo. Yo solía pedirle que le indicara que nos entregara una cierta suma, cualquiera fuera la que necesitábamos, y en varias ocasiones recibí exactamente la suma que pedí. Algunas veces era una batalla. Ella tenía un carácter fuerte, y amaba su dinero. Además, era muy sorda. Yo no podía hablarle. Pero nunca le pedí un centavo. Ella había sido una gran evangelista de la Santidad, pero se había apartado de la comunión con Dios.

Cuando ella murió, su dinero cayó en manos de parientes que no temían a Dios, y el Señor no recibió más de ella. Yo solía escribirle cuando quería comunicarme con ella, debido a su sordera. Su espíritu me desgastaba. Estaba muy oprimida.

Una tarde, luego de un culto en la Iglesia del Nuevo Testamento, siete de nosotros aparentemente fuimos movidos providencialmente a tomarnos de las manos y concordar en oración para que el Señor derramara su Espíritu pronto, y que "le siguieran señales". No sé de dónde obtuvimos la idea en ese momento. El mismo debe de habérnosla sugerido. No teníamos en mente las "lenguas".

Creo que ninguno de nosotros había oído hablar de tal cosa. Corría febrero de 1906.

Mientras estaba en una reunión de oración, de rodillas, el Señor me indicó que me levantara y fuera a la carpa del hermano Brownley, en las calles Séptima y Spring. Me dio un mensaje para ellos. Fui, con una gran carga, y después de que hablé tuvimos un tiempo de gran apertura espiritual, llorando ante el Señor. Entonces escribí un tratado llamado "Dolores de parto por las almas". El Señor también me estaba hablando mucho sobre la "sangre". Pasé toda otra noche orando con el hermano Boehmer y el Señor me dio un bendecido ministerio en Pasadena, en diferentes reuniones. En una reunión, estuve dos horas en el suelo, agobiado por la carga por las almas.

Mis nervios estaban desgastándose mucho debido al conflicto constante en oración, con los poderes de las tinieblas. Mi esposa estuvo enferma toda la noche, y yo estuve sentado toda la noche orando por ella, que estaba por dar a luz nuevamente. El lunes 4 de marzo, a las 13:45, nació nuestro primer hijo varón. Le pusimos el nombre de John. Antes de que él naciera, la situación de mi esposa era muy delicada. Fue un nacimiento en seco. Pero Dios se apiadó de ella, y también proveyó para nuestras necesidades en una forma maravillosa en ese momento.

Envié cincuenta paquetes de mis tratados sobre el avivamiento a otros tantos evangelistas de la Santidad, en diferentes estados, para moverlos a orar y confiar en un avivamiento. Poco después envié ochenta paquetes más, a otros tantos pastores y evangelistas. Algunos escribieron agradeciéndome la inspiración que estos escritos habían sido para ellos. Pasé nuevamente una noche entera en oración, y volví a la reunión en la calle Séptima. Un hombre se levantó de un salto justo cuando yo estaba a punto de hablar, diciendo que tenía un mensaje que debía compartir. Parloteó como un tren vacío durante media hora, sin decir nada realmente. Entonces me puse de pie. Y otra vez se levantó, y continuó. Evidentemente el diablo lo estaba usando para detener mi mensaje. Finalmente enloqueció, siguiendo a su amo. El Señor me permitió dar mi mensaje. La reunión terminó en victoria. El diablo no tiene conciencia, y la carne no tiene sentido. Muchos jamás han aprendido a someterse, a ser corteses, ni nada por el estilo, ni siquiera por buenos modales. Un espíritu de arrogancia es una de las cosas más desagradables del mundo.

El aceite (el Espíritu Santo) cesa de fluir, como en el tiempo de Elías, cuando no hay más recipientes vacíos que puedan ser llenados. Las personas no sienten su necesidad de Dios. Pero donde haya un corazón hambriento, Dios lo llenará. "A los ricos (los que están llenos) envió vacíos." Una noche sentí una carga tan tremenda que no podía descansar en mi hogar. Salí, sin saber adónde ir. El Espíritu me llevó a la carpa de la calle Séptima. Allí compartí un mensaje, en parte puesto de rodillas, y los santos se agolparon junto al púlpito para orar. Estuvimos allí dos horas, mientras el Espíritu obraba con poder. Fue una maravillosa visitación. Recibí más tratados para escribir, de los cuales ordené 34.000, de distintas clases, todos al mismo tiempo. Tenía un verdadero ministerio con estos folletos, y tenía fe por los medios para pagarlos.

La batalla se hacía cada vez más dura. El 26 de marzo fui a una reunión en la calle Bonnie Brae. Había allí santos, blancos y negros, reunidos para orar. Yo había asistido a una reunión hogareña poco tiempo antes de esto, en otro lugar, donde conocí al hermano Seymour. El acababa de llegar de Texas. Era un hombre de color, muy sencillo, espiritual y humilde. Asistía a las reuniones en la calle Bonnie Brae. Era ciego de un ojo.

Yo necesitaba veinticinco dólares para pagar los tratados, y sentí que debía orar para que cierta persona me los enviara. Ella no conocía mi necesidad. Esa misma tarde, sólo una carta llegó en el correo. Era precisamente de esta mujer, que enviaba un cheque por exactamente veinticinco dólares. Antes de que yo orara, Dios había hecho que ella enviara el dinero.

El 28 de marzo fui nuevamente con la madre Wheaton hacia la reunión de la calle Bonnie Brae, y asistí a una vigilia de oración en la Iglesia del Nuevo Testamento. Habíamos estado orando por una casa más grande donde alojarnos. Sólo teníamos dos pequeños cuartos, y yo no tenía un lugar tranquilo donde orar o escribir. Hasta entonces, había hecho ambas cosas con mi familia alrededor. Un día me encontré con el hermano Fred Sheppard en la calle. El me preguntó si sabía de algún predicador que quisiera rentar una linda casa, a mitad de precio, con el primer mes de renta gratis. Luego, el pago sería sólo diez dólares por mes. Nosotros habíamos estado orando justamente por algo así, pero él no lo sabía. Así que el 13 de abril nos mudamos a la calle Treinta y Uno (este) 714. Después de haber vivido en humildes lugares de dos habitaciones y baño, esto era un palacio para nosotros. Dios nos estaba proveyendo maravillosamente.

En los últimos días de marzo, el Señor me había dado otro tratado, llamado "El último llamado". Este folleto fue usado con poder para despertar al pueblo. Lo que sigue son extractos de su texto: "Y ahora, una vez más, al final de los tiempos, Dios llama. Es el último llamado, el grito de medianoche, ahora sobre nosotros, resonando claramente en nuestros oídos. Dios nos da una oportunidad más, ésta, la última. Un llamado final, un avivamiento para todo el mundo. Luego, el juicio sobre toda la tierra. Un hecho tremendo está por mostrarse...", etc.

3

Cae el Fuego en Azusa

El domingo 15 de abril, por la mañana, fui a Burbank Hall, a la Iglesia del Nuevo Testamento. Una hermana de color que estaba allí habló en "lenguas". Esto causó una gran conmoción. La gente se reunía en grupitos en la calle, preguntándose qué podría significar esto. Parecían "señales" pentecostales. Luego supimos que el Espíritu hab'a ca'do unas pocas noches antes, el 9 de abril, en la casita de la calle Bonnie Brae. Los hermanos allí habían estado esperando con gran ansiedad un derramamiento. Varios hermanos blancos y de color habían estado allí esperando diariamente. Sucedió nuevamente en Pascua. Por alguna razón no tuve el privilegio de estar presente en esa reunión en particular. Varios habían hablado en "lenguas" all'. Fui a la reunión en la casa de Bonnie Brae por la tarde, y encontré que Dios estaba obrando con poder. Habíamos estado orando muchos meses por la victoria. Jesús se estaba "mostrando vivo" una vez más, ante mucho. Los pioneros habían abierto la brecha, y una multitud los seguirá.

Un gran espíritu de humildad se manifestaba en esa reunión. Estaban concentrados en Dios. Evidentemente, el Señor había encontrado su pequeño remanente, afuera, como siempre, a través de los cuales podría hacer su voluntad. Esto no podía hacerlo en ninguna obra misionera del país. Todas estaban en manos de hombres. El Es-p'ritu no podía obrar. Otros, mucho más pretenciosos, hab'an fallado. Lo que el hombre estima había sido dejado de lado una vez más, y el Espíritu había nacido de nuevo otra vez en un humilde "establo", fuera de las instituciones eclesiásticas, como siempre.

Un cuerpo debe ser preparado, en arrepentimiento y humillación, para todo derramamiento del Espíritu. Martín Lutero comenzó la predicación de la Reforma en un edificio a punto de derrumbarse en medio de la plaza pública de Wittemberg. D'Aubigne lo describe de esta forma: "En mitad de la plaza de Wittemberg existía una antigua capilla de madera, de nueve metros de largo por seis de ancho, cuyas paredes, apuntaladas de todos lados, estaban casi en ruinas. Un viejo púlpito hecho de planchas, de casi un metro de alto, recibía al predicador. Fue en este destartalado lugar que comenzó la predicación de la Reforma. Fue voluntad de Dios que aquello que restauraría su gloria tuviera el más humilde entorno. Era en este desvencijado edificio que Dios deseaba que su amado Hijo naciera por segunda vez, por así decirlo. Entre esos miles de catedrales e iglesias de las que el mundo está lleno, no hubo una sola, en ese momento, que Dios eligiera para la gloriosa predicación de la vida eterna."

En el avivamiento de Gales, los grandes expositores de Inglaterra tuvieron que venir a sentarse a los pies de los rudos y curtidos trabajadores mineros, y ver las maravillosas obras de Dios. En esta época, escribí para el

"Camino de Fe": "Entre nosotros está apareciendo lo verdadero. El Todopoderoso medirá una vez más sus fuerzas con los magos del Faraón. Pero muchos lo rechazarán y blasfemarán. Muchos no lo reconocerán, aun entre los que profesan seguirle. Hemos estado orando y creyendo que llegaría el 'Pentecostés'. ¿Lo recibiremos cuando llegue?"

Esta manifestación pentecostal no irrumpió en un momento, como un incendio en el bosque, para incendiar todo el mundo. En realidad, ninguna obra de Dios aparece de esa forma. Es necesario un tiempo para la preparación. El artículo final no se realiza en el comienzo. Los hombres quizá se pregunten de dónde vino, sin ser concientes de la preparación, pero siempre la hay. Todo movimiento del Esp'ritu de Dios también debe sufrir el ataque de las fuerzas diabólicas. El dragón se coloca junto a la mujer que está pronta a dar a luz, listo para devorar su criatura (Apoc. 12:4). Y lo mismo sucedía con la obra pentecostal en sus comienzos. El enemigo obró mucho engaño. Dios guardó al niño bien escondido de los Herodes por un tiempo, hasta que pudiera ganar fuerzas y discernimiento para resistirlos. La llama fue guardada celosamente por la mano del Señor, de todos los vientos de críticas, celos, incredulidad, etc. Pasó por las mismas experiencias que pasan todos los avivamientos. Sus enemigos estaban adentro y afuera. Tanto Lutero como Wesley experimentaron las mismas dificultades en su época. Tenemos este tesoro en "vasos de barro". Todo nacimiento natural está rodeado de circunstancias no enteramente placenteras. La obra perfecta de Dios es realizada en la imperfección humana. Somos criaturas "caídas". Entonces, ¿por qué esperar una manifestación perfecta en este caso? Estamos "volviendo a Dios".

John Wesley escribe de su época: "Casi tan pronto como me fui, dos o tres comenzaron a tomar sus imaginaciones como impresiones venidas de Dios. Mientras tanto, una inundación de reproches me llegaba casi desde cada rincón. No os alarméis de que Satanás siembre cizaña entre el trigo de Cristo. Siempre ha sido así, especialmente en todo mover admirable del Espíritu; y siempre lo será, hasta que el diablo sea encadenado por mil años. Hasta entonces, siempre seguirá imitando, e intentará contrarrestar la obra del Espíritu de Cristo." D'Aubigne ha dicho: "Un movimiento religioso casi siempre excede la justa moderación. Para que la naturaleza humana pueda avanzar un paso, sus pioneros deben dar muchos."

Otro escritor sostiene: "Recordemos que la doctrina de la justificación por fe retornó con Lutero acompañada de extravagancia y fanaticismo. La maravilla fue, no que Lutero tuviera el coraje de enfrentar al papa y a los cardenales, sino que tuviera el coraje de sobreponerse al desprecio que sus propias doctrinas trajeron sobre él, tal como eran expuestas y exhibidas por sus fanáticos propulsores. Recordemos el escándalo y la ofensa que se manifestaron durante el avivamiento de la piedad del corazón con Wesley. Lo que denunciamos como error puede ser 'la refracción de alguna gran verdad por debajo del horizonte'."

John Wesley mismo oró una vez, después de que el avivamiento había casi muerto: "Oh, Señor, envíanos el antiguo avivamiento, sin los defectos; pero si no puede ser así, envíalo... con sus defectos. Debemos tener el avivamiento."

Adam Clark dijo: "La naturaleza, y Satanás, siempre se mezclarán en la mayor medida posible con la obra del Espíritu, para desacreditarla y destruirla. Sin embargo, en los grandes avivamientos religiosos, es casi imposible evitar que el fuego impuro se mezcle con el verdadero fuego."

El Dr. Seiss sostiene que: "Nunca, realmente, ha habido un planteo de Dios en la tierra que no haya recibido también semillas de Satanás; ni un crecimiento de Cristo con el que no se hayan mezclado los brotes del maligno para ser obstáculo a aquél. Quien se propone encontrar la iglesia perfecta, en la cual no haya elementos espurios, ni desfiguraciones, se propone una tarea imposible."

Otro autor dice: "En las diversas crisis que han ocurrido en la historia de la iglesia, los hombres que han salido al frente han sido quienes manifestaban una santa temeridad que dejaba atónitos a sus compañeros. Cuando Lutero clavó sus tesis en la puerta de la catedral de Witemberg, los hombres cautos se escandalizaron de su audacia. Cuando Juan Wesley ignoró todas las restricciones y el decoro de la iglesia y predicó en los campos y en las calles apartadas, los hombres declararon que su reputación estaba arruinada. Así ha sido en todas las épocas. Cuando la condición religiosa de un tiempo requirió de hombres que estuvieran dispuestos a sacrificar todo por Cristo, la demanda creó la oferta, y siempre ha habido unos pocos que estaban dispuestos a ser considerados osados por el Señor. Una audacia total en cuanto a las opiniones de los hombres y otras consecuencias es la única actitud que puede satisfacer las exigencias de los tiempos presentes." Dios encontró su Moisés en la persona del hermano Smale, para guiarnos en el cruce del Jordán. Pero eligió al hermano Seymour, como nuestro Josué, para llevarnos a la tierra prometida.

El domingo 15 de abril, el Señor me llamó a celebrar diez días de oración especial. Yo sentía una gran carga, pero no tenía idea de lo que él tenía en mente, en realidad. Pero él tenía una obra para mí, y quería prepararme para ella. El miércoles 18 de abril se produjo el terrible terremoto de San Francisco, que devastó también las ciudades y los campos aledaños. No menos de diez mil personas perdieron la vida en San Francisco solamente. Sentí una profunda convicción de que el Señor estaba respondiendo a nuestras oraciones por el avivamiento a su manera. "...luego que hay juicios tuyos en la tierra, los moradores del mundo aprenden justicia" (Isaías 26:9). Una tremenda carga de oración vino sobre mí, de que la gente no fuera indiferente a su voz.

El jueves 19 de abril, mientras participaba de la reunión del mediodía en el salón de Peniel, en la calle Main (sur) 227, repentinamente el suelo comenzó a moverse bajo nuestros pies. Una sensación muy desagradable recorrió el lugar. Nos quedamos sentados, mudos de asombro. Muchas personas corrieron a la calle, mirando ansiosamente a los edificios, temiendo que estuvieran a punto de caer. Fue un momento de gran tensión. Fui a casa, y luego de pasar algún tiempo en oración, sentí del Señor ir a la reunión que se había trasladado de la calle Bonnie Brae a Azusa 312. Aquí habían alquilado un viejo edificio, que había sido un templo metodista, en el centro de la ciudad, que hacía mucho tiempo no se utilizaba para reuniones. Se había convertido en un depósito de trastos y materiales viejos. En medio del polvo y los escombros, habían despejado un espacio suficientemente grande como para extender unas planchas de madera sobre barriles vacíos, como asientos para unas treinta personas, si mal no recuerdo. Los habían colocado en forma de cuadrado, enfrentados de a pares.

Yo estaba bajo una tremenda presión de llegar a

esa reunión aquella noche. Era mi primera visita a la "Iglesia de Azusa". La madre Wheaton, que viv'a con nosotros, vino conmigo. Andaba tan lentamente que me costaba esperarla. Siempre he sido un "lobo solitario" por esta misma razón. Mi tiempo no me pertenece. Yo soy siervo de Dios. "Los asuntos del Rey requieren prisa". No podemos esperar todo el día para que alguien que ni tiene la orden, ni siente la necesidad, se prepare. "A nadie saludéis por el camino". Los asuntos de Dios son importantes. El requiere obediencia. De esta manera, también nos mantenemos fuera del camino de los demás. Hay demasiadas cosas en juego como para fallarle a Dios. Que aquellos que no tienen mensaje alguno se tomen su tiempo y lleguen después. El diablo puede usarlos muchas veces en gran manera para obstaculizar a quienes sí lo tienen.

Finalmente llegamos a Azusa y encontramos aproximadamente a unos doce santos allí, algunos blancos, otros de color. Allí, a cargo de la reunión, estaba el hermano Seymour. El "arca de Dios" se movía lenta, pero firmemente, en Azusa. Era llevada "sobre los hombros" de los sacerdotes que él mismo había elegido en el principio. No teníamos "carros nuevos" en esos días, para complacer a la multitud mezclada y carnal. Teníamos que luchar contra el diablo, pero el arca no era arrastrada por bueyes, animales sin entendimiento. Los sacerdotes estaban "vivos para Dios", en mucha preparación y oración. El discernimiento no era perfecto, y el enemigo logró algunas ventajas, que trajeron reproche a la obra, pero pronto los santos aprendieron a "separar lo santo de lo vil". Todas las fuerzas combinadas del mal estaban decididamente en nuestra contra desde el comienzo. No todo era bendición. En realidad, la lucha era terrible. El diablo rebuscaba en la tierra por ver si hallaba espíritus retorcidos, para destruir la obra, si fuera posible, como siempre. Pero el fuego ya no podía ser controlado. Fuertes santos estaban reunidos para recibir la ayuda del Señor. Gradualmente, la marea se alzó en victoria. Pero sólo a partir de un comienzo muy pequeño, una llama diminuta.

En mi primera reunión en Azusa compartí un mensaje. Dos hermanos hablaron en "lenguas". Aparentemente la palabra contaba con una gran bendición. Pronto se corrió la voz en todos lados de que Dios estaba obrando en Azusa. Multitudes de personas de todas las clases comenzaron a concurrir a las reuniones. Muchos eran sólo curiosos, incrédulos, pero otros tenían hambre de Dios. Los periódicos comenzaron a ridiculizar las reuniones en sus artículos, con lo cual nos daban mucha propaganda gratuita. Esto atrajo multitudes. El diablo nuevamente se excedió. La persecución de afuera nunca hizo daño a la obra. Lo que más debíamos temer era los espíritus malignos de adentro. Aun los espiritistas y los hipnotizadores venían a investigar, y trataban de probar su influencia. Luego vinieron todos los enfermos y dementes religiosos, buscando un lugar en la obra. Ten'amos mucho para temer de éstos. Pero éste es un peligro que acecha a toda nueva obra. Ellos no tienen lugar en otra parte. Esta situación produjo un temor muy difícil de sobrellevar para muchos y fue un gran obstáculo para el Espíritu. Muchos temían buscar a Dios, por miedo a que los atrapara el diablo.

En Azusa pronto comprendimos que tan pronto como queríamos estabilizar el arca, el Señor cesaba su obra. No nos atrevíamos a llamar demasiado la atención de la gente sobre las obras del demonio, pues a esto le seguiría el temor. Sólo podíamos orar. Y Dios nos dio la victoria. Había una presencia de Dios con nosotros, por medio de la oración, de la cual podíamos depender. Los líderes tenían una experiencia limitada, y la maravilla es que la obra sobrevivió a todos sus poderosos adversarios. Pero era de Dios. Ese era el secreto.

Un cierto escritor ha dicho, acertadamente: "En el d'a de Pentecostés, el cristianismo enfrentó al mundo; una nueva religión, sin universidad, ni pueblo, ni patrón. Todo lo que era antiguo y venerable se irguió frente a él en firme oposición. Y él no halagó ni buscó la amistad de ninguno de ellos. Atacó cada a sistema existente, a cada mal hábito, marcando con fuego su camino y atravesando innumerables formas de oposición. Y esto lo logró solamente con las 'lenguas de fuego'."

Otro escritor ha dicho: "La apostasía de la iglesia primitiva se produjo como resultado de un deseo mayor de ver el extendimiento de su poder que el de ver que sus miembros individuales recibieran la nueva naturaleza. En el instante en que codiciamos una gran cantidad de seguidores y nos gozamos frente a las multitudes, sin tener un mayor deseo de ver que cambien las naturalezas de los individuos según el plan divino, comenzamos a recorrer la misma senda de apostas'a que lleva a Roma y a sus hijas."

Pronto vi que el terremoto había sacudido muchos corazones. Estaba distribuyendo especialmente mi último tratado, "El último llamado". Parecía muy adecuado, luego del terremoto. El domingo 22 de abril llevé 10.000 tratados a la Iglesia del Nuevo Testamento. Los obreros los recogieron con gran entusiasmo y rápidamente los distribuyeron por toda la ciudad.

Casi todos los púlpitos de la ciudad trabajaban horas extras para probar que Dios no tenía nada que ver con los terremotos, y de esta forma calmar los temores de la gente. El Espíritu estaba tratando de golpear a los corazones con su convicción por medio de este juicio. Yo me sent'a indignado de que los predicadores pudieran ser tan utilizados por Satanás como para tratar de ahogar la voz de Dios. Así como luego los usó para provocar odio y muertes, durante la gran guerra. Aun los maestros en las escuelas trabajaban duramente para convencer a los niños de que Dios no tenía relación alguna con los terremotos. El diablo hacía mucha propaganda en ese sentido.

Yo había estado orando mucho desde que se produjo el terremoto, y dormía poco. Después del sacudón de Los Angeles, el Señor me dijo decididamente que tenía un mensaje para el pueblo. El sábado siguiente, me dio parte de él. El resto me lo dio el lunes. Terminé de escribir a las 0:30 del martes, listo para llevarlo a la imprenta. Me arrodillé ante el Señor y él vino a mí con gran poder, dando un poderoso testimonio de que este mensaje venía de él. Debía ser impreso en la mañana. Desde ese momento hasta las 4 de la madrugada, me sobrevino un maravilloso esp'ritu de intercesión. Parecía que sentía la ira de Dios contra el pueblo y la resistía en oración. El me mostró que estaba terriblemente acongojado por la obstinación de su pueblo ante su juicio por el pecado. San Francisco era una ciudad tremendamente malvada.

El me mostró que todo el infierno se estaba movilizando para ahogar su voz en el terremoto, si ello fuera posible. El mensaje que me había dado debía contrarrestar esta influencia. Los hombres habían estado negando su presencia en el terremoto. Ahora él hablaría. Era un mensaje terrible el que me había dado. Yo no debía discutir el asunto con ningún hombre, sino simplemente darles el mensaje. Ellos responderían ante él. Sentí que el infierno entero se me oponía en esto, y así fue. Fui a dormir a las 4, me levanté a las 7 y corrí con el mensaje hacia la imprenta.

La pregunta que angustiaba todos los corazones era: "¿Lo hizo Dios?". Pero el instinto les decía a los hombres, inmediatamente, que así era. Aun los malvados tenían conciencia de ese hecho. El tratado quedó listo rápidamente. El mismo día ya estaba en la imprenta, y para el mediodía siguiente recibí la primera partida. Yo sentía que debía apresurarme y hacerlos llegar a la gente lo antes posible. Recordé que los diez días de oración a los que el Señor me había llamado terminaron exactamente el día que recibí el primer tratado. Ahora lo comprend'a todo perfectamente.

El enemigo trató de poner impedimentos, destrozando parte de los tipos de la prensa. Yo le había advertido de esto al imprentero. Pero el problema se superó rápidamente, por lo que no constituyó una pérdida de tiempo. Distribuí el mensaje con rapidez en las obras misioneras, iglesias, tabernas, negocios, en realidad, en todas partes, tanto en Los Angeles como en Pasadena. Además, envié por correo miles, a obreros de las ciudades cercanas, para que los distribuyeran. Todo el emprendimiento era una obra de fe. Comencé sin un dólar. Pero Dios proveyó el dinero a medida que lo iba necesitando. Trabajé duramente día tras día. El hermano Otterman y su esposa distribuyeron los tratados en San Diego. Se necesitaba coraje para hacerlo. Muchos se airaban al leer el mensaje. Fui con ellos a todos los bares de Los Angeles. Todo el infierno estaba conmovido. Un hombre me siguió por la calle gritando como un maniático. Entró tras de mí en un negocio, para atacarme. Pero el Señor me protegió. Entonces el hombre rompió en pedazos el tratado públicamente, para mostrar su odio. Muchos tiraban el mensaje al suelo con ira, para levantarlo después y leerlo nuevamente. Parecía que Dios lo adhería a ellos. Lo más triste era que casi todos los predicadores trabajaban con el enemigo en este asunto. Pero yo sólo les estaba dando la palabra de Dios sobre los terremotos.

Pedí los tratados en paquetes de 25.000. La gente estaba tan molesta conmigo que contrataron un policía para que me siguiera los pasos. Pero el Espíritu me advirtió y lo vi venir, por lo que pude escabullirme. El hubiera detenido la circulación de mi escrito antes de que yo hiciera la obra. Sentía todo el odio del infierno desatándose contra mí. Pero Dios me dio valor para la tarea. Cientos fueron distribuidos en Santa Barbara. Un inspector me detuvo cuando estaba repartiéndolos en un coche que iba a Pasadena, aunque la gente estiraba las manos para tomarlos. Me amenazó con echarme del coche. El diablo estaba enfurecido. Llegaban pedidos de miles de tratados desde las ciudades del sur de California, y yo se los enviaba por correo. Todos tenían curiosidad por leer el tratado, aunque a la mayoría les quemaba en las manos como fuego. Algunas veces la gente que iba en los coches se conmov'a tanto que bajaban antes de llegar a su destino. Mi misma presencia parecía traer convicción a muchos. Mi alma estaba sumergida en oración. El mensaje llevó consternación a miles de almas. Nunca he escrito algo que tuviera tanta influencia.

Dios envió al hermano Boehmer desde Pasadena para ayudarme. El se quedaba afuera, orando, mientras yo entraba a las tabernas para repartir los folletos. Algunas veces la gente se enfurecía tanto que querían matarme. Después de las noticias de San Francisco, la actividad comercial estaba paralizada. Esto, en cierta medida, explicaba la influencia que tenía mi escrito. La presión en mi contra era terrible. Todo el infierno se revolvía a mi alrededor, para tratar de detener el mensaje. Pero jamás desmayé. Sentía la mano de Dios continuamente sobre mí en este asunto. La gente estaba atónita de ver lo que Dios decía sobre los terremotos. El me envió a varias reuniones con mensajes de exhortación a arrepentirse y buscarle. En la Iglesia de Azusa tuvimos un tiempo de gran poder. Una hermana de color habló y cantó en "lenguas". La misma atmósfera del cielo estaba all'.

El 11 de mayo, domingo, terminé de distribuir el tratado sobre el terremoto. Entonces, repentinamente, la carga se apartó de mí. Mi trabajo estaba concluido. Setenta y cinco mil habían sido publicados y distribuidos en Los Angeles y el sur de California, en menos de tres semanas. En Oakland, el hermano Manley, por voluntad propia, había impreso y distribuido 50.000 más, en las ciudades de la bahía y los alrededores, en aproximadamente el mismo per'odo. Los siguientes son algunos extractos del tratado: "Pero, ¿qué tiene Dios que ver con los terremotos? 'Luego que hay juicios tuyos en la tierra, los moradores del mundo aprenden justicia' (Isaías 26:9). 'El arranca los montes con su furor, y no saben quién los trastornó; el remueve la tierra de su lugar, y hace temblar sus columnas' (Job 9:5, 6). 'Los montes tiemblan delante de él, y los collados se derriten; la tierra se conmueve a su presencia, y el mundo, y todos los que en él habitan. ... Su ira se derrama como fuego, y por él se hienden las peñas' (Nahúm, 1:5, 6). 'Y castigaré al mundo por su maldad, y a los impíos por su iniquidad; ...Porque haré estremecer los cielos, y la tierra se moverá de su lugar,... en el día del ardor de su ira' (Isaías 13:11, 13). 'La tierra fue conmovida y tembló; se conmovieron los cimientos de los montes, y se estremecieron, porque se indignó él. Humo subió de su nariz, y de su boca fuego consumidor.... Tronó en los cielos Jehová, y el Altísimo dio su voz... Entonces aparecieron los abismos de las aguas, y quedaron al descubierto los cimientos del mundo, a tu reprensión, oh Jehová, por el soplo del aliento de tu nariz' (Salmo 18). 'He aquí que Jehová vacía la tierra y la desnuda, y trastorna su faz, y hace esparcir a sus moradores. ...y temblarán los cimientos de la tierra. Será quebrantada del todo la tierra, enteramente desmenuzada será la tierra, en gran manera será la tierra conmovida. Temblará la tierra como un ebrio, y será removida como una choza; y se agravará sobre ella su pecado' (Isaías 24:1, 18, 20). 'Por Jehová de los ejércitos serás visitada... con terremotos y con gran ruido,... y llama de fuego consumidor' (Isaías 29:6). 'Y se meterán en las cavernas de las peñas... por la presencia temible de Jehová,... cuando él se levante para castigar la tierra' (Isaías 2:19). 'El séptimo ángel derram— su copa por el aire; ...y... entonces hubo... un terremoto' (Apoc. 16:17, 18). ¿Diréis que no hay Dios en los terremotos? John Wesley dijo: 'De todos los juicios que el justo Dios inflige sobre los pecadores aquí, el más temible y destructivo es un terremoto'." (Tomado del "Tratado sobre el Terremoto", abril de 1906).

El terremoto de San Francisco fue, sin duda, la voz de Dios para el pueblo de la costa del Pacífico. Fue usado poderosamente para producir convicción, para el período de gracia post-avivamiento. En los primeros días de Azusa, tanto el Cielo como el infierno parecían haber llegado a la ciudad. Los hombres estaban a punto de quebrantarse. La convicción pesaba sobre la gente. Saltaban de ira en las calles, casi sin provocación. Un "l'mite" parecía haber sido establecido alrededor de la Iglesia de Azusa por el Espíritu Santo. Cuando los hombres se acercaban a una o dos calles del lugar, se apoderaba de ellos una tremenda convicción de pecado. Fui en una breve visita a San Diego y prediqué dos veces por día para el hermano y la hermana

Otterman. El Señor bendijo mi ministerio, y el cambio fue una bendición, luego de la tremenda presión que había soportado. Le había pedido al Señor que proveyera el dinero para el viaje, si deseaba que fuera, y él lo hizo. Ahora estábamos en junio. Al volver a casa, distribuí folletos en el campamento de la Iglesia Metodista Libre. Le pedí diez dólares al Señor, y me dio veinte.

La obra se aclaraba y se fortalecía en Azusa. Dios estaba obrando con poder. Parecía que todos debían ir a Azusa. Llegaban misioneros de Africa, India y las islas del mar. Predicadores y obreros hab'an cruzado el continente, y habían llegado de distantes islas, con un irresistible llamado a Los Angeles. "Juntadme mis santos..." Salmo 50:1-7. Habían venido para el "Pentecostés", aunque pocos lo sabían. Era un llamado de Dios. Reuniones de la Santidad, carpas y obras misioneras comenzaron a cerrar debido a la poca asistencia. Su gente estaba ahora en Azusa. El hermano Garr y su esposa cerraron la "Zarza Ardiente" y vinieron a Azusa, recibieron el "bautismo" y poco después partieron hacia la India para seguir extendiendo el fuego all'. Aun el hermano Smale había venido a Azusa, para buscar a sus miembros. Los invitó a volver, les prometió libertad en el Espíritu, y durante un tiempo el Espíritu obró poderosamente también en la Iglesia del Nuevo Testamento.

Había mucha persecución, especialmente de parte de la prensa. Escribían cosas vergonzosas sobre nosotros, pero esto sólo atraía mucha más gente. Algunos le daban seis meses de vida a la obra. Pronto comenzaron a realizarse reuniones día y noche. Diariamente el lugar estaba atestado de gente. El edificio completo, abajo y arriba, había sido despejado y acondicionado. Había mucha más gente blanca que de color. La "línea de color" había sido borrada por la sangre. A.S. Worrel, traductor del Nuevo Testamento declaró que la obra misionera de Azusa había redescubierto la sangre de Cristo para la iglesia en ese momento. Se hacía un gran énfasis en la sangre, para la limpieza, etc. Se presentaba un elevado modelo para una vida santa. "...porque vendrá el enemigo como río, mas el Espíritu de Jehová levantará bandera contra él" (Isaías 59:19). El amor divino se hacía presente en forma maravillosa en las reuniones. Ni siquiera se permitía pronunciar una palabra desagradable en contra de sus opositores, o de las iglesias. El mensaje era el amor de Dios. Era una especie de regreso al "primer amor" de la iglesia primitiva. El "bautismo" que habíamos recibido en un primer momento no nos permitía pensar, hablar o escuchar nada malo de ningún hombre. El Espíritu era muy sensible, tierno como una paloma. El Espíritu Santo es simbolizado como una paloma. Una paloma no tiene depósito para la hiel. Sabíamos instantáneamente cuando habíamos contristado al Espíritu, por una palabra o una obra cruel. Parec'a que viv'amos en un mar de puro amor divino. El Señor luchaba por nosotros en las batallas. Nos consagrábamos a su juicio totalmente en todos los asuntos, sin siquiera intentar defender a la obra o a nosotros mismos. Vivíamos en su presencia, inmediata y maravillosa. Y nada contrario a su puro Espíritu era permitido allí.

Lo falso era separado de lo real por el Espíritu de Dios. La Palabra de Dios misma decidía absolutamente todos los temas. Los corazones del pueblo eran escudriñados a fondo, tanto en hecho como en su motivación. Formar parte de este grupo no era algo para tomar a la ligera. Nadie "osaba unírseles" a menos que su intención fuera seria, que realmente quisiera continuar.

En esos días, recibir el "bautismo" significaba un

proceso de muerte y de limpieza. Teníamos un "cuarto de espera" arriba, para aquellos que esperaban especialmente en Dios por el bautismo, aunque había muchos en el salón principal en la planta baja, también. En realidad, muchos lo recibían allí mismo en sus asientos en esa época. En la pared del cuarto del piso alto había un letrero que decía: "No hable en voz más alta que un susurro". En ese momento no sabíamos nada de "entusiasmar" a la gente con palabras. El Espíritu obraba en gran profundidad. Un esp'ritu inquieto, o una persona que hablara sin cuidar sus palabras, eran inmediatamente reprobados por el Espíritu. Estábamos en "tierra santa". Esta atmósfera era insoportable para los espíritus carnales. Esto generalmente los mantenía lejos de allí, a menos que se hubieran sometido como era debido y hubieran quemado todo lo carnal. Sólo personas que honestamente buscaban a Dios estaban allí, aquellos que realmente tomaban en serio a Dios. No era una "cámara letal", ni un lugar para tener ataques, ni para "aliviarse de presiones". Los hombres no "corrían alocadamente" en esa época. Corrían hacia el trono de gracia. Hablando en sentido figurado, se quitaban los zapatos. Estaban en "tierra santa". "Los necios se apresuran a pisotear donde los ángeles temen apoyar su pie."

Arthur Booth-Clibborn ha escrito las siguientes palabras, muy duras por cierto, para la gente del "Pentecostés": "Cualquier abaratamiento del precio del Pentecostés sería un desastre de magnitud incalculable. Los que se reunían en el aposento alto, sobre quienes cayó el Pentecostés, habían pagado por él el más alto precio. En esto se habían acercado lo más posible a aquél que había pagado el más alto precio por enviarlo. ¿Realmente comprendemos cuán enteramente perdidos para este mundo, cuán completamente despreciados, rechazados y descastados eran? Su maestro y líder acababa de 'ser colgado', por así decirlo, por la civilización más elevada de su época. Su Calvario estaba completo, por lo que un Pentecostés completo vino a compensarlo. Este último sería similar al primero en su integridad. Nosotros, por lo tanto, podemos, cada uno, decirnos a nosotros mismos: 'Como sea tu cruz, así será tu Pentecostés'. El camino de Dios para el Pentecostés fue a través del Calvario. Hoy también debe ser así para cada uno. La pureza y la integridad del Pentecostés individual dependerá de la integridad del Calvario individual. Este es un principio inalterable."

El viernes 15 de junio, en Azusa, el Espíritu dejó caer el "coro celestial" en mi alma. Me encontré uniéndome a aquellos que habían recibido este "don" sobrenatural. Era una manifestación espontánea y un arrebato que la lengua humana no puede describir. En su comienzo, esta manifestación era maravillosamente pura y poderosa. Tem'amos tratar de reproducirla, como tem'amos reproducir las "lenguas". Muchos, aparentemente, no tienen ningún empacho en imitar todos los "dones". Por esto, han perdido gran parte de su poder y su influencia. Nadie podía entender este "don del canto", salvo aquellos que lo teníamos. Era realmente "un cántico nuevo" en el Espíritu. Cuando lo escuché por primera vez en estas reuniones, en mi alma surgió un gran hambre de recibirlo. Sentí que expresaría exactamente mis sentimientos contenidos. Yo aún no había hablado en "lenguas". Pero el "cántico nuevo" me atrapó. Era un don de Dios de alto nivel, y apareció entre nosotros poco después de que comenzara la obra. Nadie había predicado sobre él. El Señor lo había impartido soberanamente, con el derramamiento del "resto del aceite", la "lluvia tard'a" del bautismo del Espíritu. Era ejercido, según el Espíritu movía a quienes lo tenían, en forma de solo, o por todo el grupo. Algunas veces era sin palabras; otras veces en "lenguas". El efecto sobre la gente era maravilloso. Producía una atmósfera celestial, como si los ángeles mismos se hicieran presentes y se unieran a nosotros. Y posiblemente así fuera. Parecía aquietar todas las críticas y la oposición, y era difícil, aún para personas muy malvadas, ridiculizarlo o negarlo.

Algunos han condenado este "cántico nuevo" sin palabras. Pero... ¿no fue el sonido dado antes que el lenguaje? ¿No hay, acaso, inteligencia sin lenguaje? ¿Quién compuso la primera canción? ¿Debemos siempre seguir la obra compuesta por algún hombre? Adoramos demasiado la tradición. El hablar en "lenguas" no sigue ninguna sabiduría ni comprensión humana. Entonces, ¿por qué no un "don del cántico"? Es verdaderamente una contraposición a las canciones de "jazz" de nuestros días. Y quizá haya sido dado con ese propósito. Pero algunos de los viejos himnos también son muy buenos para cantar. No debemos despreciarlos ni tratarlos a la ligera. Alguien ha dicho que cada fresco avivamiento trae su propia himnolog'a. ¡Este sí lo hizo!

Al comienzo, en Azusa, no ten'amos instrumentos musicales. En realidad, no sent'amos la necesidad de tenerlos. No había lugar para ellos en nuestra adoración. Todo era espontáneo. Ni siquiera cantábamos con himnarios. Cantábamos todos los himnos antiguos y bien conocidos de memoria, motivados por el Espíritu de Dios. "Ha llegado el Consolador" era, posiblemente, uno de los que cantábamos con más frecuencia. Lo cantábamos desde una fresca y profunda experiencia de nuestro corazón. Oh, ¡cómo nos llenaba y nos conmovía el poder de Dios! También las canciones que hablaban de la "sangre" gustaban mucho. "En la sangre está la vida". Sinaí, Calvario y

Pentecostés, todos tenían su debido lugar en la obra de Azusa. Pero el "cántico nuevo" es una composición totalmente diferente, no humana. No puede falsificarse. El cuervo no puede imitar a la paloma. Pero finalmente, comenzaron a menospreciar este "don", cuando el espíritu humano se hizo fuerte una vez más. Lo echaron fuera con himnarios, y con canciones elegidas por los líderes. Era como asesinar al Espíritu, y para muchos de nosotros fue muy doloroso, pero la marea era demasiado fuerte y no pudimos detenerla. Los himnarios son en la actualidad un emprendimiento comercial, en gran medida, y no perderíamos mucho si no los tuviéramos. Hasta las viejas melodías sufren la violencia del cambio, y cada estación trae nuevos estilos, para lograr más ganancia. Hay muy poco espíritu real de adoración en ellos. Hacen mover las puntas de los pies, pero no conmueven los corazones de los hombres. El espíritu de la canción dado por Dios en el principio era como el arpa eólica, en su espontaneidad y dulzura. En realidad, era el aliento mismo de Dios, tocando en las cuerdas de los corazones humanos, o en sus cuerdas vocales. Las notas eran maravillosas: su dulzura, su volumen, su duración. En realidad, muchas veces eran imposibles de lograr en términos humanos. Era "cantar en el Espíritu".

El hermano Seymour era reconocido como líder nominal a cargo. Pero no teníamos papa ni jerarquía alguna. Eramos "hermanos". No teníamos un programa humano. Dios mismo nos dirigía. No teníamos clase sacerdotal, ni tareas sacerdotales. Estas cosas vinieron después, con la apostasía del movimiento. En el principio, ni siquiera teníamos una plataforma o un púlpito. Todos estábamos a la misma altura. Los ministros eran siervos, según el verdadero sentido de la palabra. No honrábamos a los hombres por su posición ventajosa, ya fuera a causa de su dinero o de su educación, sino por los "dones" que Dios les había dado. El colocaba a los miembros en el "cuerpo". Ahora, "Cosa espantosa y fea es hecha en la tierra; los profetas profetizaron mentira, y los sacerdotes dirigían por manos de ellos; y mi pueblo así lo quiso. ¿Qué, pues, haréis cuando llegue el fin?" (Jer. 5:30, 31). "Los opresores de mi pueblo son muchachos (a veces crecidos) y mujeres se enseñorearon de él" (Isaías 3:12).

El hermano Seymour generalmente se sentaba detrás de dos cajas de zapatos vacías, colocadas una encima de la otra. Casi siempre mantenía su cabeza dentro de la caja superior durante la reunión, mientras oraba. Ahí no había orgullo. Los cultos se sucedían casi continuamente. Casi a toda hora, día y noche, podía verse a almas que buscaban a Dios y caían bajo su poder. El lugar jamás estaba vacío ni cerrado. La gente venía a encontrarse con Dios. El siempre estaba en ese lugar. De allí que las reuniones fueran continuas. La reunión no depend'a de un líder humano. La presencia de Dios se volvía cada vez más maravillosa. En ese viejo edificio, con sus gastadas vigas y sus pisos desnudos, Dios quebrantaba a hombres fuertes y mujeres, y los armaba otra vez, para su gloria. Era un tremendo proceso de reparación. El orgullo, la vanidad, el egocentrismo y la autoestima no podían sobrevivir allí. El ego religioso pronto terminaba predicando en su propio funeral.

No se anunciaba con anticipación el tema de los sermones o los mensajes, ni los nombres de los predicadores para una hora determinada. Nadie sabía qué sucedería, qué haría Dios. Todo era espontáneo, ordenado por el Espíritu. Queríamos escuchar lo que Dios tuviera para nosotros, fuera quien fuera la persona que él eligiera para hablar. No hacíamos acepción de personas. Los ricos y los cultos eran iguales a los pobres e ignorantes, y les resultaba mucho más difícil morir. Sólo reconocíamos a Dios. Todos éramos iguales. Ninguna carne podría gloriarse en su presencia. No hab'a lugar para los que se tenían en alta estima. Estas eran reuniones del Espíritu Santo, dirigidas por Dios. Tenía que comenzar en un lugar pobre, para dejar fuera el elemento humano egoísta. Todos caían humillados a sus pies. Todos eran iguales y tenían todas las cosas en común, al menos en ese sentido. Las vigas del techo eran bajas; los que eran altos deb'an agacharse. Cuando llegaban a Azusa, estaban humillados, listos para recibir la bendición. Así, el alimento estaba colocado para que lo alcanzaran los corderos, no las jirafas. Todos podían llegar a él.

Fuimos liberados allí mismo de las jerarquías eclesiásticas y los abusos. Deseábamos a Dios. Cuando llegábamos a la reunión evitábamos en todo lo posible el contacto humano y los saludos. Queríamos encontrarnos primero con Dios. Poníamos la cabeza bajo algún banco, orando, en un rincón, y entrábamos en contacto con los demás en el Espíritu, sin conocer a nadie ya "según la carne". Las reuniones empezaban solas, espontáneamente, con testimonios, alabanza y adoración. Los testimonios jamás eran dichos "a las apuradas", por la necesidad de pasar a "algo más sustancioso". No teníamos un programa preparado de antemano que tuviera que ser metido en un cierto período de tiempo. Nuestro tiempo era de Dios. Teníamos testimonios reales, de experiencias frescas del corazón. De no ser así, cuanto más breves los testimonios, mejor. Podía haber doce personas de pie al mismo tiempo, temblando bajo el poder tremendo de Dios. No teníamos que recibir indicaciones de ningún líder. Y estábamos libres de la falta de ley. Estábamos absorbidos en Dios, en oración, nuestras mentes concentradas en él. Todos obedecíamos a Dios en humildad y mansedumbre. En honor, "prefiriéndonos unos a otros". El Señor podía aparecer repentinamente en cualquiera de nosotros. Orábamos continuamente por esto. Finalmente se levantaba alguien, ungido para dar el mensaje. Todos parecían reconocerlo y le abrían paso. Podía ser un niño, una mujer, o un hombre. Podía venir del último asiento, o del primero. No había diferencia. Nos gozábamos en que Dios estaba obrando. Nadie deseaba mostrarse delante de los demás. Sólo pensábamos en obedecer a Dios. En realidad, había allí una atmósfera de Dios que impedía que cualquiera que no fuera tonto intentara pasar al frente sin tener una verdadera unción. Y los que lo fueran, no duraban mucho. Las reuniones eran controladas por el Espíritu, desde el trono. Eran días verdaderamente maravillosos. Siempre dije que **hubiera preferido vivir seis meses de ese tiempo que cincuenta años de vida común.** Pero Dios es el mismo hoy. Sólo que nosotros hemos cambiado.

Alguien podía estar hablando, y repentinamente el Esp'ritu caía sobre la congregación. Dios mismo hacía el llamado. Los hombres caían por todas partes, como heridos en una batalla, o corrían hacia el púlpito en masa, buscando a Dios. Muchas veces el lugar parecía un bosque de árboles caídos. Tal escena no puede ser imitada. Nunca vi que se hiciera un llamado evangelístico en esa época. Dios mismo los llamaba. Y el predicador sabía cuándo irse. Cuando Dios hablaba, todos obedecíamos. Parecía algo tan temerario ser obstáculo para el Espíritu, o contristarlo. Todo el lugar estaba inmerso en oración. Dios estaba en su santo templo. El hombre debía estar en silencio. La gloria, la "shekinah" reposaba allí. En realidad, algunos dicen haber visto la gloria, por la noche, sobre el edificio. No lo dudo. Más de una vez me detuve a dos calles de ese lugar y oré pidiendo fortaleza antes de atreverme a entrar; la presencia del Señor era tan real...

Algunas veces venían personas presuntuosas. Especialmente predicadores, que trataban de promoverse a sí mismos, teniendo un alto concepto de sí. Pero sus esfuerzos tenían corta vida. Les faltaba el aliento. Sus mentes vagaban, sus cerebros vacilaban. Comenzaban a ver todo negro. No podían seguir. Nunca, en esa época, vi a alguno de ellos que pudiera continuar predicando. Estaban en contra de Dios. Nadie les interrumpía. Simplemente orábamos; el Espíritu hacía el resto. Nosotros queríamos que el Espíritu controlara todo. El los hería prontamente. Los sacaban muertos, espiritualmente hablando. Generalmente mordían el polvo, humillados, pasando por el proceso por el que todos nosotros habíamos pasado ya. En otras palabras, se iban muriendo, llegaban a verse en toda su debilidad, y luego, humildemente, como niños, confesando su pecado, eran tomados por Dios, transformados por medio del "bautismo" en el Espíritu. El "viejo hombre" moría, con todo su orgullo, arrogancia y buenas obras. En mi propio caso, llegué a aborrecerme a mí mismo. Le rogué al Señor que pusiera tras de mí una cortina para apartar mi pasado, tan cerca que me tocara los tobillos. El me dijo que olvidara toda las buenas obras, como si nunca hubieran ocurrido, tan pronto como se hubieran producido, y que siguiera como si nunca hubiera hecho nada para él, para que mis buenas obras no se convirtieran en una carga.

En esos días veíamos algunas cosas maravillosas. Aun los hombres que eran muy buenos llegaban a aborrecerse a sí mismos a la prístina luz de Dios. Los predicadores tardaban más en morir. Tenían mucho a lo que morir. Tanta reputación, tantas buenas obras. Pero cuando Dios obraba en ellos, alegremente daban vuelta la página y empezaban un nuevo capítulo. Esa era una razón por la que luchaban tanto. La muerte no es una experiencia agradable, en absoluto. Y los hombres fuertes tardan en morir.

El hermano Ansel Post, un pastor bautista, estaba sentado en una silla en medio del cuarto, una noche, durante la reunión. Repentinamente, el Espíritu cayó sobre él. Se levantó de un salto, comenzó a alabar a Dios en "lenguas", en alta voz, y corrió por el cuarto, abrazando a todos los hermanos que podía encontrar. Estaba lleno de amor divino. Este hermano luego partió a Egipto como misionero. Escuchemos sus propias palabras: "Repentinamente, como en el Día de Pentecostés, mientras estaba sentado a menos de cuatro metros de distancia del predicador, el Espíritu Santo cayó sobre mí y, literalmente, me llenó. Pareció que me elevaba, porque en un instante estuve en el aire, gritando '¡Alabado sea Dios!' y hablando en otro idioma. No me hubiera sorprendido más si en aquel momento alguien me hubiera entregado un millón de dólares." (Ansel Post, en "Camino de Fe").

Después de que el hermano Smale invitó a su gente a volver a su iglesia, prometiéndoles libertad en el Espíritu, escribí en "Camino de Fe" lo siguiente: "La Iglesia del Nuevo Testamento recibió ayer su 'Pentecostés'. Tuvimos un tiempo maravilloso. Hombres y mujeres quedaron postrados bajo el poder en todo el salón. Una atmósfera celestial inundó el lugar. Hubo cánticos como nunca hemos escuchado antes; eran verdaderamente melodías del cielo. Parecía provenir directamente del trono de Dios." (22 de junio de 1906).

En "El Cosechador Cristiano" escribí, en esa misma fecha: "En la Iglesia del Nuevo Testamento, una joven muy refinada quedó postrada en el suelo durante varias horas, mientras por momentos, las más celestiales melodías brotaban de sus labios. Se elevaban hacia el trono, y luego morían en una melodía casi no terrenal. Cantaba: '¡Alabado sea Dios!' '¡Alabado sea Dios!'. En todo el cuarto, hombres y mujeres lloraban. Un predicador estaba tendido en el suelo, muriendo. El 'Pentecostés' ha llegado en toda su plenitud."

Tuvimos varias vigilias de oración en la Iglesia del Nuevo Testamento. Pero el pastor Smale nunca recibió el "bautismo" con el "hablar en lenguas". Estaba en una situación muy difícil. Todo era nuevo para él. El diablo intentaba todo lo posible para traer descrédito a la obra y destruirla. Enviaba espíritus malignos entre nosotros para amedrentar al pastor y hacer que rechazara todo.

Pero el hermano Smale era el Moisés de Dios, que debía llevar a la gente hasta el Jordán, aunque él mismo no lo cruzaría. El hermano Seymour los llevaría al otro lado. Pero, aunque suene extraño, Seymour mismo no habló en "lenguas" hasta cierto tiempo después de que se abriera la obra de Azusa. Muchos de los santos entraron antes que él. Todos los que recibían este "bautismo" hablaban en "lenguas".

Muchos estaban atónitos, en los comienzos de Azusa, por la naturaleza de los instrumentos que fueron utilizados. En "Camino de Fe" escribí lo siguiente: "Alguien ha dicho que no es el hombre que pueda construir la tea más grande, sino el que pueda encenderla, quien prenderá fuego al país. Dios no puede esperar que aparezca un instrumento perfecto; si fuera así, aún estaría esperando. Lutero mismo declaró que era un rudo leñador, que debía hacer caer los árboles. Así son los pioneros. Dios ha pulido a los Melanctons, para que sigan la tarea, y corten y den forma simétrica a los troncos. Una carga de dinamita no da como resultado el producto final. Pero sí libera las piedras que luego, bajo la mano habilidosa del escultor, serán estatuas. En la época de Lutero, muchos altos dignatarios de la iglesia romana estaban convencidos de la necesidad de una reforma, y de que él estaba en el camino cierto. Pero declararon, con estas mismas palabras, que jamás consentirían que esta nueva doctrina surgiera 'de ese rincón'. Que fuera un monje, un pobre monje, el que intentara reformarlos a todos, decían ellos, es lo que no podían tolerar. '¿De Nazaret puede salir algo de bueno?'."

La humanidad caída es algo tan "peculiar", por decirlo de alguna manera, tan destruido, que es muy imperfecto. "Tenemos este tesoro en vasos de barro". En el estado embrionario de todas las nuevas experiencias, hay mucho lugar para la fragilidad humana. Siempre hay muchos espíritus rudos, impulsivos, imperfectamente equilibrados, entre los primeros en ser alcanzados por el avivamiento. En ese momento, nuestra comprensión del Espíritu de Dios es tan limitada que podemos llegar a cometer un error, a veces, no reconociendo todo lo que verdaderamente puede ser de Dios. Podemos entender plenamente sólo en la medida que poseemos el Espíritu. El juicio rápido siempre es peligroso. "No juzguéis nada antes de tiempo". El grupo de Azusa, que abrió la brecha, era como el ejército de Gedeón, que limpió el camino a la victoria para los que venían atrás.

Una vez más, en "Camino de Fe", el 1 de agosto de 1906, escribí: "El 'Pentecostés' ha llegado a Los Angeles, la Jerusalén estadounidense. En esta ciudad puede encontrarse toda secta, credo y doctrina existente bajo el cielo, así como todas las naciones. Muchas veces me he sentido tentado a preguntarme si las fuerzas me acompañarían para llegar a verlo. Pero desde la primavera de 1905, cuando recibí por primera vez esta visión y esta carga, jamás he dudado del resultado final. Ahora, en todos lados, las almas de los hombres están conmovidas, y el avivamiento y sus inusuales fenómenos son el tema del día. Hay también una terrible oposición manifiesta. Los periódicos aquí son malévolos, y muy injustos e insinceros en sus afirmaciones. Los seudo sistemas religiosos también luchan duramente. Pero 'granizo barrerá el refugio de la mentira'. Sus 'refugios' están siendo descubiertos. Una corriente de limpieza está fluyendo por toda la ciudad. La Palabra de Dios prevalece.

"La persecución es dura. Ya la policía ha sido convocada para irrumpir en las reuniones. Los espíritus fanáticos, de los que hay muchos en la ciudad, también ponen muchos obstáculos a la obra. Es Dios contra el diablo en una batalla de enormes proporciones. Poco podemos hacer, más que mirar hacia adelante y esperar. El mismo Espíritu Santo lleva la delantera, dejando a un lado, en gran parte, todo liderazgo humano. Y pobre del hombre que se interponga en su camino, tratando egoístamente de controlar o dictaminar. El Espíritu no tolera interferencias de esta clase. Los instrumentos humanos se pierden de vista.

Nuestros corazones y nuestras mentes están dirigidos hacia Dios. Las reuniones están atestadas de gente. Hay un gran entusiasmo en los que no son salvos, los que no son espirituales.

"Toda religión falsa bajo el cielo tiene su representación aquí. No hay nada más parecido a la antigua Jerusalén. (Está justo en el lado opuesto, casi a mitad de camino, con condiciones naturales también muy similares.) Todas las naciones están representadas, como en Jerusalén. Hay miles de personas aquí, de toda la Unión, y de muchas partes del mundo, enviadas por Dios al 'Pentecostés'. Ellas llevarán el fuego a los confines de la tierra. El celo misionero está al rojo vivo. Los 'dones' del Espíritu son dados, la pompa de la iglesia restaurada. Seguramente estamos en los días de la restauración,'los últimos días', maravillosos, gloriosos. Pero días terribles para quienes se oponen. Son días de privilegio, responsabilidad y peligro.

"Se están echando fuera demonios, sanando enfermos, muchos están siendo salvos, restaurados y bautizados con el Espíritu Santo y poder. Están formándose héroes, los débiles son hechos fuertes en el Señor. Los corazones de los hombres están siendo escudriñados como con un candil. Es un tiempo tremendo para pasar por el tamiz, no sólo las acciones, sino los motivos interiores y secretos. Nada puede escapar del ojo de Dios que todo lo investiga. Jesús está siendo exaltado, la 'sangre' magnificada, y el Espíritu Santo es una vez más honrado. Hay mucho 'poder de muerte' que se hace manifiesto. Y esta es la principal causa de resistencia de parte de aquellos que se niegan a obedecer. Es algo que va en serio. Dios está con nosotros de verdad. No nos atrevemos a tomarlo a la ligera. Los hombres fuertes yacen durante horas en el suelo bajo el poder absoluto de Dios, cortados como la hierba. Este avivamiento alcanzará al mundo; no hay dudas de ello." (Frank Bartleman, "Camino de Fe", agosto de 1906).

El "Mensaje a las Iglesias", de Evan Roberts fue expresado por él con las palabras de un antiguo poema: "Mientras el fuego de Dios caiga, mientras la voz de Dios llame, hermanos, busquemos la llama. Mientras la antorcha de Dios arda, consumiendo los débiles intentos humanos, cristianos, busquemos la llama. Mientras el Espíritu de Dios convenza, reemplazando a los métodos humanos, siendo él mismo la llama; mientras el poder venza endurecidos corazones, trae el tuyo, ríndete a él, para tener la llama. Porque el mundo por fin despierta, y bajo su hechizo brota como viva llama. Y nuestro glorioso Señor busca corazones humanos, para levantar a los que duermen, encendidos con celestial llama. Si por completo te rindes y trabajas por Cristo, recuerda, debes tener la llama. Por los que están heridos y mueren, por los que yacen en tinieblas, debes tener la llama. Por amor de Cristo en gloria, por la continuación de la historia, debemos tener la llama. Oh, alma mía, para refinarte, para que brilles más clara y fulgurante, no pierdas la llama. Confiando en el Santo Espíritu, confiando, sin tratar de seguir tu propio camino, tendrás la llama. Hermanos, dejemos de soñar, y mientras la marea de Dios fluye, tendremos la llama."

Escribí un breve tratado en junio de 1906, del cual extraigo lo siguiente: "Una vez que la oportunidad pasa, se pierde para siempre. Hay un momento en que la marea pasa impetuosa junto a nuestra puerta. Podemos entonces echarnos en ella y ser llevados a bendición gloriosa, suceso y victoria. Quedarnos de pie junto a la orilla, temblando de timidez, o paralizados de estupor, en ese momento, es perder todo, y fallar miserablemente, tanto en este tiempo como para la eternidad. ¡Oh, nuestra responsabilidad! La poderosa marea de la gracia y el favor de Dios ahora pasa a raudales a nuestro lado, en un curso guiado por la oración. Hay un río (de salvación) que fluye y alegra la ciudad de Dios (Salmo 46:4). Es hora de 'reunirnos', de zambullirnos en él, individual y colectivamente. Somos bautizados 'por un Espíritu, en un cuerpo' (I Corintios 12:13). Dejemos a un lado todas las contiendas y divisiones humanas, que nos separan unos de otros y de Dios. Si somos de su cuerpo, somos 'un cuerpo'. La oportunidad de nuestras vidas, de todos los siglos, está a nuestra puerta. Podemos ganarla o perderla para toda la eternidad. No hay tiempo para dudar. Actúa rápidamente, para que otro no te quite la corona. ¡Oh, iglesia de Cristo, despierta! Sé bautizada con poder. Luego corre a rescatar a otros. Y a encontrarte con tu Señor." (Frank Bartleman).

"Si el anticristo está presto a realizar su más poderosa y maligna demostración, ¿no debería la iglesia confrontarlo con potentes muestras del poder salvador del Espíritu?" (Gordon).

A.B. Simpson dijo: "Debemos dar testimonio antes de que el Señor vuelva de verdaderas 'lenguas' como las del Pentecostés, por medio de las cuales los paganos escuchen en sus propios idiomas 'las maravillas de Dios', y esto, quizá en una escala de cuyo alcance apenas hayamos soñado, miles de misioneros yendo en una última y poderosa cruzada, de un cuerpo unido de creyentes en el punto de partida a llevar pronto testimonio del Señor crucificado que viene a todas las naciones."

Arthur T. Pierson ha dicho: "El peligro más alarmante de hoy es el naturalismo, la negación de todo control y actuación divina. La ciencia se une a la incredulidad, la maldad y la mundanalidad, el escepticismo y el materialismo, para quitar del universo al Dios personal. Este giro hacia el materialismo y el naturalismo demanda como único correctivo posible a lo sobrenatural. En el tiempo de Enoc, el pecado humano estaba convirtiendo a muchos en ateos, y Dios 'le llevó', en espíritu, alma y cuerpo, para que los hombres se quedaran atónitos frente a una prueba del Ser Divino, y de un mundo invisible. En la época de Elías, la apostas'a generalizada sufrió la reprensión del descenso de caballos y carrozas de fuego; y si alguna vez los hombres necesitaron ser confrontados con frutos de poder superiores a lo natural, con un Dios que vive y está detrás de todas las fuerzas y los sistemas que él controla, que responde a la oración, que guía en su providencia, y que convierte por su gracia, es ahora." ¡Oh, nuestra debilidad! Que el Señor nos ayude a volver a las experiencias del Pentecostés. "Cuando venga el Hijo del hombre, ¿hallará fe en la tierra?"

"La presencia de Dios en la iglesia pondrá fin a la infidelidad. Los hombres no dudarán de su Palabra cuando sientan su Espíritu. Por miles de razones, necesitamos que Jehová venga a nuestro campamento, así como en los tiempos primeros él visitó y liberó a su pueblo de la esclavitud en Egipto." (Mensaje de Spurgeon en su lecho de muerte).

4

Las Reuniones de la Calle Octava y Maple

El 8 de agosto de 1906 alquilé un templo en la esquina de las calles Octava y Maple, para iniciar allí una obra misionera pentecostal. Yo había sido atraído hacia este templo en febrero. En ese momento era ocupado por la gente de "Columna de Fuego", que lideraba la señora

Alma White, de Denver. Cuando vi que la Iglesia del Nuevo Testamento no avanzaba, sentí que debía orar por un templo para realizar cultos. Pero ni siquiera sabía de la existencia de este edificio, hasta que un día, el Señor me puso en contacto con él en forma totalmente inesperada. Estaba pasando por el lugar, y lo vi por primera vez. Noté que no estaba siendo utilizado regularmente. Había sido una iglesia alemana. Por curiosidad, abrí la puerta, que estaba sin llave, y entré. Entonces supe que "Columna de Fuego" lo estaba utilizando. Mientras estaba arrodillado frente al altar, orando, el Señor me habló. Recibí un maravilloso testimonio del Espíritu. Un instante después ya estaba caminando por los pasillos, reclamando ese lugar para el "Pentecostés". Sobre la puerta había un gran cartel que decía: "Gott ist die Liebe" (Dios es Amor). Esto fue dos meses antes de que comenzara la obra en Azusa.

Dejé de buscar templo, sabiendo que Dios había hablado, y esperé que él fijara el tiempo. Una noche, seis meses después, en agosto, pasaba por allí, de vuelta a casa, luego de la reunión, cuando vi un cartel que decía: "Se renta" en el templo. Acababa de ser desalojado. El Señor me dijo: "Ahí está tu iglesia". La "Columna de Fuego" se había hecho humo, sin poder pagar la renta. Ellos habían sido los más encarnizados opositores de la obra de Azusa. El Señor había vaciado ese templo para nosotros. Al día siguiente, sentí que debía contarle al dueño de la casa que alquilábamos, el hermano Fred Sheppard, sobre esta situación. No le pedí que me ayudara; pero el Señor me había enviado a verlo. El me preguntó cuánto era el importe de la renta, fue a otro cuarto, y volvió enseguida con un cheque por cincuenta dólares, el importe de la renta del primer mes. Reservé el lugar inmediatamente.

En esos días sufrí otro ataque de problemas estomacales. Durante algunos días apenas pude comer, y sufrí terriblemente. Pero Dios finalmente me libró. El diablo estaba tratando de matarme.

Visité el campamento metodista de Huntington Park para repartir algunos folletos sobre el avivamiento y me echaron de la propiedad. Un pastor amenazó con golpearme. Estaba muy indignado. Yo no había causado problemas, pero ellos temían a las herejías.

Debe decirse la verdad. Azusa también comenzó a fallarle al Señor al comienzo de su historia. Un día, Dios me mostró que estaban pensando en organizarse, aunque no se había pronunciado una palabra al respecto. El Espíritu me lo reveló. El hizo que me pusiera de pie y les advirtiera sobre el peligro de hacer de la obra pentecostal un grupo "partidario". Los santos "bautizados" debían permanecer en "un cuerpo", como habían sido llamados, y ser libres, como su Espíritu era libre, no "atados nuevamente en un yugo (eclesiástico)". Los santos de la Iglesia del Nuevo Testamento ya habían obstaculizado su propio crecimiento por hacer esto. Dios quería un grupo para el avivamiento, un canal por medio del cual él pudiera evangelizar al mundo, bendiciendo a todas las personas y a los creyentes. Naturalmente, no podría hacerlo con un partido sectario. Ese espíritu ha sido la maldición y la muerte de todo grupo de avivamiento, tarde o temprano. La historia se repite en este sentido.

Naturalmente, al día siguiente de que yo lanzara esta advertencia, encontré sobre la puerta de Azusa un cartel que decía: "Obra Misionera de la Fe Apostólica". El Señor me dijo: "Esto es lo que yo te decía". Lo habían hecho. Un "espíritu partidista" no puede ser "pentecostal". No puede haber divisiones en un verdadero Pentecostés. Formular un cuerpo separado es sólo proclamar nuestro fracaso como pueblo de Dios. Esto le prueba al mundo que no podemos llevarnos bien juntos, en vez de hacerle creer en nuestra salvación. "Que todos sean uno; para que el mundo crea" (Juan 17:21). Y desde ese momento comenzaron los problemas y las divisiones. Ya no era un Espíritu libre para todos, como lo había sido. La obra se había convertido en un grupo partidista y un cuerpo más entre sus rivales, junto con las otras sectas e iglesias de la ciudad. No es de extrañarse que aumentara la oposición de las iglesias. Habíamos sido llamados para bendecir y servir a todo el "cuerpo de Cristo", en todo lugar. Cristo es uno, y su "cuerpo" no puede ser más que "uno". Dividirlo es destruirlo, como en el caso del cuerpo natural. "Porque por un solo Espíritu fuimos todos bautizados en un solo cuerpo" (1 Corintios 12:13). La iglesia es un organismo, no una organización humana.

Luego trataron de incluir a toda la obra de la costa en esta organización, pero fallaron miserablemente. La obra se había extendido hasta Portland y Seattle, con el trabajo de la hermana Crawford. El pueblo de Dios debe estar libre de jerarquías. Son "comprados por sangre", no se pertenecen a sí mismos. Una obra anterior en Texas trató luego de reunir a las obras misioneras pentecostales de la costa del Pacífico, y en Los Angeles, pero también fracasó. ¿Qué razón tendrían para invocar autoridad alguna sobre nosotros? Nosotros habíamos orado para que viniera el avivamiento. El avivamiento en California era único, y de origen separado. Venía del cielo; el mismo hermano Seymour recibió el "bautismo" después que muchos otros. El sólo llegó a California "a la hora undécima". Desde el principio, la gran batalla, tanto en Los Angeles como en otros lugares, ha sido el conflicto entre la carne y el Espíritu, entre Ismael e Isaac.

El domingo 12 de agosto iniciamos las reuniones en Octava y Maple. El Espíritu se manifestó con poder desde la primera reunión. Le dimos control total. La atmósfera era terrible para pecadores y apartados. Había que arreglar las cosas con Dios para poder estar en Octava y Maple. El "temor" realmente "sorprendía a los hipócritas". Durante algunos días, poco pudimos hacer, más que esperar en el Señor en oración. La hermana Hopkinson fue una gran ayuda para mí en el comienzo.

La atmósfera era casi demasiado sagrada y santa como para intentar ministrar allí. Como los sacerdotes en el antiguo tabernáculo, no podíamos ministrar a causa de la gloria. Teníamos terribles batallas con "profesores" carnales y engañadores. Pero Dios nos daba la victoria. El Espíritu se contristaba por los espíritus contenciosos. La atmósfera en la Octava y Maple fue, durante un tiempo, aún más profunda que en Azusa. Dios se acercaba de forma tan maravillosa que parecía que nos rodeaba la misma atmósfera del cielo. Tal divino "peso de gloria" caía sobre nosotros, que sólo podíamos estar postrados sobre nuestros rostros. Durante un largo tiempo apenas podíamos mantenernos sentados. Todos estábamos de rostro al suelo, algunas veces durante todo el culto. Muy pocas veces podía yo evitar estar tendido boca abajo en el suelo. Cuando llegamos, en el edificio había una plataforma baja, de aproximadamente 30 centímetros de altura. Generalmente yo me tendía allí, mientras Dios dirigía las reuniones. Eran sus reuniones. El poder de Dios estaba maravillosamente con nosotros cada noche. Era glorioso. El Señor parecía casi visible; era tan real... Teníamos grandes problemas con algunos predicadores extraños que querían predicar. De toda la gente, ellos parecían ser los que menos sentido común tenían. No sabían mantenerse en silencio ante el Señor. Les gustaba escuchar su propia voz. Pero más de un predicador murió durante esas reuniones. La ciudad estaba llena de ellos, como en la actualidad. Hacían ruido, como cáscaras vacías. Teníamos un "campo de huesos secos". Siempre reconocimos a Azusa como nuestra iglesia madre, y nunca hubo fricción o celos entre nosotros. Nos visitábamos mutuamente. El hermano Seymour solía venir a nuestras reuniones.

En esa época escribí en "El Cosechador Cristiano": "Las reuniones de la Octava y Maple son maravillosas. Ayer pasamos el tiempo más maravilloso que yo haya experimentado jamás. El poder de Dios barrió el lugar durante todo el día. La iglesia estaba llena de gente. Una terrible convicción de pecado se apoderó de la gente. El Espíritu se hizo cargo de las reuniones, desde el principio hasta el final. No hubo programa, apenas la oportunidad para dar algunos anuncios necesarios. Ni siquiera intentamos predicar. El Espíritu nos dio algunos mensajes. Todos estábamos en libertad de obedecer a Dios. El altar estuvo lleno de almas todo el día. Casi no hubo interrupción en el culto de evangelización. Las almas venían y se acercaban, mientras la reunión ardía. Hombres y mujeres yacían alrededor del altar, tendidos bajo el poder de Dios, todo el día. La esposa de un pastor metodista libre experimentó un poderoso 'bautismo', hablando algo así como en chino. Todos los que recibieron el 'bautismo' hablaron en 'lenguas'. Había al menos seis pastores de la Santidad, que habían sido honrados y eran confiables por sus servicios durante años, algunos de ellos con cabellos grises, buscando con gran denuedo el "bautismo". Simplemente levantan las manos a Dios al ver esta revelación del Señor, y dejan de 'esperar' su 'Pentecostés'. El presidente de la Iglesia de la Santidad del Sur de California, el hermano Roberts, un alma preciosa, fue uno de los primeros en llegarse hasta el altar, con gran anhelo en su corazón". (F. Bartleman, Los Angeles, 10 de setiembre de 1906).

Más tarde, en ese mismo periódico, escribí: "El Espíritu deja poco lugar para la interferencia humana en las reuniones, pasando desapercibidos los errores, por lo general, o quitándolos él mismo del camino. Cosas que comúnmente creemos que deben ser corregidas son generalmente pasadas por alto, evitando así mayores calamidades. Atraer la atención hacia ellas provoca un espíritu de temor en los santos, que dejan de concentrarse en Dios. El Espíritu, así, ve entorpecida su obra. El quita los obstáculos de su camino. Hay temas mucho más importantes en juego en este momento. Estamos tratando de evitar magnificar el poder de Satanás. En cambio, predicamos a un Cristo poderoso. Y Dios está usando a los niños. El enemigo moviliza todo el infierno para quebrar la comunión por medio de diferencias doctrinales. Pero debemos preservar la unidad del Espíritu a toda costa. Algunas cosas pueden ser ajustadas después. Son mucho menos importantes. Dios nunca entregará esta obra a las manos de los hombres. Si alguna vez cae en control de los hombres, habrá terminado. Muchos se nos unirían si al hacerlo no debieran 'perder la cabeza', menguar."

En la tarde del 16 de agosto, en la Octava y Maple, el Espíritu se manifestó en mí por medio de las "lenguas". Ese día, un día de semana, éramos siete las personas reunidas. Después de unos momentos de testimonios y alabanza, todo estaba en silencio, y yo estaba caminando de un lado a otro, lentamente, alabando a Dios en mi espíritu. Repentinamente me pareció oír en mi alma (no con mis oídos naturales) una voz profunda hablando en un idioma que yo no conocía. Tiempo después escuché algo similar en la India. Parecía que colmaba y expresaba plenamente las alabanzas contenidas que había en mi ser. Pocos momentos después me encontré, aparentemente sin actividad voluntaria de mi parte, pronunciando esas mismas palabras con mis propios órganos vocales. Era una continuación exacta de las mismas expresiones que había oído en mi interior hacía unos instantes. Parecía un idioma perfecto. Era casi como si yo lo estuviera escuchando de afuera. Estaba totalmente rendido a Dios, simplemente arrastrado por su voluntad, como por una corriente divina. Podría haber reprimido esa expresión, pero no lo hubiera hecho por nada del mundo. Un cielo de bendición totalmente conciente la acompañaba. Es imposible describirla con exactitud; hay que experimentarla para comprenderla. No hice ningún esfuerzo por hablar, ni la más mínima lucha. La experiencia era totalmente sagrada, el Espíritu Santo jugaba con mis cuerdas vocales, como con un arpa. Todo lo que decía era una sorpresa para mí. Nunca me había angustiado demasiado por hablar en "lenguas". Dado que no podía comprenderlo con la mente natural, más bien le temía a esa experiencia.

En ese momento yo no sentía deseos ni siquiera de saber qué estaba diciendo. Parecía ser una pura expresión del alma, fuera del ámbito de la mente o la comprensión humana. Estaba verdaderamente "sellada en mi frente", completamente fuera de la obra de mi propia mente. Más tarde reviví esta experiencia al relatarla para una publicación, con estas palabras: "El Espíritu me había estado preparando gradualmente para este punto culminante en mi experiencia, orando tanto por mí como por los demás. De esta forma, me había acercado a Dios, y mi espíritu estaba sometido a él. Había llegado al punto en que había abandonado por completo mi voluntad, con absoluta conciencia de mi falta de capacidad, purificado de toda actividad propia natural. Este proceso había sido progresivo. La presencia del Espíritu en mi interior había sido tan sensible como el agua en el indicador de un calentador a vapor."

Mi mente, la última fortaleza humana en rendirse, fue poseída por el Espíritu. Las aguas, que gradualmente se habían acumulado, me inundaron por completo. Yo era enteramente suyo. Ese hablar en lenguas no tuvo elementos humanos, "como el Espíritu [me] daba que hablase" (Hechos 2:4). ¡Oh, qué emoción la de estar por completo rendido a él! Mi mente siempre había sido muy activa. Su funcionamiento natural era la causa de la mayoría de mis problemas en mi experiencia cristiana. "Derribando argumentos" (2 Cor. 10:5). Nada es mayor obstáculo para la fe y la obra del Espíritu que la confianza en sí mismo del espíritu humano, la sabiduría, fortaleza y autosuficiencia de la mente humana. Todas ellas deben ser crucificadas, y aquí es donde se plantea la batalla. Debemos deshacernos por completo, volvernos totalmente insuficientes y desvalidos, en forma conciente, ser verdaderamente humillados, antes de poder recibir esta posesión del Espíritu Santo. Nosotros queremos el Espíritu Santo, pero el hecho es que él está deseando poseernos a nosotros.

En la experiencia de "hablar en lenguas" yo había alcanzado el clímax del abandono de mí mismo. Esto abrió un canal para que el Espíritu ministrara de una nueva forma en el servicio. De allí en adelante, el Espíritu comenzó a fluir en mí de una forma distinta. Me llegaban mensajes, y una unción, en una manera que jamás había yo conocido antes, con inspiración e iluminación espontáneas, verdaderamente maravillosas. Esto venía acompañado de un poder tremendamente convincente. El bautismo pentecostal significa total abandono de sí, ser poseído por el Espíritu Santo, con un espíritu de obediencia instantánea. Hacía años que yo conocía mucho del poder de Dios para servir, pero ahora me daba cuenta de que había en mí una nueva sensibilidad al Espíritu, una rendición, que hacían posible que Dios me poseyera y obrara en nuevas formas y por medio de nuevos canales, con resultados mucho más poderosos y directos. También recibí una nueva revelación de su soberanía, tanto en su propósito como en acción, como yo nunca había conocido antes. Comprendí que muchas veces había acusado a Dios de aparente falta de interés, o tardanza en actuar, cuando yo debería haberme rendido a él, en fe, para que él pudiera obrar por mi intermedio su soberana y poderosa voluntad. Mordí el polvo de la humillación ante esta revelación de mi propia estupidez, y de su soberano cuidado y deseo. Vi que la pequeñísima parte del deseo que yo tenía de servirle era sólo la pequeñísima parte que él había podido colocar en mí, de todo su inmenso deseo e interés y propósito. Su Palabra lo dice. Todo lo que era bueno en mí, en pensamieno o acción, provenía de él. Como Hudson Taylor, ahora yo sentía que él simplemente me pedía que fuera con él para ayudar en aquello que él solo ya se había propuesto y deseaba. Me sentí muy insignificante ante esta revelación, y ante la comprensión del error que había estado cometiendo. El había existido, y había estado trabajando para lograr su eterno propósito, mucho tiempo antes de que yo hubiera sido siquiera concebido en el pensamiento, y seguiría haciéndolo mucho después de que yo hubiera desaparecido.

No hubo tensión ni contorsión alguna. Ninguna lucha ni esfuerzo por lograr el "bautismo". Para mí era simplemente asunto de rendirse. En realidad, era lo opuesto de luchar. No había pechos inflamados, ni operaciones que debieran realizarse en mis cuerdas vocales. No tuve ni la más mínima dificultad en hablar en "lenguas". Pero puedo comprender cómo es que algunos pueden tener esas dificultades. Es porque no están rendidos completamente a Dios. Para mí, la batalla había terminado hacía tiempo. Me había desgastado, me había entregado por completo. Dios no trata con dos personas de la misma manera. Yo, en realidad, no estaba buscando el bautismo cuando lo recibí. Y nunca lo busqué como una experiencia en particular. Quería estar rendido totalmente a Dios. Pero fuera de eso, no tenía ninguna expectativa o deseo definido. Quería más de Dios; eso era todo.

No había una multitud enfervorizada detrás de mí,

que me confundiera o me excitara. Nadie me sugirió que hablara en "lenguas" en ese momento, ni por convencimiento ni por imitación. Gracias a Dios que él puede hacer su obra sin tales ayudas, y mucho mejor aún. Espiritualmente hablando, no creo en "sacar al bebé con fórceps". Creo en la ayuda de la oración sana y profunda en el Espíritu. Demasiadas almas son arrastradas del vientre de la convicción por la fuerza, y deben ser incubadas para siempre después. Como sucede en lo natural, así es en el terreno de la gracia. Lo mejor es no acudir, en la medida de lo posible, a los médicos y las matronas, que casi matan al niño con una violencia lejana a lo natural. Una jauría de chacales que atrapa a su presa no actuaría más fieramente que la forma en que he visto actuar a algunos en ciertos casos. En el parto natural, lo mejor es dejar a la madre sola, en la medida de lo posible. Debemos estar a su lado y alentarla, pero no forzar el parto. Los partos naturales son los mejores.

Antes de esto, por largo tiempo me dediqué enteramente a un ministerio de intercesión y profecía, hasta llegar al estado de total abandono de mí mismo al Espíritu. Ahora debía salir nuevamente a servir. Cuando mi día de "Pentecostés" llegó en toda su plenitud, el canal quedó abierto. El agua viva comenzó a brotar a raudales. La puerta de mi servicio se abrió de par en par al contacto con la mano del Dios soberano. El Espíritu comenzó a obrar en mí en forma nueva y llena de poder. Fue un clímax preciso, claro y fresco, un desarrollo, una experiencia que marcó un antes y un después en mi vida. Y para esto habíamos sido apartados como grupo. En todo el mundo, los santos de Dios estaban siendo preparados. Los resultados ya han hecho historia. En realidad, esto ha probado ser un punto de inflexión en la historia de la iglesia, tan definitivo como la acción del Espíritu en la época de Lutero y Wesley, y con prodigios mucho mayores. Y no todo es historia todavía. Estamos demasiado cerca aún, como para comprenderlo plenamente. Pero hemos dado un paso más para volver a la restauración de la iglesia como en el principio. Estamos completando el círculo. Jesús volverá a buscar una iglesia perfecta, "sin mancha ni arruga". Viene a buscar "un cuerpo", no una docena. El es la Cabeza, no un monstruo con cien cuerpos. "Que todos sean uno... para que el mundo crea". "Si yo hablase lenguas humanas y angélicas, y no tengo amor..." (1 Cor. 13). Después de la experiencia de hablar en "lenguas" por primera vez, sentí que me sería fácil repetirla, y así fue. También he aprendido a cantar en el Espíritu. Nunca fui cantante, ni sé nada de música.

Nunca busqué el hablar en "lenguas". Mi mente natural se resistía a la idea. Estos fenómenos violan necesariamente la razón humana. Significan un abandono de esta facultad durante ese tiempo. Y esto es, generalmente, el último rincón que uno cede. La mente humana queda totalmente en desuso. Y esto es "locura", una piedra de tropiezo, para la mente natural, la razón. Es sobrenatural. No debemos esperar que nadie que no haya llegado a esa profundidad de abandono de su espíritu humano, esta muerte a su propia razón, lo acepte ni lo comprenda. La razón natural debe someterse en esta experiencia. Debemos cruzar el abismo entre la razón y la revelación. Pero este principio de la experiencia es justamente lo que nos lleva al "bautismo" pentecostal, como en Hechos 2:4. Es el principio subyacente al "bautismo". Y por eso son las personas sencillas las que primero lo reciben, aunque quizá no sean tan equilibradas ni estén tan capacitadas en otras áreas. Son como los niños que van a nadar, por usar de una imagen familiar. Entran primero porque tienen menos ropa que quitarse. Todos debemos llegar "desnudos" a esta experiencia. Nada del "yo" de por medio.

Para la iglesia primitiva, ésta era la atmósfera normal. De allí su abandono de sí a la obra del Espíritu, sus "dones" sobrenaturales, su poder. Nuestros sabihondos no pueden llegar a eso. ¡Oh, volverse un necio, no saber nada por nosotros mismos, para poder recibir la mente de Cristo en plenitud, que sólo el Espíritu Santo nos enseñe y nos guíe, en todo momento! No queremos decir que debemos hablar en "lenguas" continuamente. El "bautismo" no es solamente hablar en "lenguas". Podemos vivir en este ámbito de iluminación y abandono del yo y seguir hablando en nuestro propio idioma. La Biblia no fue escrita en "lenguas". Pero con toda seguridad es posible vivir en el Espíritu en todo momento, aunque probablemente muy pocos lo hacen, si es que alguno llega a hacerlo. ¡Oh, la profundidad de ese abandono, de dejar ir por completo el yo! Concientes de no saber nada, no tener nada, excepto lo que el Espíritu nos imparta y nos enseñe. Este es el verdadero ámbito de poder, del poder de Dios, en el ministerio de servicio. No queda nada más que Dios, el Espíritu puro. Toda esperanza o sensación de capacidad en el ámbito natural desaparece. Vivimos por su aliento. El "viento" que soplaba el día de "Pentecostés" era el aliento de Dios (Hechos 2:2). Pero, ¿qué más podemos decir? Hay que experimentarlo para poder comprenderlo. No puede ser explicado. Hemos tenido, indudablemente, una cierta medida del Espíritu antes de esta experiencia. Toda la historia es testigo de este hecho. La iglesia ha sido anormal desde su caída. Pero no podemos tener el "bautismo" pentecostal sin él, como la iglesia primitiva lo tuvo. Los apóstoles lo recibieron repentinamente, y en pleno. Sólo con una fe simple y un total abandono se lo puede recibir.

La razón humana puede encontrar toda clase de fallas y aparentes locuras en esto.

Hablé en "lenguas", posiblemente durante unos quince minutos, en esta primera ocasión. Después, esa inspiración del momento desapareció por un tiempo. Desde entonces, he hablado otras veces. Pero jamás trato de reproducir la experiencia. Debe ser inspirada soberanamente por Dios. Sería necio y sacrílego tratar de imitarla. La experiencia dejó detrás de sí la conciencia de un estado de total abandono al Señor, un lugar de perfecto descanso de mis propias obras y de la actividad de mi propia mente. Dejó en mí una conciencia de ser controlado totalmente por Dios, y de su presencia, naturalmente, en la medida correspondiente. Fue una experiencia en verdad sagrada. Muchos han jugado tontamente con este principio y con esta posesión. Han dejado de permanecer en el Espíritu y han sido de tropiezo a muchos. Esto ha producido grandes daños. Pero la experiencia sigue siendo un hecho, tanto en la historia como en su concreción actual. La mayor parte del conocimiento que muchos cristianos tienen de Dios es, y siempre ha sido, desde que la iglesia primitiva perdió el Espíritu, un conocimiento intelectual. Su conocimiento de la Palabra y los principios de Dios es intelectual, por medio de razonamientos y comprensión naturales. Hay poca revelación, iluminación o inspiración que provenga directamente del Espíritu de Dios.

Citaremos de autores reconocidos algunos pasajes extractados sobre el tema de "hablar en lenguas". El doctor Philip Schaff, en su "Historia de la Iglesia Cristiana", vol. 1, página 116, dice: "Hablar en lenguas es un salmo involuntario; como oración o como cántico, emitido en un trance espiritual, y en un idioma especial inspirado por el Espíritu Santo. El alma es casi enteramente pasiva, un instrumento en el que el Espíritu Santo interpreta sus melodías celestiales."

Conybeare y Howson, comentaristas, escriben: "Este don (hablar en lenguas) fue resultado de un repentino influjo de lo sobrenatural en el creyente. Bajo su influencia se suspendía el ejercicio del entendimiento, mientras que el espíritu era envuelto en un estado de éxtasis por la comunicación inmediata del Espíritu de Dios. En este trance extático, el creyente era movido por un poder irresistible a expresar sus sentimientos de gratitud y arrebatamiento en palabras que no le eran propias. Generalmente, ignoraba su significado." La falta de espacio nos impide citar los comentarios realizados por otros sobre este tema. Muchos han escrito en forma muy reveladora sobre el mismo, y aproximadamente en el mismo tenor de los que hemos citado. Citaremos sólo un ejemplo más.

Stalker, en su "Vida de Pablo", página 102, dice lo siguiente: "Esto (hablar en lenguas) parece haber sido una especie de expresión en trance, en la cual la persona que habla derrama una apasionada rapsodia, por medio de la cual su fe religiosa no sólo se expresa sino que es exaltada. Algunos no podían comunicar a los demás el significado de lo que estaban diciendo, mientras que otros tenían esta capacidad adicional; y había quienes, aunque no hablaban ellos mismos en lenguas, podían interpretar lo que los que habían sido inspirados estaban diciendo. En todos los casos parece haber habido una especie de inspiración inmediata, de modo que lo que hacían no era resultado de cálculo ni preparación alguna, sino de un fuerte impulso presente. Estos fenómenos son tan notables, que, si se los relatara en una historia, serían una tremenda presión para la fe cristiana. Ellos demuestran con qué tremenda fuerza el cristianismo tomaba posesión de los espíritus que tocaba, en su ingreso a este mundo. Los dones del Espíritu fueron pervertidos y llegaron a ser instrumentos de pecado; pues quienes poseían los dones más vistosos, como los milagros y las lenguas, amaban demasiado mostrarlos, y los convirtieron en temas de jactancia." Todo privilegio va siempre acompañado de un mayor o menor peligro. Los niños se cortan con frecuencia con los cuchillos afilados. Pero estamos en mucho mayor peligro de estancarnos si nos quedamos donde estamos, que si avanzamos confiando en Dios.

Escribí lo siguiente en "El Cosechador Cristiano", describiendo algunas de mis experiencias previas al "bautismo": "Mi corazón fue escudriñado hasta que clamó, bajo esa intensa luz: '¡Dios, libérame de mi timidez religiosa!'. Pocas veces he sufrido tanto, en humillación, vergüenza y reproche, como esta vez, al ver lo mejor de mí expuesto a la vista de Dios. Todo lo que había de 'religiosamente adecuado' en mí, se convirtió en corrupción. Sentía que no podría soportar escuchar, ni siquiera pensar en ello otra vez. Sentía que me haría feliz olvidar hasta mi propio nombre e identidad. Llegué a destruir, con extrema satisfacción, los registros de mis pasados logros para Dios, sobre los cuales había dejado caer mi mirada con placer más de una vez. Ahora los aborrecía, considerándolos una tentación demoníaca a la autoexaltación. Las cartas de recomendación por servicios religiosos cumplidos, obras literarias que me habían parecido excelentes, sermones que me habían maravillado por su comprensión y construcción, ahora me causaban náuseas, por el elemento de orgullo propio que detectaba en ellos. Comprendí que había llegado a depender, en mayor o menor medida, de ellos, para obtener favores y recompensas divinas. 'Sólo la sangre de Cristo' era algo que, al menos parcialmente, había perdido de vista. Dependía de cosas secundarias como recomendaciones ante Dios. Y esto era un gran peligro. Ahora, destruí esos atesorados documentos, falsas evidencias, como lo haría con una víbora, por temor de que me hicieran olvidar que sólo Dios era necesario. Esto provocó una profunda búsqueda en mi corazón. Conocía muy pocos líderes de la Santidad que hubieran llegado a ser escudriñados tan profundamente en este sentido.

"Los servicios realizados en el pasado se convirtieron en algo vacío para mí, con gran alivio de mi parte. Comencé de nuevo para Dios, como si nunca hubiera hecho nada. Sentía que estaba ante él con las manos vacías. El fuego de la prueba parecía arrasar con todo lo que había hecho en el campo religioso. Dios no quería que descansara en eso. En el futuro, debería olvidar todo lo que hiciera para Dios, tan pronto lo hiciera, para que no fuera un peso para mí, y continuar como si nunca hubiera hecho nada. Esto era lo más seguro." Sin duda, la menor satisfacción que podamos sentir en el servicio religioso que realizamos es el mayor obstáculo para la bendición y el favor de Dios. Debe huirse de ella como de una serpiente.

Continuamos teniendo reuniones maravillosas en la Octava y Maple. El Señor me mostró que quería que su obra fuera más profundo aún que todo lo que hasta ese entonces habíamos logrado. Ni siquiera estaba satisfecho totalmente con la obra de Azusa, aunque había sido muy profunda. Había todavía demasiado de la vida propia, del "yo" religioso, entre nosotros. Esto, por supuesto, significó que el enemigo nos hiciera una guerra amarga y terrible. La nuestra sería una especie de "estación de limpieza", donde debían extraerse todos los ejercicios carnales, las falsas manifestaciones y el "yo" religioso en general. Buscábamos experiencias reales, permanentes, definitivas, con carácter divino, no reincidencias.

Los de la Santidad eran, especialmente, los más tenaces en aferrarse a sus posiciones y sus logros. En realidad, muchos de ellos estaban llenos de un profundo fariseísmo. Sólo Dios podría echar luz en su interior para hacerles ver su condición y su necesidad. Habían perdido hacía mucho tiempo su primer amor, y les quedaba poco más que la coraza externa de su profesión. Hasta parecía que la gente de iglesia tenía más esperanzas que ellos. En general, no eran tan duros, censores, críticos y prejuiciados. Nuestra "característica" podría convertirse en una "serpiente de cobre", puesta sobre un poste para ser adorada. Al hacerlo, dejaría de sanarnos y se convertiría en una "cosa de bronce" (nota marginal, 2 Reyes 18:4), que debía hacerse pedazos.

Nuevamente yo atravesaba grandes pruebas en lo económico. Un día debí caminar veinticinco calles hasta la ciudad, ya que no tenía dinero para tomar un coche. Un hermano casi tan pobre como yo me dio una moneda para que pudiera volver a casa. Al mismo tiempo, teníamos reuniones gloriosas. Muchos caían postrados bajo el poder. Una noche, el diablo envió dos personajes extraños para entorpecer la obra. Una mujer espiritualista se puso a la cabeza, como el tambor del ejército, para dirigir el canto. Yo oré para que se fuera de la iglesia. Al otro, un predicador fanático con una voz que casi quebraba los vidrios de las ventanas, tuve que reprenderlo abiertamente. Se hizo cargo de toda la reunión. De su ser brotaba el engaño. El Espíritu estaba terriblemente contristado. Dios no podía obrar. Yo había sufrido demasiado por la obra como para entregarle todo al diablo tan fácilmente. Además, era responsable por las almas, y por la renta. Por eso, me vi obligado a decirle que se fuera.

Tuvimos una batalla terrible con espíritus como esos. Podrían haber arruinado todo. El diablo no tiene conciencia, y la "carne" no tiene sentido común. La primera vez que abrí la iglesia para realizar una reunión, encontré a uno de los peores fanáticos y dementes religiosos sentado en los escalones, esperándome. Quería hacerse cargo de la iglesia. Era un predicador. Lo eché del lugar, como Nehemías hizo con el hijo de Joiada (Neh. 13:28). Yo jamás había soñado siquiera que podía haber tanto del diablo en tantas personas. La ciudad parecía llena de ellas. Esto tentaba a los santos a que lucharan y entorpecía la obra del Espíritu. Estos dementes eran los primeros en llegar a las reuniones. Tuvimos un tiempo de gran "limpieza". Especialmente en el caso de los viejos profesores. Había mucho "cuaquerismo" profesional, religioso. El juicio debía comenzar por la "casa de Dios". Lutero sufrió grandes problemas a causa de fanáticos religiosos obstinados similares a éstos, en su tiempo. Desde el Wartburg, donde estaba escondido, le escribió a Melancton, que estaba en Wittemberg, dándole un elemento para probar a estos fanáticos: "Pregúntales a estos profetas si han sentido los tormentos espirituales, esas creaciones de Dios, esa muerte y ese infierno que acompañan una verdadera separación." Cuando volvió a Wittemberg, y probaron en él sus hechizos, les respondió con estas duras palabras: "Les pegaré un golpe en el hocico a vuestros espíritus". Ante el desafío, ellos respondieron como diablos. Pero eso rompió el hechizo.

Nos vimos obligados a actuar con firmeza en algunos casos extremos, pero en general el Espíritu los pasó por alto y sacó del camino las irregularidades sin darles demasiada publicidad. Muchos han declarado que no podemos abrir nuestras reuniones a todos en la actualidad. Entonces, también tendremos que dejar afuera a Dios. Lo que necesitamos es más de Dios, para controlar las reuniones. El debe ser dejado en libertad de entrar, cueste lo que cueste. Los mismo santos están demasiado confundidos y rebeldes. Dios se hará cargo de las reuniones si oramos y nos abandonamos a él. Este fue el secreto desde el principio. Nos mantuvimos juntos en amor, oración y unidad, y ningún poder podía romper esto. Pero el "yo" debe ser quemado. Las reuniones deben ser controladas por el trono. Debe crearse una atmósfera espiritual, con humildad y oración, en la que Satanás no pueda vivir. Y esto lo comprendimos desde el principio. Era totalmente lo opuesto del celo religioso, y de la carnal ambición religiosa. No sabíamos nada de eso de "¡Con energía!" y "¡Hazlo rápido!". Todo ese sistema es un producto bastardo, en lo que a "Pentecostés" concierne. Lleva tiempo ser santo. El mundo pasa apresurado y no nos lleva a ningún lugar con Dios.

Una de las causas de la profundidad de la obra en Azusa fue que los obreros no eran novatos. Hacía años que habían sido llamados y preparados, en las filas de la Santidad, en los campos misioneros, etc. Habían pasado por fuego, por pruebas. Habían andado con Dios y habían aprendido mucho de su Espíritu. Eran pioneros, "fuerzas de choque", los trescientos de Gedeón, que extenderían el fuego por todo el mundo. Ahora hemos aceptado una "multitud mezclada". Y las semillas de la apostasía han tenido tiempo para trabajar. También se ha perdido gran parte del "primer amor". El perro ha "vuelto a su vómito", en muchos casos, a doctrinas y prácticas babilónicas. Una madre débil no puede esperar dar a luz hijos sanos.

El Espíritu trabajaba en un nivel tan profundo, y la

gente tenía tanta hambre, al comienzo, que un espíritu humano y carnal que entrara a las reuniones rara vez dejaba ser un terrible obstáculo para la obra del Espíritu. Su presencia era dolorosamente notoria. Los hombres buscaban a Dios. El estaba en su santo templo, y la tierra (lo humano) debía guardar silencio ante él. Sólo causaba dolor y tristeza. Nuestros "salones de oración", en la actualidad, son solamente una sombra de los anteriores, muchas veces, un lugar donde se puede liberar el entusiasmo humano o volverse "borracho" mentalmente, supuestamente por obra del Espíritu Santo. Muchos de ellos son una especie de cámaras letales, con muy poco del verdadero Espíritu de Dios. Esto no debe ser así. En el movimiento de la Santidad también había muchísimo fanaticismo. En los primeros tiempos, lo primero en lo que se pensaba era en tener un "salón de oración", al abrir una obra misionera pentecostal. Era algo sagrado, una especie de "tierra santa". Esto era por consideración mutua, también. Los hombres querían descansar de las actividades de sus mentes y espíritus demasiado productivos, escapar del mundo por un tiempo, y quedar a solas con Dios. No había un espíritu ruidoso o de excitación allí. Eso, al menos, podía hacerse en algún otro lugar. Los reclamos y la confusión de un mundo agotador quedaban afuera. Era una especie de "ciudad refugio", un "lugar de reposo" donde se podía escuchar a Dios hablando a las almas. Los hombres pasaban horas en silencio allí, escudriñando sus propios corazones en privado, y procurándose la mente del Señor para sus futuras actividades. Algo así parece imposible hoy, en el ambiente en que nos movemos. Morimos al "yo" al entrar a su presencia. Y esto requiere gran quietud de espíritu. Necesitamos un "lugar santísimo". ¿Qué judío se hubiera atrevido a actuar en el templo de Dios en la forma que lo hacemos hoy en los templos de las iglesias? Hubiera significado la muerte para él. Estamos llenos de necedad y fanática confianza en nosotros mismos. Hasta los formales romanos guardan, en general, mayor reverencia que nosotros.

El domingo 26 de agosto, el pastor Pendleton y aproximadamente cuarenta miembros de su iglesia vinieron a la Octava y Maple a adorar con nosotros. Habían recibido el "bautismo" y habían hablado en "lenguas" en su iglesia. La Iglesia de la Santidad los había echado de su propio templo por esto, que para ellos era un crimen imperdonable. Esta congregación había construido un templo con sus propios fondos. La propiedad valía diez mil dólares. Pero ellos la dejaron gozosos, para seguir a Jesús. Había sido entregada a la Asociación. Esto parece ser un gran error en esos casos. La propiedad debería pertenecer a la iglesia local. Algunas semanas antes, yo había sentido que debía decirle al pastor Pendleton, cierta vez que lo encontré en Azusa, que deberíamos adorar juntos. Esto fue incluso antes de que consiguiera el templo de la Octava y Maple. No tenía reuniones propias en esa época. Pero se comprobó que lo que había sentido era del Señor. En ese momento él no pensaba que fuera necesario tener otro lugar para adorar. Aún no había recibido el "bautismo". Cuando supe que la iglesia iba a enjuiciarlo por herejía, los invité a venir con nosotros si los echaban. Dos días después fueron expulsados, y aceptaron mi invitación. Vinieron en conjunto. Yo había estado orando por una ayuda como ésta, ya que en este momento mi cuerpo estaba muy desgastado.

La tradición es una tremenda maldición, con su poder esclavizante. Las iglesias de la Santidad sin duda creían verdaderamente que el hermano Pendleton y su grupo se habían apartado por completo. No tenían mejor pastor ni miembros como ésos en su grupo. El hermano Pendleton declaró, luego de esta experiencia, que jamás volvería a construir otro "techo" doctrinal sobre su cabeza. Estaba decidido a avanzar para Dios. Multitudes son encerradas en sistemas eclesiásticos, con límites sectarios, mientras los amplios y frescos pastos de Dios se extienden ante su vista, sólo limitados por la Palabra de Dios que los rodea. "Habrá un rebaño, y un pastor" (ver Salmo 23). La teología tradicional, la verdad y la revelación parciales, pronto se vuelven ley. La conciencia es totalmente atada, como hacen los chinos con los pies de sus pequeños, cerrada a todo futuro progreso.

Conocí al hermano Daniel Awrey aquí, en la Octava y Maple. El venía a las reuniones, y compartimos una risueña bendición. Luego estuve con él en la India y en China. El finalmente murió en Africa. En esa época sentíamos una tremenda carga por las almas, y hacíamos muchas vigilias de oración en la iglesia. Parecía algo tan fácil permanecer toda la noche orando. Generalmente se hacía de día sin que nos diéramos cuenta. No teníamos sueño. Habíamos entrado en la vida de la eternidad, donde no existe el tiempo. La presencia de Dios era maravillosamente real. Algunas veces la noche parecía apenas media hora, tan vivos y gozosos nos sentíamos en el Espíritu.

El domingo 9 de setiembre fue un día maravilloso. Muchos cayeron bajo el poder y permanecieron así durante horas. El altar estuvo lleno de gente todo el día; los cultos se sucedieron casi sin interrupción. Muchos recibieron el "bautismo". En esa época predicábamos poco. La gente estaba concentrada en Dios. El hermano Pendleton y yo generalmente estábamos tendidos a todo lo largo, sobre la plataforma baja, durante horas, orando. Era casi imposible no estar postrado en esos días. La presencia del Señor era tan real. Y este ambiente duró durante mucho tiempo. Teníamos poco que ver con la dirección de las reuniones. Cada uno buscaba solamente a Dios. Casi sentíamos que teníamos que pedir disculpas si debíamos atraer la atención general para hacer algún anuncio. Era una corriente continua de victoria. Dios había atrapado la atención de todos. Algunas veces la gente quedaba temblando bajo la convicción. Dios trabajaba duramente con el pecado en esos días, de tal forma que éste no podía permanecer en aquel lugar.

Algunas veces, mis oraciones por recursos económicos eran respondidas en forma maravillosa. Necesitaba diez dólares para pagar la renta de la casa, y cinco dólares para pagar los tratados. El dueño me dio por cancelada la renta del mes, sin que yo le dijera una sola palabra. Luego, una hermana me alcanzó un sobre sellado. Lo abrí y encontré exactamente cinco dólares. Yo no había dicho ni una palabra sobre lo que necesitaba.

La Iglesia del Nuevo Testamento, para este entonces, se había dividido. Me alegró mucho no tener nada que ver con ese hecho. El hermano Smale había puesto a los hermanos que habían recibido el "bautismo" contra la pared y finalmente había rechazado su testimonio. Entonces el hermano Elmer Fisher comenzó otra iglesia en la calle South Spring 327_, conocida como la obra misionera del "Aposento Alto". La mayoría de los santos de Azusa se fueron con él, junto con los que habían recibido el "bautismo" que eran de la Iglesia del Nuevo Testamento. Esta obra se convirtió, durante un tiempo, en la iglesia más fuerte de la ciudad. Para este entonces, tanto Azusa como la Iglesia del Nuevo Testamento le había fallado mucho à Dios. Poco después le entregué la obra de la Octava y Maple al hermano Pendleton, ya que estaba demasiado agotado como para seguir con los cultos casi sin interrupción. Había estado durante largo tiempo bajo constante presión en oración y en las reuniones, y necesitaba desesperadamente de un descanso y un cambio.

Al comienzo de la obra "pentecostal", el Espíritu me enseñó claramente que Jesús no debía ser dejado de lado, "perdido en el templo" por la exaltación del Espíritu Santo, y de los "dones" del Espíritu. Parecía existir un gran peligro de perder de vista el hecho de que Jesús era "todo, y en todos". Me esforcé por mantenerlo como tema y figura central ante todos. Jesús debe ser el centro de nuestra predicación. Todo viene por él y en él. El Espíritu Santo nos es dado para "mostrar las cosas que son de Cristo". La obra del Calvario, la redención, deben ser el centro de nuestra consideración. El Espíritu Santo nunca desvía nuestra atención de Cristo hacia sí mismo, sino que revela a Cristo en una forma más plena. Hoy corremos el mismo peligro. No hay nada más profundo ni más elevado que conocer a Cristo. Dios nos da todo con ese fin. Ese "único Espíritu" nos es dado para que podamos conocer "la anchura, la longitud, la profundidad y la altura" del amor de Cristo, teniendo un "espíritu de sabiduría y de revelación en el conocimiento de él (Cristo)" (Ef. 1:17). Pablo luchaba para "conocerle" (a Cristo). Repentinamente, una noche fui movido a presentar a Jesús a la congregación de la Octava y Maple. Habían estado olvidándolo en su exaltación del Espíritu Santo y sus "dones". Ahora les presenté a Cristo para su consideración. Esto los tomó completamente por sorpresa y les produjo una gran convicción. Dios me movió a hacerlo. Entonces ellos vieron su error y el peligro que corrían. Yo estaba predicando a Cristo una noche, poniéndolo ante ellos en el lugar que le correspondía, cuando el Espíritu manifestó de tal modo su agrado, que su presencia me abrumó y caí sin fuerzas al suelo, bajo una tremenda revelación de Jesús dada a mi alma. Caí como Juan en la isla de Patmos, a sus pies.

Aproximadamente en esta época escribí un tratado del cual extracto lo siguiente: "Ni siquiera podemos sostener una doctrina, o buscar una experiencia, excepto en Cristo. Muchos quieren encontrar "poder" en cualquier batería que puedan alcanzar, para poder realizar milagros, llamar la atención y provocar la adoración de la gente hacia sí mismos, robándole así a Cristo su gloria, y mostrando a todos su carnalidad. La necesidad religiosa más grande de este momento es que existan verdaderos seguidores del manso y humilde Jesús. El entusiasmo religioso rápidamente se corrompe. El espíritu humano, un espíritu religioso ansioso de mostrarse, predomina en gran forma. Pero debemos atenernos a nuestro texto: Cristo. Sólo él salva. La atención de la gente debe dirigirse primero, y siempre, a él. Un verdadero "Pentecostés" producirá una tremenda convicción de pecado, un volverse a Dios. Las falsas manifestaciones sólo producen entusiasmo y admiración. El pecado y la vida egoísta no sufren en este ámbito. Debemos lograr lo necesario para sentir convicción. Creer en el hambre de nuestro propio corazón, y avanzar buscando a Dios. No permitas que el diablo te robe el verdadero "Pentecostés". Cualquier obra que exalte al Espíritu Santo o a los "dones" por sobre Jesús terminará en el fanaticismo. Todo lo que hace exaltar y amar a Jesús es bueno y seguro. Lo contrario arruinará todo. El Espíritu Santo es una gran luz, pero siempre enfocada sobre Cristo, para revelarlo."

A.S. Worrell, traductor del Nuevo Testamento, era

un fiel amigo del "Pentecostés", y buscaba anhelosamente recibir el "bautismo". El escribió en el "Camino de Fe": "La sangre de Jesús es exaltada en esas reuniones, en una forma que raras veces he visto en otros lugares. Hay un tremendo poder manifiesto en el testimonio de Cristo, con un maravilloso amor por las almas. También hay demostración de los "dones del Espíritu". Los lugares de reunión son en la calle Azusa, en la Iglesia del Nuevo Testamento, pastoreada por Joseph Smale; algunos de los miembros de esta iglesia fueron de los primeros en hablar en "lenguas"; pero la mayoría se han retirado porque sentían limitados en las reuniones; y en la Octava y Maple, donde los pastores Bartleman y Pendleton son los líderes principales."

En setiembre de 1906 aparecieron las siguientes cartas en el "Camino de Fe", escritas por el Dr. W.C. Dumble, de Toronto, Canadá, que estaba de visita en Los Angeles en ese momento. Pero primero, una nota del editor Pike: "Durante algunos meses hemos estado recibiendo cartas de nuestro amado hermano Bartleman sobre la gran obra del Espíritu Santo en Los Angeles. Los escritos que publicamos han recibido algunas críticas y estábamos a punto de responder sobre este tema, cuando nuestro amado hermano el Dr. W.C. Dumble nos honró ofreciéndonos la siguiente descripción, verdaderamente interesante, de lo que ha visto y sentido allí:" (Las que siguen son palabras del Dr. Dumble:) "Es posible que algunos de sus lectores estén interesados en conocer la impresión que se ha llevado alguien que es extranjero en Los Angeles. Aquí se está produciendo una obra de gracia del Espíritu similar a la de Gales. Pero mientras aquélla tiene lugar principalmente en las iglesias, ésta se produce afuera. Las iglesias no la aceptan, o hasta el presente se han levantado con un espíritu de crítica y condenación. Como la obra de

Gales, éste es un avivamiento laico, conducido por el Espíritu Santo, y que se lleva a cabo en salones y viejos edificios, los únicos que pueden conseguirse para la obra.

"Es un movimiento notable, del que puede decirse que se caracteriza por la aparición del 'don de lenguas'. Hay tres iglesias donde se pueden escuchar estas lenguas extrañas. Tuve el raro gozo de pasar la noche pasada en la reunión del pastor Bartleman, o mejor dicho, en la reunión donde él y el pastor Pendleton son los líderes nominales, pero donde el Espíritu Santo es quien en verdad controla todo. Jesús es proclamado como Cabeza, y el Espíritu Santo, su agente ejecutivo. Por lo tanto, aquí no hay predicación, ni coro, ni mesa, ni ofrendas, excepto aquélla que se pone voluntariamente en unas cajas colocadas en las paredes. Y Dios estuvo poderosamente presente anoche. Alguien comienza a cantar: quizá tres o cuatro himnos, salpicados de 'aleluyas' y 'amenes'. Entonces, un alma abrumada se levanta y grita: '¡Gloria a Dios!' y entre sollozos habla de una gran lucha, y de una gran liberación. Dos o tres caen al suelo, sus rostros radiantes. Uno comienza a alabar a Dios, y repentinamente levanta los brazos al cielo y comienza a hablar en 'lenguas'. El pastor Pendleton cuenta que sintió la necesidad, y comenzó a buscar el bautismo, y que Dios lo bautizó con una experiencia tal de la presencia divina, de amor y valor, como nunca vivió antes. Las autoridades de la iglesia, por consiguiente, desearon que él se fuera, y varios de sus miembros se fueron con él y se unieron al grupo del pastor Bartleman. Entonces una dulce dama luterana alemana cuenta de su asombro al escuchar a la gente alabar a Dios en 'lenguas' y cómo oró para ser bautizada con el Espíritu. Al irse a dormir, su boca se abrió para hablar en 'lenguas' y estuvo alabando al Señor toda la noche, ante el asombro de sus hijos.

"A esto le siguió una exhortación en 'lenguas' dirigida por el pastor Bartleman, con gran dulzura, y uno tras otro se acercaron al altar rápidamente, hasta que todo el pasillo quedó lleno de personas que buscaban a Dios. Sea cual fuera la crítica que se desee hacerle, es muy evidente que esta obra es apoyada por el cielo, y que el Señor 'añade cada día a los que han de ser salvos'. Se cree que este avivamiento sólo está en sus comienzos, y existe la seguridad de que es inminente un gran derramamiento, y que estamos a las puertas de su dispensación. La carga de la 'lengua' es: 'Jesús viene pronto'." (W.C. Dumble, Los Angeles, California, 6 de setiembre 1906).

El Dr. Dumble escribió nuevamente, para ese mismo periódico: "En la iglesia del pastor Bartleman se realizan reuniones todas las noches, los domingos todo el día, y toda la noche cada sábado. No hay orden de culto; se espera que éste siga el orden divino. El bendito Espíritu Santo es el ejecutivo encargado. Los líderes, o pastores, se encuentran la mayor parte del tiempo con el rostro en el suelo, o arrodillados donde normalmente se encontraría el púlpito., pero no hay púlpito, ni órgano, ni coro. Una joven, por primera vez en una de estas reuniones, cayó bajo el poder del Espíritu y estuvo durante media hora, con un rostro radiante, enteramente ajena a todo lo que la rodeaba, contemplando una visión inexpresable. Pronto comenzó a decir: '¡Gloria! ¡Gloria a Jesús!', y a hablar con fluidez en una lengua extraña. El último día de reposo, la reunión se prolongó desde la mañana temprano hasta la medianoche. No hubo predicación, sino oración, testimonio, alabanza y exhortación." (W.C. Dumble). En las cartas que fueron publicadas hay muchos más datos de interés, pero la falta de espacio nos impide continuar citando de ellas.

Es un hecho que en el comienzo, tratamos de sacar del camino las plataformas y los púlpitos lo más posible. No teníamos una necesidad conciente de ellos. Barrimos totalmente con la clase sacerdotal y el abuso eclesiástico. Eramos todos "hermanos". Todos libres para obedecer a Dios. El podía hablar por medio de quien él quisiera. Había derramado su Espíritu "sobre toda carne", aun sobre sus siervos y siervas (Hechos 2). Sólo honrábamos a los hombres por los "dones" y ministerios que Dios les había dado. A medida que el movimiento caía en la apostasía, comenzaron a construirse plataformas más altas, a vestir sacos más largos, se organizaron coros, y comenzaron a formarse bandas de cuerdas para darle "ritmo" a la gente. Los reyes volvieron nuevamente a sus tronos, restaurada su soberanía. Ya no éramos "hermanos". Entonces se multiplicaron las divisiones, etc. Mientras el hermano Seymour mantuvo su cabeza dentro de la caja vacía en Azusa, todo anduvo bien. Pero finalmente le construyeron un trono a él también. Ahora tenemos, no una jerarquía, sino muchas. (La obra misionera de Azusa está desierta, y el hermano Seymour, en el cielo, al tiempo de escribir estas líneas). Bien podríamos recordar el inmortal poema de Kipling: "El tumulto y el grito mueren; los capitanes y los reyes parten; pero aún permanece tu antiguo sacrificio, un corazón humilde y contrito." Dios no permitirá que adoremos a hombres o a lugares.

Escribí para otro periódico religioso, en 1906: "Maldecidos por la incredulidad, luchamos por subir, con las mayores dificultades, por la restauración de esa gloriosa luz y ese glorioso poder, que alguna vez fueran tan abundantemente derramados sobre la iglesia, pero hace tiempo han sido perdidos. Nuestros ojos han estado tanto tiempo cegados por la oscuridad de la incredulidad a la cual fuimos arrastrados por la caída de la iglesia, que luchamos contra la luz, porque nuestros ojos son débiles. Tanto hemos caído como iglesia que cuando Lutero quiso restaurar la verdad de la 'justificación por fe', fue condenado y resistido por la iglesia de su época como la más grande herejía, y los hombres pagaron por ello con sus vidas. Y algo muy similar sucedió en la época de Wesley. Pero aquí tenemos la restauración de la mismísima experiencia del 'Pentecostés', con la 'lluvia tardía', una restauración del poder, con mayor gloria, para completar la obra comenzada. Nuevamente seremos levantados al nivel primero de la iglesia, para completar su tarea, para comenzar donde ellos dejaron cuando de ellos se apoderó el fracaso, y cumplir rápidamente con la Gran Comisión, abriendo el camino para la venida de Cristo.

"Debemos dejar atrás los siglos en que la iglesia ha fallado, la prolongada y sombría 'era de las tinieblas', y el tiempo será restaurado ahora en plenitud a un poder, victoria y gloria prístinas. Queremos salir, por la gracia de Dios, de un cristianismo corrupto, apartado, espurio. Las sinagogas de una iglesia arrogante e hipócrita se levantan contra nosotros, para demostrar que somos falsos. Los 'mercenarios' anhelan nuestra sangre. Los escribas y fariseos, sumos sacerdotes y principales de las sinagogas están en contra de nosotros y del Cristo.

"Los Angeles parece ser el lugar, y éste el momento, en los planes de Dios, para la restauración de la iglesia a su antiguo lugar, favor y poder. La plenitud de los tiempos parece haber llegado para la completa restauración de la iglesia. Dios ha hablado a sus siervos en todas partes del mundo, y ha enviado a muchos de ellos a Los Angeles, representando a toda nación bajo el cielo, una vez más, como en el pasado, para el 'Pentecostés', para que nuevamente vayan a todo el mundo con el feliz mensaje de la salvación. La base de operaciones ha cambiado de la antigua Jerusalén, que lo fuera en el antiguo 'Pentecostés', a Los Angeles. Y hay un tremendo hambre de esta experiencia, dado por Dios, en todas partes. Gales sólo fue la cuna de esta restauración mundial del poder de Dios. India, sólo la Nazaret donde creció." (F. Bartleman, octubre de 1906, en "Luz Apostólica").

Una vez más, escribí en el mismo periódico: "Si alguna vez los hombres intentan controlar, acorralar o apoderarse de esta obra de Dios, para su propia gloria o para la de una organización, encontraremos que el Espíritu se negará a obrar. La gloria se apartará. Que esta sea una obra en la que se le dé a Dios el lugar que le corresponde, y veremos un obrar tal como ningún hombre ha soñado jamás. Sería de temer que Dios se viera obligado a retirar de nosotros su Santo Espíritu o negárnoslo en un tiempo como éste, porque hemos tratado de apoderarnos de él. Todo lo que debemos hacer es llevar a Dios a la gente. Entreguémonos a esto, y sólo a esto. Algunas de las 'úlceras' de las experiencias pasadas han sido el espíritu partidista, los prejuicios, etc., que son todas carnales, contrarias y destructoras de la ley del amor, de ese 'cuerpo' único de Cristo. "Porque por un solo Espíritu fuimos todos bautizados en un cuerpo' (1 Cor. 12:13). La autosatisfacción siempre causará derrota. ¡Oh, hermano! Deja de dar vueltas y más vueltas por ese camino de tus viejos hábitos, en el cual ha dejado de crecer el césped, y vé hacia los pastos verdes, junto a las aguas de vida." (F. Bartleman, diciembre de 1906).

En el "Camino de Fe" escribí lo siguiente: "Estamos volviendo de la 'era de las tinieblas' de la caída de la iglesia. Estamos viviendo en el momento más trascendental de la historia del tiempo. El Espíritu está dejando de lado todos nuestros planes, nuestros esquemas, nuestros esfuerzos y nuestras teorías, y él mismo vuelve a actuar. Muchos que estaban bien 'acomodados' luchan ahora con denuedo. No quieren sacrificarse para elevarse a esta condición.

"La preciosa verdad, la emancipación de la iglesia de la tiranía del gobierno humano, ha sido extraída en forma necesariamente algo ruda al principio, como un metal en bruto. Ha estado rodeada, como en la naturaleza, por todas clases de elementos inútiles y peligrosos. Personajes extravagantes y violentos han querido identificarse con la obra. Una verdad monstruosa lucha en las entrañas de la tierra, encerrrada por capas y capas de retrógrados males en la historia de la iglesia. Pero está surgiendo, pronta a sacudir de sí todo material objetable, al que aún, inevitablemente en este tiempo, se aferra. Cristo es finalmente proclamado como Cabeza. El Espíritu Santo es la vida. Los miembros son, en principio, todos, 'un cuerpo'." (F. Bartleman, diciembre de 1906).

Nuevamente extracto porciones de lo escrito en el "Camino de Fe": "En esta hora detectamos en nuestro medio manifestaciones del surgimiento de un nuevo orden de cosas, en medio del caos y el fracaso del pasado. La atmósfera está llena de la inspiradora expectativa del ideal. Pero la incredulidad retrasa nuestro avance. Nuestras ideas preconcebidas nos traicionan ante la oportunidad. Ellas nos llevan a la perdición y la ruina. Pero el mundo despierta hoy, asombrado, de su sueño culpable de comodidad y muerte. Llegan cartas de todas partes, de todas partes del mundo, con una afiebrada inquietud: '¿qué significa esto?' Ah, sentimos el pulso de la humanidad, especialmente de la iglesia de hoy. Hay un enorme expectativa. Y estos niños expectantes, hambrientos, claman por pan. La fría especulación intelectual sólo les ofrece negativas. No puede llegarse al ámbito del Espíritu sólo con el intelecto. Los milagros nos han llevado una vez más a maravillarnos con la comprensión del hecho de que Dios está vivo aún, y se mueve entre nosotros.

"Las viejas formas se están quebrando, pasan. Suenan las campanas que anuncian su muerte. Nuevas formas, un nuevo orden, una nueva vida, aparecen. Hay, naturalmente, una tremenda lucha. Satanás mueve todos los ejércitos de los infiernos. Pero nosotros venceremos. El metal precioso debe ser refinado luego de ser extraído. Lo 'precioso' debe separarse de lo 'vil'. Los curtidos pioneros han abierto el camino para que avancemos, en medio del espeso follaje. Son necesarios espíritus positivos, heroicos, para esta tarea. Pero les seguirán formas más puras.

"Los hombres han estado hablando durante siglos, pero la voz de Dios el Espíritu es la que hoy nos llama. Desde que la iglesia primitiva perdió su poder y su lugar en Dios, hemos estado luchando por volver. A través de los 'ismos', cismos, teorías, credos y doctrinas, movimientos y sujetos, bendiciones, experiencias y profesiones, hemos llegado. La corriente no podía elevarse por sobre su fuente. No necesitamos más teologías ni teorías. Que el diablo se las lleve. Nosotros vayamos a Dios. Muchos quedan atrapados en las experiencias actuales. **En realidad, no se atreven a buscar más de Dios por temor a que el diablo los atrape.** ¡Librémonos de tales necias ataduras! ¡Sigue a tu Corazón! **Cree en el hambre que siente tu corazón, y avanza en pos de Dios.** Estamos aferrándonos al fondo. Necesitamos el fuego de Dios. Los métodos estrictos y las reglas religiosas han ahogado nuestra vida espiritual por completo. Es preferible que contristemos a todos los hombres antes de contristar a Dios." (F. Bartleman, enero de 1907).

Antes del derramamiento de Azusa, todo se había estancado en una forma concreta, determinada por el hombre. Nada era movido por Dios. Se necesitaba la dinamita del Espíritu Santo para quebrar ese bloque. Y Dios la proveyó. Todo lo que estaba encerrado en ese bloque se liberó nuevamente. Había llegado nuestro "año de jubileo". El último se había producido en el gran avivamiento del '59, cincuenta años antes.

La casa en la que vivíamos fue vendida, y debimos mudarnos. Fui a ver unos cuartos y parecían tan grandes y hermosos que los renté inmediatamente. Era el lugar que Dios había preparado para nosotros, en San Pedro 1319. Pero en relación con esto viví una extraña experiencia. Cuando nos mudamos, apenas pude reconocerlos. Parecían mucho más pequeños. Había sido una "ilusión óptica" divinamente producida por el Espíritu Santo. Pero él nos satisfizo. La dueña vivía al otro lado de la casa y era muy malvada. Un pasillo nos dividía. Teníamos un medidor de gas compartido, y siempre había problemas en cuanto a quién debía colocar la moneda cada vez. Pero el Señor conservó nuestro buen ánimo. La dueña bebía y maldecía mucho. También sospechábamos que tenía una conducta inmoral. Era viuda y tenía familia. Muchos hombres la visitaban. Era necesaria mucha gracia para permanecer allí. Pero era lo que Dios quería para nosotros en ese momento.

El dueño del templo, que era judío, nos aumentó la renta. Evidentemente pensaba que éramos demasiado prósperos. Para esta época yo estaba tan cansado, por las muchas oraciones y las constantes reuniones, que le entregué el pastorado al hermano Pendleton por completo.

El había sido pastor antes. Comencé a quedarme en casa para descansar y recuperarme. Había escrito mucho, había asistido continuamente a reuniones, además de pasar por la terrible tensión de la oración antes y después del derramamiento, y estaba completamente exhausto. En este momento, el sólo pensar en escribir una postal me agotaba. Decidí entregarme a la oración, el estudio de la Palabra y la obra evangelística, según me guiara el Señor. Había estado atado a las reuniones de la Octava y Maple día y noche. Puedo comprender el agotamiento nervioso de Evan Roberts, luego del avivamiento en Gales. Las reuniones en la Octava y Maple continuaron durante años, después de esto, como una obra misionera independiente. Nunca le dimos un nombre. Dios la usó maravillosamente. El Dr. Yoakum dirigió las reuniones durante mucho tiempo allí, conjuntamente con el pastor Pendleton. Cientos de almas fueron salvas y bendecidas allí. Finalmente, el hermano Pendleton falleció, el terreno se vendió y el edificio fue echado abajo. Sólo el cielo revelará el bien que se hizo, las almas y cuerpos que recibieron bendición en la Octava y Maple. Quiero repetir una vez más que nunca hubo celos ni rivalidad con la obra misionera de Azusa. Dios nos preservó de tal espíritu que nos hubiera quitado su bendición. El hermano Seymour siempre decía que un grupo de ángeles iba conmigo a todas partes.

Yo pasaba noches enteras orando, lo cual no me parecía algo difícil, sino un privilegio. El Señor estaba tan cerca... También escribí varios tratados, aunque estaba muy débil físicamente. Mi espíritu no podía descansar del continuo servicio. El mensaje estaba sobre mí. La enseñanza tradicional estaba tan arraigada en la gente que el Espíritu luchaba continuamente por liberarlos, por medio de este ministerio de tratados.

"Debemos traer todas las opiniones humanas y las máximas a la Escritura, como piedra de toque, por medio de la cual probarlas." (Martín Lutero). Lutero mismo sufrió getsemaníes de agonía al apartarse de las tradiciones romanas. Arrancarse de lo que ha llegado a ser parte de nuestro ser religioso es como morir. La tradición se vuelve tan obligatoria para nosotros como la Palabra de Dios, y ha sido aceptada como su igual. Pero... ¡cuánta tradición se probado ser errónea según las Escrituras!

Para cambiar de ambiente, fui a Santa Barbara y prediqué en la "Misión de Fe" y en la Iglesia de la Santidad de esa ciudad. Luego pasé un domingo con el hermano Harry Morse, en la Obra Misionera Peniel de San Pedro. Tuve un tiempo de mucha bendición predicando allí. Mi tiempo se dividía entre las reuniones en la Octava y Maple, la obra misionera de Azusa, Pasadena y Hermón. Tambíén visitaba con frecuencia la obra misionera del "Aposento Alto", en South Spring 327_. En enero sufrimos serias pruebas. Yo no tenía dinero y casi no nos quedaba comida. El diablo me atacó entonces con una terrible neuralgia de estómago. Clamé al Señor, desesperado, ya que sufría horriblemente. El me tocó e instantáneamente me alivió de mi dolor, y también pude asistir a la reunión y darle gloria.

Las obras misioneras volvían a perderse en manos de los hombres y algunas veces se hacía manifiesta mucha "carne". Yo trataba de mantenerme fiel a la "visión celestial". Algunas veces las manifestaciones tomaban tal carácter que parecía haber muy poco del Espíritu en ellas. Se evaporaban al menor soplo. Otras veces las reuniones estaban llenas de poder. Pero siempre, como ahora, la tentación parecía ser la manifestación hueca y vacía. Esta no requiere de ninguna cruz en particular, ni de morir al "yo".

Por eso siempre es recibida con agrado. Pero hay una sola manera segura y honesta de terminar con el "viejo hombre". Enterrarlo bajo dos metros de tierra, cabeza abajo. Cuanto más trate de salir, más profundo se hundirá.

Fui nuevamente a San Pedro y prediqué en la obra misionera de Peniel sobre Hechos 2:4. Mientras yo estaba "predicando", el Espíritu cayó. Pasamos inmediatamente a orar y tuvimos un tiempo maravilloso. En Hermón prediqué varias veces.

Dios me había dado un maravilloso ministerio de tratados. En dos años había publicado, enteramente por fe, sin un dólar al comienzo, cincuenta y ocho tratados diferentes. Aproximadamente cincuenta de ellos los había escrito yo mismo. Hice circular doscientos cincuenta mil, a un costo de al menos quinientos dólares. Nunca pedí dinero, y envié miles en forma gratuita por correo, a todas partes del mundo. Terminé ese ministerio sin un dólar. No gané ningún dinero con eso.

En esta época, una noche fui a la pequeña obra misionera Alley, en Pasadena. Durante la reunión sentí una pesada carga de oración. Había una joven señora, ex voluntaria, que había estado apartada durante muchos años. Dios la puso en mi corazón en una forma especial y sentí que ella debía ser salva esa noche. La reunión estaba por terminar, pero ella seguía sentada sin moverse. Eran más de las once. Le hablé, advirtiéndole que esa podía ser su última oportunidad. Pero ella permaneció indiferente. Entonces comencé a insistirle. La gente se oponía a que yo la presionara para tomar una decisión. Pensaban que yo estaba yendo demasiado lejos. Pero mi alma estaba en una agonía de oración por la suya. Tuve que resistir la oposición de la mayoría de los otros líderes, así como la del enemigo. Batallé de esta forma durante una hora entera.

Algunas veces, la desigualdad de la lucha me hacía retroceder, y casi me sentía tentado a sentir que debía de haberme equivocado al pensar que eso era lo que Dios quería. Finalmente caí al suelo, presa de verdaderos dolores de parto por su alma. Entré en crisis. Parecía que me arrancaban la vida. Sentí una ínfima parte de lo que Jesús debe de haber sentido en el Getsemaní por nosotros. Esta clase de oración cuesta. Entonces, repentinamente, toda la carga se apartó de mí y cayó sobre ella. Cayó al suelo como si le hubieran disparado, y comenzó a gritar en medio de la agonía de su alma. Y así estuvo, luchando, llorando, durante casi tres horas, hasta llegar, con el corazón destrozado, al Calvario, a la restauración. Eran casi las tres de la madrugada cuando se levantó, con el rostro resplandeciente como el de un ángel, en perfecta victoria. Había valido la pena aferrarme a Dios y obedecer a mis convicciones. Ella confesó que había estado muy cerca de la "línea mortal" esa noche, en su resistencia a Dios. Esta hermana recibió luego un ministerio de intercesión, y fue utilizada por Dios en una forma maravillosa en el trabajo de parto por las almas durante las reuniones.

Una noche, mientras predicaba en Hermón, un predicador se levantó de un salto e interrumpió mi mensaje. Dijo que tenía que irse a su casa, pero primero quería testificar. Luego de hablar durante un cierto tiempo, se sentó. El había destruido mi mensaje, y el Espíritu estaba tremendamente contristado. Yo no le resistí, sino que entregué todo el asunto en manos de Dios. La reunión estaba arruinada. No intenté continuar hablando. El se quedó durante aproximadamente media hora después de hablar. Este hombre se me había opuesto en otras reuniones anteriormente. El diablo lo había puesto en mi camino para ser obstáculo en mi ministerio. Pero esta vez había ido demasiado lejos. Dios lo reprendió. Dos días después me escribió pidiéndome perdón, prometiendo no oponerse más. Volvió a Hermón y pidió perdón públicamente en la reunión.

Fui nuevamente a Pasadena y hablé en la pequeña obra misionera Alley. Mi mensaje fue una advertencia. Los pecadores habían estado jugando peligrosamente con Dios. Mientras yo hablaba, un espíritu de oración cayó sobre dos hermanas, Mamie Craybill y Jessie Hewett, la hermana que luego fuera tan maravillosamente aclamada. Terminé la reunión y llamé a los obreros para orar, pero nadie se quedó, aparte de estas dos hermanas. No podían irse. Los otros nos dejaron solos en la batalla. Yo no podía abandonar a las hermanas. Estaban bajo una tremenda carga de oración, de rodillas. El Señor las sostenía. Entonces, el espíritu de oración se apoderó también de mí. Los pecadores de arremolinaron a nuestro alrededor mientras orábamos y llorábamos ante el Señor. Nuestra carga era por ellos. La banda de brutos se volvió casi demoníaca en su resistencia. Era una "hora de tinieblas". La obra misionera estaba ubicada en un oscuro callejón, en la mitad de la cuadra. No había luces afuera, ni protección policial. El Espíritu me advirtió tres veces que mi vida estaba en peligro. Para este entonces, la banda parecía estar sedienta de mi sangre. Un alemán malvado y ateo era su líder.

Ahora me acusaban de hipnotizar a las dos hermanas. Estábamos en la cueva de los leones, sin salida natural posible. Esta banda había escuchado el evangelio en las reuniones y había resistido al Espíritu, hasta ser capaces de los mayores actos de crueldad. Yo tenía que estar dispuesto a enfrentar el martirio, si fuera necesario, en sus manos. Esta era la verdadera prueba que se me presentaba. Pensé en mi esposa y mis hijos, en Los Angeles. Pero

Dios me quitó todo el temor en ese momento. Fue una experiencia maravillosa. Finalmente, uno, más valiente que el resto, me tomó por el hombro y me ordenó que me levantara y dejara de orar. No ofrecí resistencia, sino que levanté las manos y me encomendé a Dios. El espíritu de mártir estaba sobre mí. El fuego de Dios parecía cercarme y poseerme. No sentía temor. Al instante, para mi gran sorpresa, mi agresor se puso de rodillas y me rogó que orara por él. Había ido demasiado lejos. Dios lo había tocado. El resto del grupo se quedó en silencio por un momento. Pero pronto se recobraron.

Dos de ellos tomaron a una de las hermanas. Ella levantó los brazos y gritó victoria. El poder de Dios cayó sobre ella. El temor se apoderó de la banda una vez más, y la soltaron. Para este entonces, la otra hermana estaba de pie alabando a Dios. Ambas soportaron la prueba como soldados. Creo que hubieran muerto gustosas por el Señor esa noche. Era medianoche y ya no podíamos hacer nada allí. Estábamos en una cueva de demonios. Apagué las luces e hice que las hermanas se adelantaran para asegurarme de que estuvieran a salvo. Ellas pasaron sin inconveniente entre el grupo, pero la banda estaba esperándome afuera. El ateo tenía un palo en la mano y estaba listo para golpearme. Les estreché las manos a los dos primeros bravucones que vi, evadí al líder, y pasé por en medio de ellos sin un rasguño, por la misericordia de Dios. No podían tocarme. Sin dudas, ellos esperaban que yo demostrara miedo. Pero Dios me dio paz y no dejó que temblara. Ni siquiera pudieron seguirnos. Pronto alcanzamos la calle iluminada y estuvimos a salvo. Había sido una experiencia difícil, pero el Angel de Dios nos había protegido. Y nosotros no le habíamos fallado. Cuando llegué a casa, mi esposa me dijo que se había despertado de su sueño (justo cuando nosotros estábamos en el momento de mayor peligro) y había orado para que yo estuviera a salvo, aunque nada sabía de la situación. Ella sintió que yo estaba en peligro.

La banda se había mofado de nuestras lágrimas y nuestras oraciones por ellos. Pero no se habían mofado de nosotros, sino de Cristo. Nunca había visto yo a alguien osar hacer algo así, y supe que tendrían que pagar por ello. El mismo diablo parecía haber tomado posesión de ellos. Algunos tenían padres cristianos, y sabían lo que debían hacer. Sólo un corto tiempo después de este suceso, varios de estos jóvenes tuvieron muertes horribles, repentinas y no naturales. Uno de ellos, que andaba en una motocicleta, cayó debajo de un tren que le cortó la cabeza. Otro murió quemado al tocar un cable cargado de electricidad en lo alto de un poste de teléfono. Era técnico. Otro más murió quemado con gasolina. Estaba pasando por una estación de servicio con su motocicleta, cerca de la obra misionera, cuando un hombre tiró un trapo que accidentalmente se había encendido, empapado con gasolina, fuera del local. Este trapo le cayó en el rostro al joven y lo mató.

5

De California a Maine

A fines de marzo de 1907, recibí una invitación para ir a Conneaut, Ohio, junto con un cheque por cincuenta dólares. Querían hacer reuniones "pentecostales" allí. El líder me escribió diciendo que tenían hambre de un "Pentecostés". Sentí que Dios me llamaba a ir al este, pero no pude evitar preguntarme si realmente sabían lo que estaban pidiendo para sí mismos. La carta parecía llena de entusiasmo, algo que John Wesley despreciaba y no estimaba recomendable. Su definición de fanaticismo era: "esperar el fin sin los medios". No cobré el cheque, temiendo que ellos se desilusionaran cuando yo terminara allí. Tenían que aprender que "Pentecostés" significaba morir a la vida del "yo", a la ambición carnal, al orgullo, etc. Significaba que entraran en "la participación de sus padecimientos", no simplemente pasar un buen momento con algo que está de moda. Yo sentía que no comprendían esto. Un cristiano verdadero es un mártir, inevitablemente, en una u otra forma. Pocas personas están dispuestas a pagar el precio de convertirse en verdaderos cristianos, aceptar el ostracismo, las falsas acusaciones y la condenación de los demás. Pero Dios tiene sólo una medida para su iglesia, en todos los tiempos. La profesión actual es, en su mayor parte, una simulación. Sólo un pequeño porcentaje es real.

Una vez, un hombre le pidió a Lutero que le recomendara un libro que fuera agradable y útil. "¡Agradable y útil!", replicó Lutero. "Este pedido excede mi capacidad. Las mejores cosas son las menos agradables."

Jesús dijo: "Si un hombre no renuncia a todo lo que posee, no puede ser mi discípulo". Esto puede requerir cierta calificación o explicación, en cuanto a la acción en sí, pero el principio sigue siendo el mismo para todos. La iglesia, desde su caída en los primeros siglos, ha errado en la comprensión de su llamado, y de la salvación. Todos los creyentes son llamados a consagrarse un cien por ciento. Dios no tiene dos medidas de consagración, una para el misionero en lejanas tierras, y otra para el cristiano que se queda en casa. No encontramos esto en la Biblia. Uno es llamado a consagrarlo todo, tanto como el otro, como administrador de Dios, cada uno en su lugar y según su llamado. Uno va, uno ora, uno da. Son necesarios los tres para hacer un misionero. "Esta palabra es dura de oír. ¿Quién puede escucharla?"

Dios tiene un solo propósito, un solo interés en la humanidad, desde la caída. Ese propósito es llevarnos de vuelta a él. Toda la antigua dispensación con sus tratos providenciales, apuntaba a este único fin. Dios tenía un pueblo reconocido, los judíos. Tenía un propósito para esta nación. Todo lo que hacía tenía un fin. Toda su adoración apuntaba a ese fin: traer de vuelta la raza, las naciones, al verdadero conocimiento de Dios, y traer al Mesías al mundo. Jesucristo tenía sólo un interés al venir a esta tierra. Su segunda venida sólo espera esto mismo. Cuando el evangelio sea predicado en todo el mundo,"entonces vendrá el fin", la "maldición" será quitada. ¿Está trabajando la iglesia con todos sus recursos, con este único propósito, con este único fin? Esto, naturalmente, no significa acumular egoístamente propiedades y riquezas, más de las que realmente necesitamos. No significa conseguir todo lo que queremos para nosotros, y luego tirarle al Señor el dólar que no necesitamos. Hemos revertido totalmente el orden desde la caída de la iglesia primitiva. Dios requiere exactamente la misma consagración de todos. Aquí es donde entran Ananías y Safira. No "un décimo" en esta dispensación, sino "todo". Nuestros cuerpos son templos del Espíritu Santo, y debemos ser un cien por ciento suyos en todo momento. Le pertenecemos. El nos creó y nos compró, nos redimió, después de que hipotecamos su propiedad, no nuestra, al diablo. No somos nuestros, en ningún sentido. Hemos sido redimidos con la sangre. ¿Cuánto tiempo llevaría, o ha llevado, evangelizar al mundo según esta regla? ¡En esto pensad! ¿Se está moviendo normalmente la iglesia, según el orden divino? El sistema religioso-político, desde la iglesia primitiva, y en la actualidad, es en gran parte un híbrido, una institución mestiza. Está lleno de egoísmo, desobediencia y corrupción. Su reino se ha vuelto "de este mundo", en vez de ser un llamado a una "ciudadanía celestial", con armas espirituales.

El tema doctrinal también ha sido una gran batalla. Muchos eran demasiado dogmáticos en Azusa. La doctrina es, después de todo, sólo el esqueleto de la estructura. El esquema del "cuerpo". Necesitamos carne sobre los huesos, el Espíritu por dentro, para tener vida. Lo que la gente necesita es un Cristo vivo, no contiendas dogmáticas, doctrinales. El celo mal dirigido ha hecho mucho daño a la obra en el comienzo. La causa siempre ha sufrido más por aquellos que militan en ella. Pero Dios tuvo algunos héroes reales en los que podía confiar. La mayoría de ellos saltaron de la más profunda oscuridad a una repentina prominencia y poder, y luego, con igual rapidez, se recogieron nuevamente, cuando su obra estaba terminada. Alguien ha dicho, con razón: "Los hombres, como las estrellas, aparecen en el horizonte a la orden de Dios." Esta es una verdadera evidencia de que el Espíritu es quien obra. Los hombres no hacen al tiempo, como alguien ha dicho, sino que el tiempo hace al hombre. Ningún hombre puede producir un avivamiento hasta que llegue el tiempo. El pueblo debe estar preparado, y el instrumento también.

El historiador D'Aubigne ha dicho, con razón: "Dios saca de las más densas tinieblas los débiles instrumentos por medio de los cuales se propone lograr grandes cosas; y luego, cuando les ha permitido brillar por un tiempo con radiante resplandor en una plataforma ilustre, los aparta una vez más en profunda oscuridad." Y agrega: "Dios generalmente retira a sus siervos del campo de batalla, sólo para hacerlos retornar más fuertes y mejor armados." Y esto fue lo que sucedió con Lutero, encerrado en Wartburg, después de su brillante triunfo sobre los grandes de la tierra en Worms.

Una vez más, D'Aubigne escribe: "Hay un momento en la historia del mundo, como el de Carlos II, o de Napoleón, que decide su carrera y su renombre. Es aquél en que su fuerza se les revela repentinamente. Un momento análogo existe en la vida de los héroes de Dios, pero en dirección contraria. Es aquél en que reconocen por primera vez que están desamparados, que no son nada. A partir de ese momento reciben la fortaleza de Dios desde lo alto. Nunca una gran obra de Dios es lograda con las fuerzas humanas naturales. Es entre los huesos secos, la oscuridad, y el polvo de la muerte, que Dios se complace en elegir los instrumentos por medio de los cuales se propone esparcir sobre la tierra su luz, su regeneración y su vida. De contextura y carácter firme, Zwinglio, cuyo defecto consistía justamente en esta fortaleza, fue destinado a verlos postrados, para poder convertirse en el instrumento que Dios aprecia. Necesitaba el bautismo de la adversidad, la enfermedad, la debilidad y el dolor. Lutero lo había recibido en aquella hora de angustia en su celda y en las largas galerías del convento de Erfurth donde resonaban sus estremecedores gritos. Zwinglio fue destinado a recibirlo estando en contacto con la enfermedad y la muerte." (D'Aubigne).

Los hombres deben llegar a reconocer sus propias debilidades antes de tener esperanzas de conocer la fortaleza de Dios. La fuerza y la capacidad naturales de un hombre son siempre el mayor obstáculo para la obra de Dios, y para que Dios trabaje. Es por eso que debimos morir tan profundamente, especialmente los obreros y pastores, en los primeros días de la obra misionera de Azusa. Dios estaba preparando a sus obreros para la misión.

En respuesta a la oración, el Señor abrió el camino para que me trasladara al este con mi familia. Yo llevaba el cheque de Conneaut, Ohio, en el bolsillo, sin haberlo cobrado. Mi esposa quería ver a sus parientes en el estado de Nueva York, y yo no sabía cuándo estaría listo para volver a California. Quería estar libre para obedecer plenamente a la voluntad de Dios. Entonces recordé, por primera vez, que cuando dejamos Pittsburgh para ir al oeste, yo había profetizado que volveríamos luego de cinco años. Seguramente Dios me lo había mostrado, porque habían pasado exactamente cinco años.

La Madre Wheaton, evangelista en las prisiones, y el hermano Amil Allen, viajaban con nosotros. Conseguimos un pase para el viaje. En Salt Lake City vimos el templo de los mormones, predicamos en la penitenciaría y nos apresuramos a llegar a Denver. Ruth y John, nuestros dos hijos, enfermaron seriamente, pero el Señor los libró. Una noche, en Denver, prediqué en un templo de la Santidad, de donde habíamos sido miembros y habíamos trabajado antes de ir a California. Prediqué en el Salón Pentecostal del hermano Fink, y tuvimos un culto de poder. Muchas almas fueron salvas, entre ellas una familia entera, y los santos fueron maravillosamente edificados. Algunos recibieron el "bautismo". Tuve tres reuniones en total. Dios usó maravillosamente a dos niñitas. La forma en que debatían con los inconversos conmovió todo el lugar. Eran tan libres de toda preocupación por las apariencias que fueron una tremenda lección para todos. Fue una obra y un ministerio de Dios muy extraño. Una terrible convicción cayó sobre los incrédulos. Aprendimos en forma nueva eso de "si no os volvéis como niños..." Evidentemente, los métodos evangelísticos modernos no son totalmente indispensables para la salvación de las almas. Las iglesias pueden ganarnos en esto. Será mejor que nos aferremos a nuestro don particular, aunque sea una "obra extraña". Tendremos mayor éxito en eso. Que Dios haga las cosas como él quiera. En esos días el poder y la presencia de Dios muchas veces hacían que la gente se convirtiera sin siquiera dejar sus asientos. No teníamos que arrastrarlos hasta el altar y luchar contra ellos para que fueran salvos. No venían al altar para luchar contra Dios. En Denver, como en Azusa, se practicaba mucho el "cantar en el Espíritu". Este "don" en particular parecía acompañar a la obra dondequiera que surgiera.

En Chicago nos quedamos en el Hogar de Rescate Beulah. Prediqué allí, y también en la obra misionera del hermano Durham, en North Avenue, bajo una preciosa unción. Prediqué tres veces en la obra misionera del hermano S.B. Shaw, autor del librito "El Gran Avivamiento de Gales". Finalmente llegamos a Conneaut, Ohio, el 30 de abril, en medio de una tormenta de nieve. Dios me había mostrado en Los Angeles que comenzaría las reuniones allí el 1 de mayo. Ellos trataron de apresurar las cosas para que llegáramos un mes antes. Pero nosotros seguimos el orden divino. La presencia del Señor estuvo con nosotros en Conneaut, desde el comienzo. Era una obra misionera de la Santidad. Realmente teníamos muy poco que hacer, excepto observar y ver obrar a Dios. El Espíritu se hacía cargo de las reuniones. En Conneaut estuve casi todo el tiempo postrado sobre mi rostro. La batalla era del Señor. Y ningún otro podía haberla peleado allí. Sufríamos la más encarnizada resistencia. El Señor me había advertido que esto sucedería antes de salir de Los Angeles. El líder que había escrito para invitarme no tenía la menor idea de lo que el "Pentecostés" significaba, tal como yo lo había temido. El quería pasar un buen momento, que la obra misionera se llenara de gente, que la obra creciera en número, etc.

Pronto me encontré con que se interponía decididamente en el camino. Aunque profesaba santidad, estaba tremendamente vivo a su propia importancia. Dios no exalta a hombre ni misión alguna, sino que humilla a todos en el polvo, para ser glorificado él solamente. "Engañoso es el corazón más que todas las cosas, y perverso". Sólo Dios lo conoce. La hermana Ivy Campbell, de Azusa, estaba con nosotros. Dios la había enviado un tiempo antes, para preparar el fuego para nosotros. Su hogar estaba en

Ohio. El hermano Kennedy, un pastor metodista wesleyano, había estado predicando para ellos. Era un hombre de Dios tremendamente humilde.

El Señor obraba en gran profundidad. En una ocasión, varios hermanos cayeron bajo el poder y permanecieron así toda la noche. No había horario estricto para la finalización de las reuniones, como deben hacer los pastores ahora, para conservar a la gente. En esa época queríamos más de Dios. No teníamos mil cosas que deseáramos antes que él. Y él no nos decepcionaba. Una hermana cantó y habló en "lenguas" durante cinco horas seguidas. Las almas eran salvadas. Los santos eran maravillosamente edificados y fortalecidos por la presencia del Señor. Muchos recibieron el "bautismo" y la obra misionera se inclinó decididamente hacia el "Pentecostés". Un domingo por la noche, el salón estaba repleto de gente, que llegaba hasta la mitad de la calle. Una mañana fui a buscar a la gente que no había vuelto a su casa. Muchos se habían quedado allí toda la noche. Los encontré perdidos a todo lo que no fuera Dios. No podían salir. Una verdadera gloria "shekinah" llenaba el lugar. Era abrumador, pero glorioso.

La gran lucha fue con el líder, que me había invitado. No habíamos hecho muchas reuniones cuando descubrimos que se interponía abiertamente en el camino. Una hermana casi murió en trabajo de parto de alma por él. Era carnal, orgulloso y estaba convencido de su propia importancia, y no quería que las reuniones fueran más profundas. No podíamos avanzar. El no parecía tener la menor idea de lo que era humillarse junto con todos nosotros. Pero debía hacerlo. Dios me mostró que debía hablar con él. Tenía que obedecer, o irme. No tenía sentido tratar de continuar así. Estábamos comiendo de su mesa y durmiendo en sus camas. Era una situación difícil. Pero le pedí hablar con él. Nos trabamos en una lucha y me resistió con firmeza. Pero Dios lo sometió. El Espíritu le dio convicción de pecado y cayó vencido, casi derribando el edificio al caer. Quedó tendido bajo un banco durante cinco horas y comenzó a verse a sí mismo como Dios lo veía. El Espíritu hizo que todo quedara hecho trizas y le mostró su orgullo, su ambición, etc. Finalmente se puso de pie y se fue a su hogar. Allí se encerró hasta que Dios vino a su encuentro. Salió de ese encuentro manso como un cordero, y confesó sus faltas. Así, el obstáculo fue removido del camino y las reuniones comenzaron a ser inundadas de poder. Más tarde, luego de que nosotros nos fuéramos, este líder recibió el "bautismo".

El hermano Kennedy me trajo un nuevo juego de ropa antes de partir. Así Dios me recompensó por mi fidelidad, y no tuvo que hacerlo a través del líder. Vale la pena obedecer a Dios. Visité al hermano Thomas K. Doty, editor de "El Cosechador Cristiano", en Cleveland. Aquí prediqué también con mucha unción, en la Alianza Cristiana y Misionera pastoreada por el hermano Kramer. Hablé durante dos horas enteras. Allí también cobré mi cheque, el que me habían enviado desde Conneaut para que pagara mi viaje al este. Las reuniones habían sido un éxito y todos estaban satisfechos. Además, me dieron una ofrenda.

Nuestra siguiente reunión fue en Youngstown, Ohio. Allí prediqué en la Alianza Cristiana y Misionera. Algunas noches nos quedábamos en el salón hasta que salía el sol. No podíamos irnos. Dios estaba tan cerca que nadie se sentía cansado ni tenía sueño. Hubo mucho trabajo de parto por las almas allí. En algunas reuniones, lo único que se escuchaba eran los gemidos entrecortados. Los cultos se caracterizaban por la intensa oración. Se esperaba que el Espíritu controlara cada movimiento, y él lo hizo. No hubo dos cultos iguales. En una reunión, el silencio del cielo se apoderó de nosotros durante cuatro horas. Apenas si se emitía algún sonido. El lugar quedaba tan empapado de oración, tan consagrado, que cerrábamos la puerta con mucho cuidado, y caminábamos sin hacer ruido, cruzando apenas alguna palabra entre nosotros, sólo susurros. Pasamos otra noche alabando y orando durante horas. Parecía que estábamos viendo el rostro mismo de Dios. No había jactancia alguna en estas reuniones, sino un espíritu humilde de principio a fin.

Otra noche, el amor de Dios nos quebrantó a todos y sólo pudimos llorar durante horas. Cada reunión era diferente, y cada una parecía ir más profundo. Pasamos dos o tres noches enteras en oración. Una noche el Espíritu vino sobre nosotros como una lluvia de electricidad. Varios cayeron al suelo y Dios se enseñoreó de ese momento. Muy pocas veces he escuchado tales cánticos en el espíritu, esos "coros celestiales". Varios aparecieron hablando en lenguas. Pero una vez más la lucha era con el líder. El se me oponía tenazmente. No estaba en buena relación con Dios, y no quería rendirse. Su esposa estaba bajo el poder de Dios, buscando el "bautismo", pero él seguía en la carne, hasta que el Espíritu fue terriblemente contristado. El diablo muchas veces usa vestiduras sacerdotales. Satanás lo usaba continuamente al comienzo de las reuniones. Pero Dios logró la victoria, a pesar de él. No se rendía. Es increíble el poder que el diablo tiene sobre algunos predicadores.

Una noche prediqué en Akron, Ohio, para el hermano McKinney, con gran bendición. Luego tuvimos cinco cultos en New Castle, Pensilvania, otra vez en la Alianza Cristiana y Misionera. De allí pasamos a Alliance, Ohio, a un campamento pentecostal. Era el 13 de junio. Tuvimos un campamento maravilloso. Era el primero de su clase en el noreste. Yo dirigía las reuniones de pastores. El primer domingo por la mañana recibí un mensaje, pero el líder me pidió que hablara por la tarde. Yo no dije nada, sino que oré. Pocos minutos después él volvió y me pidió que predicara en la mañana. En esos días los hombres no iban muy lejos sin Dios. Prediqué, con gran ayuda del Señor, sobre "Jesucristo, en el evangelismo mundial, en el poder del Espíritu Santo". Todo está centrado en Jesús. No podemos poner al poder, los dones, o al Espíritu Santo, por delante de Jesús. Cualquier iglesia que exalte aun al Espíritu Santo por encima del Señor Jesucristo está destinada a estrellarse contra las rocas del error y el fanatismo.

Fue un campamento muy importante, en el comienzo de la obra en esa parte del país. Nos quedamos dos semanas, y prediqué once veces en total. Tuvimos un tiempo de gran poder, y una gran asistencia, muy representativa. Cuatrocientas personas acamparon en esos terrenos. Muchas veces las reuniones duraban toda la noche. Había un gran entusiasmo misionero. Las comidas se pagaban con ofrendas voluntarias. Eramos "hermanos" bautizados en "un espíritu", en "un cuerpo". De esta forma era contestada la oración de Jesús: "para que todos sean uno". La armonía entre los pastores fue una especial bendición. Pocas veces hemos visto demostrado tal espíritu de amor. Fueron días maravillosos. Podría decirse sin faltar a la verdad, que nos preferíamos unos a otros en honra.

No utilizábamos himnarios ni libros de música. El Espíritu conducía las reuniones y parecía no haber lugar para ellos. Cientos de personas tuvieron un encuentro definitivo con el Señor. Muchos fueron salvos, bautizados en el Espíritu y sanados. Muchos recibieron un llamado a ir a tierras extrañas, para probar a Dios con una fe real, bíblica. La meta propuesta fue la rápida evangelización del mundo. Los púlpitos se colmaban de personas que buscaban a Dios, de día y de noche. Hombres que habían estado en Gales y en India declaraban que ésta era la obra más profunda de todas. Decidimos no luchar contra nada sino contra el pecado, y no temer a nadie, sino a Dios. Le pedí al Señor una cierta cantidad de dinero que necesitaba para ir al este. El comité me dio exactamente la cantidad que había pedido, sin que yo siquiera lo insinuara. Dios lo hizo. ¡Alabado sea él!

Llevé a mi esposa y a mis hijos a la casa de mis suegros, en Peekskill, Nueva York. Mi suegro era un pastor metodista, y vivía a seis millas entre las colinas, en un lugar hermoso, escondido y lleno de quietud. Aquí se quedó mi familia mientras yo iba a las convenciones, etc. Prediqué allí tres veces, el primer domingo en la iglesia de mi suegro, pero tanto él como sus iglesias estaban espiritualmente muertos. Algunos de los miembros de su junta directiva fumaban y bebían. Poco podía hacer yo por ellos. No querían lo que yo tenía. En la ciudad de Nueva York visité a Stephen Merritt, y asistí a un culto en la sede de la Alianza Cristiana y Misionera. También prediqué en una iglesia pentecostal de hermanos de color. En la Convención de la Alianza Cristiana y Misionera en Nyack (Nueva York), hablé en dos cultos, con gran bendición. Alguien pagó mis gastos en ese lugar. Yo no había sido invitado. Luego de descansar durante algunos días con mi familia, fui a Filadelfia, visité la Iglesia Bautista de la Gracia, de la que alguna vez había sido miembro, y desde allí pasé a Pittsburgh. Aquí prediqué en la iglesia del hermano Whitesides, en la Alianza Cristiana y Misionera, por la tarde y por la noche, pero no pude terminar mi mensaje a tiempo. La gente estaba tan hambrienta que prediqué durante dos horas. Me dieron quince dólares, y continué a la mañana siguiente. Este dinero sirvió para pagar el viaje desde Peekskill a Cincinatti. El Señor estaba conmigo.

Me detuve en la Escuela Bíblica del hermano Knapp, y al día siguiente partí hacia Wilmore, Kentucky, para asistir a una convención de oración. Aquí prediqué siete veces durante la convención. El objeto de esta reunión era desarrollar la unidad entre los hermanos y levantar intercesores. Allí estaban S.B. Shaw y Tomas K. Doty. El pastor Shaw me había invitado. Pero los hermanos estaban muy divididos. Muchos de ellos ansiaban más de Dios. Las condiciones demostraron ser muy negativas para ellos. El hermano Pickett estaba a cargo y cobraba el derecho de entrada. Esto era mercenario. La santidad que allí se manifestaba era, para mí, de naturaleza bastante cáustica. No era una reunión "pentecostal".

Aquí fue donde enfermé seriamente, pero un misionero de la India oró por mí y Dios cortó la fiebre. Tanto la comida como el agua eran muy malas. La convención votó para entregarme veinte dólares. Con esto pagué el viaje para estar de vuelta con mi familia. Había viajado casi tres mil kilómetros. Me parecía un largo, largo viaje, ya que nunca había estado a más de unos cientos de kilómetros de mi familia. Mientras se dirigía al sur, nuestro tren se descarriló y mató a un hombre. ¡Cuán incierta es la vida! El hermano Doty escribió en "El Cosechador Cristiano" con relación a este campamento: "Hubo predicación de más alto nivel, pero los hermanos Bartleman y Shaw fueron probablemente el mayor contingente de oración para la obra que tenemos entre manos." Así que le agradecí a Dios, y recobré fuerzas.

Luego pasé a Old Orchard, Maine, después de cambiar de coche en Boston. En Old Orchard había una convención de la Alianza Cristiana y Misionera. Algunas almas que anhelaban el "Pentecostés" arreglaron lo necesario para hacer una reunión en el bosque y me invitaron a predicar allí. El Señor nos visitó en una forma tremendamente maravillosa. El diablo trató de evitar que yo llegara allí. El viaje me costaba al menos veinte dólares, y nadie me había provisto el dinero. Pero yo sabía que Dios me había enviado. Una noche, había estado orando en la arboleda con un predicador que había venido de Escocia. De repente, él me tomó del brazo y me subió a la plataforma, e hizo que me sentara a su lado. El iba a predicar esa noche y quería que yo orara por él. Era algo osado, pero él no tenía miedo. Me arrodillé para orar mientras él hablaba y Dios lo ayudó en gran manera. Nunca volví a verlo y hasta he olvidado su nombre. Los líderes se sorprendieron mucho al verme en la plataforma, pero no había sido obra mía. No obstante, no volví a subir.

Varias almas hambrientas se dirigieron a la iglesia del pueblo para pasar la noche orando, luego de solicitar la llave al pastor local. No se nos permitía pasar la noche en el bosque. Un miembro del consejo de la Alianza Cristiana y Misionera de Nyack recibió el "bautismo" esa noche, y un hermano que había estado apartado volvió al Señor. El comité de la convención no quería que se realizaran reuniones de estas características en el campamento, y obligaron al pastor a cerrar la iglesia para que no nos reuniéramos allí. No querían que su gente recibiera el "bautismo". Una vez más nos fuimos a los bosques. Allí hablé a la mañana y a la noche siguiente, a un buen número de hermanos. Había tantos que anhelaban el "Pentecostés" que insistían en que yo les predicara. En total, hablé aproximadamente cuatro horas ese día. El comité no tenía jurisdicción sobre los bosques que rodeaban al campamento. Estoy seguro de que Jesús no les hubiera negado el pan de vida a estas almas hambrientas. No había menos de cien personas en los bosques. Todas buscando anhelosamente a Dios. Seguramente él me había enviado allí con ese propósito.

Me obligaron a tomar unos treinta dólares. El diablo me había mentido. Pagué todos mis gastos y me sobró dinero. Cierto día, una hermana que había sido médica me rogó que aceptara doce dólares, un dinero que debía restituir y que estaba ardiendo en su conciencia. Dado que no podía ubicar a la persona a la que debía devolverlo, se lo entregaba al Señor. Esa fue una verdadera obra de Dios. El Señor había bendecido de tal forma nuestras pequeñas reuniones que todo el campamento se vio conmovido. Para no tener más problemas, los santos pensaron que lo mejor sería no continuar con las reuniones y yo salí en silencio del campamento antes de que el comité tomara alguna clase de medida definitiva. De esta forma evitamos nuevos conflictos e incomodidades. Los que anhelaban al Señor me seguían a todas partes y me acosaban. El comité llegó a temer mi influencia entre la gente.

Estuve unos días en la Convención Moody, en East Northfield, Massachussetts, a la cual había asistido unos años antes, en mi época de estudiante. Aquí descansé y participé un poco de las reuniones. Volví por mi familia, y los llevé a la casa de mis padres en Michener, Pensilvania. Hacía muchos años que no volvía allí. Pasé algún tiempo con ellos, descansando y estudiando la Palabra. Estaban felices de vernos. No conocían a nuestros hijos. Yo había sido criado cerca de este lugar, en una granja. En Carversville, una localidad cercana, prediqué en la Iglesia Presbiteriana. Mi hermano mayor, Will, me escuchó predicar por primera vez allí.

Estábamos en setiembre. Fui hacia el sur, hacia Columbia, Carolina del Sur, y prediqué varias veces en la obra misionera Oliver en conexión con la obra de "Camino de Fe", del cual era editor el hermano Pike. Yo había escrito muchos artículos para este periódico. Los cultos fueron muy bendecidos y tuve la oportunidad de visitar al hermano Pike, a quien nunca había visto personalmente antes. Escribí dos artículos mientras estaba allí. Una hermana de la ciudad de Nueva York me envió diez dólares. El hermano Pike me dio quince, y otra persona aportó tres dólares. De esta forma el Señor proveyó para mis gastos una vez más. Fui a Dunn, Carolina del Norte, donde vivía la familia del hermano Cashwell, y prediqué cinco veces en la pequeña iglesia pentecostal de ese lugar. El hermano Cashwell había sido "bautizado" antes, en Azusa, y había extendido el fuego en el sur. En este momento se encontraba fuera de la ciudad. Luego de mi visita, el hermano Pike escribió en el "Camino de Fe": "El hermano Bartleman apareció inesperadamente entre nosotros la semana pasada. Su presencia fue una bendición para nosotros y para nuestro hogar. Sus cultos fueron de bendición para aquellos cuyos corazones anhelan las bendiciones pentecostales. Ninguno que lo haya tratado puede dudar de su absoluta entrega a Dios, y de la plenitud del Espíritu que hay en él. Vive, se mueve y tiene su ser entero en la voluntad de Dios. Lo recomendamos a todos aquellos que buscan lo mejor y lo más elevado de Dios." (Camino de Fe). Hemos dudado de reproducir en la imprenta tal excelente recomendación, sabiendo que no somos dignos, aunque lo hacemos de forma de tenerlo continuamente por delante como meta a la que debemos esforzarnos por llegar.

El Señor estuvo con nosotros en una forma maravillosa esos días. Prediqué seis veces en Washington DC, y visité otra vez a mi familia en Michener, Pensilvania. En la obra misionera de la calle Cuarenta y Dos, en la ciudad de Nueva York ("Salón de las Buenas Noticias"), tuvimos reuniones de gran poder. Mi cerebro estaba agotado por el continuo y duro trabajo en California, pero esta molestia comenzó a desaparecer aquí. Lo que yo necesitaba era un cambio; después de todo, ése es el mejor descanso. Fui nuevamente a Nyack, en Nueva York, y prediqué tres veces en la Alianza Cristiana y Misionera. Luego llevé a mi familia a Filadelfia, a casa de mi hermano Will. Al volver a Nueva York asistí a la Convención de la Alianza Cristiana y Misionera en el Tabernáculo. Los santos pagaron mi estadía en ese lugar. Justo antes de que yo llegara no había ni un solo cuarto vacante en todo el edificio. Pero el Señor vació uno casi al momento en que yo llegaba, y me colocaron directamente allí. Había una gran demanda de habitaciones. Un hermano me dio diez dólares. El Señor me había hablado al llegar allí: "Que no haya lucha entre nosotros, porque somos hermanos."

Una noche, mientras estaba allí, hablé durante tres horas en el Salón de las Buenas Noticias. La gente quería que continuara. Anhelaban recibir el mensaje pentecostal. Dejé de predicar a las 23:40, y seguían llegando obreros de la convención de la Alianza, donde la reunión ya había terminado. Pero el diablo movió cielo y tierra al comienzo de la reunión, provocando a una multitud que estaba afuera. Evidentemente veía lo que estaba por venir. A la noche siguiente prediqué nuevamente y muchos cayeron postrados bajo el poder de Dios. Algunos quedaron así toda la noche. El evangelista que tenía a su cargo las reuniones en la convención también vino, luego de terminada la reunión en el Tabernáculo.

A la noche siguiente, en la convención realizaron una vigilia. Una jovencita cayó bajo el poder de Dios y su espíritu fue llevado hasta el trono. Cantaba una melodía, sin palabras, que parecía provenir del velo, tan celestial era. Parecía ser de otro mundo. Nunca he escuchado nada igual, ni antes ni después. A.B. Simpson estaba allí esa noche, y se llevó una gran impresión. El se había opuesto en gran forma a la obra pentecostal. Sin duda Dios produjo esto como testimonio para él. Muchos cayeron al suelo bajo el poder de Dios. Al llegar la mañana, la presencia de Dios era maravillosa. Yo salí del salón justo al amanecer y le estreché la mano a una hermana que anhelaba recibir el "bautismo". El Espíritu vino sobre ella y no pude soltarla hasta que cayó junto al altar, y comenzó a hablar en "lenguas". Le estreché la mano a otra hermana que también anhelaba el "bautismo", y me dispuse una vez más a salir del salón. El Espíritu cayó sobre ella y recibió el "bautismo" allí mismo, de pie, hablando en "lenguas" antes de que yo pudiera soltarla. Fue una noche maravillosa.

Ya era tiempo de que volviéramos a California. El 16 de octubre de 1906 salimos de Filadelfia, y nos detuvimos en Pittsburgh, donde prediqué nuevamente en la iglesia del hermano Whitesides dos veces. Dios nos visitó con su poder y varios hermanos recibieron el "bautismo". El último se produjo a la una de la madrugada. Prediqué dos veces en Beaver Falls (Pensilvania), donde paramos para cambiar de tren, en una convención de la Alianza Cristiana y Misionera, a pedido de los hermanos. Dios honró en gran manera su Palabra. En Alliance, Ohio, prediqué tres veces. El Señor se movía con gran poder. Seguimos hasta Chicago, donde prediqué nuevamente en el Hogar Beulah y en la iglesia del hermano Durham. En St. Louis nos detuvimos para quedarnos algunos días con el hermano Seeley Kinne. Prediqué dieciocho veces allí, a un grupo de hermanos tan humilde, hambriento de Dios y agradecido como nunca he visto. Dios estuvo con nosotros en una forma maravillosa. Hablé dos veces en el Hogar de Rescate de la Madre Moise, y cuatro veces en la iglesia de la Alianza Cristiana y Misionera, con gran bendición.

En Topeka, Kansas, prediqué cinco veces en la iglesia del hermano Foster. Una de las reuniones terminó recién al amanecer. Dios estaba muy cerca de nosotros. En Denver prediqué siete veces. El Señor obró una vez más con gran poder entre la gente, pero el líder de la iglesia no era fiel. Casi provocó la muerte de nuestro hijito John. Retuvo el dinero que los santos habían ofrendado para nosotros, para comprarse un par de zapatos nuevos, aunque los zapatos que ya tenía eran mucho mejores que los míos. Cuando fui a comprar los boletos para Colorado Springs descubrí que no me alcanzaba el dinero, y debí volver a la casa y pedirle al secretario que me informara del dinero que había sido ofrendado. El pastor se había ido de la ciudad con mi dinero. Perdimos nuestro tren, y llegamos a Colorado Springs fuera de hora. No habían hecho ningún arreglo para alojar a mi familia, ya que pensaban que yo iba solo. Nos llevaron a una casa que no tenía calefacción por esa noche, y el pequeño John contrajo una congestión que casi le produce la muerte. Hacía un frío como para congelarse. Todo esto debido al pecado de ese líder de Denver. El había resistido mucho al Espíritu cuando teníamos las reuniones allí. Tiempo después, Dios hizo que me enviara el dinero. Algunos años más tarde, confesó que había fraguado la experiencia de "Pentecostés". Temo que muchos líderes han hecho lo mismo.

En Colorado Springs prediqué seis veces. El Espíritu fluía como aceite. Pocas veces he experimentado tal libertad. ¡Oh, cuán grandes son las posibilidades cuando reinan la pureza y la unidad! El hermano Brelsford era el pastor de esa iglesia. Luego fue a Egipto como misionero. Trinity, Colorado, fue la siguiente escala. Allí prediqué diez veces, ante un grupo de santos realmente hambrientos de Dios, que fueron fortalecidos y bendecidos. Pero la gran altura era un problema para nosotros. El diablo trató de hacer que nuestro tren se descarrilara justo antes de llegar allí. Desde allí, con el tren de Santa Fe, fuimos hasta Los Angeles. Una noche, mientras estábamos en Arizona, las ruedas del tren comenzaron a deslizarse por una pendiente muy empinada. Yo apliqué los frenos con oración. El Señor nos libró. Pero durante dos noches dormí muy poco. Vimos varios trenes descarrilados por el camino, y dos veces estuvimos a punto de salirnos nosotros mismos del carril antes de llegar a California. La gran altura también me provocaba mucha tensión. Estaba muy cansado por todo el agotador trabajo del verano. Nos hizo muy felices volver a California.

Habíamos despachado nuestro equipaje a Los Angeles, sin saber dónde nos alojaríamos de allí en más. Pero antes de llegar a Pasadena el Señor me mostró que debíamos bajar allí. No esperábamos que nadie nos recibiera, aunque le habíamos escrito al hermano Boehmer diciéndole que volveríamos en ese tren. Cuando llegamos a Pasadena, sin ningún lugar adonde ir, nos encontramos con que el hermano Boehmer nos estaba esperando. Nos llevó al hogar de una obra misionera en la calle Mary que habían abierto recientemente junto con la obra misionera Alley. Dios había arreglado todo para nosotros, sin que lo supiéramos. Eramos verdaderamente unos peregrinos cansados del camino, que necesitaban descanso. Llegamos el 5 de diciembre de 1907.

Apenas nos habíamos ubicado cuando caí víctima de un terrible ataque de gripe. También se enfermaron Ruth y John. El diablo había tratado de entorpecer nuestro regreso, y ahora parecía decidido a matarnos. Durante tres días sufrí dolores punzantes en los brazos y los hombros, hasta casi perder la razón. Los santos oraron y fui librado. Descubrí que la obra había retrocedido considerablemente. Había muchas divisiones y el Espíritu estaba muy atado. La oposición externa se había vuelto más organizada y decidida. En Los Angeles sucedía algo similar.

Los santos de la obra misionera de Alley habían sufrido mucho bajo la tiranía de un líder que no había recibido el "bautismo". Los ayudé a orar para que se fuera de la obra y del hogar, y fueron librados. El se les había impuesto por sí mismo. Era como los perros que se meten sin ser llamados. En la calle Colorado se abrió una gran obra misionera, y serví allí también. Encontré que el poder se había disipado mucho. Había muchas manifestaciones huecas. Gran parte de ellas eran sólo espuma. Esto me preocupaba. El espíritu de oración se había perdido. Por consiguiente, se había filtrado el fanatismo y la carne. La oración quema la carne arrogante. Esta debe ser crucificada, cauterizada.

Un día sentí fuertemente que el hermano Allen estaba en la ciudad. Lo habíamos dejado en el este. Esa misma noche nos encontramos con él. Acababa de regresar. El Señor me lo había mostrado. Nos mudamos a la Avenida Stevenson 194, a una casita ubicada junto a la casa del hermano Boehmer. El ministerio de intercesión era muy fuerte en mí. Prediqué varias veces en Hermón, en la Octava y Maple y en Azusa. Una noche, mientras estaba en la obra misionera de Azusa, el espíritu de oración vino sobre mí como un viento poderoso y arrebatador. El poder inundó todo el edificio. La muerte que se había infiltrado allí había sido una gran carga para mí. Los hermanos que lideraban en ese momento estaban asustados y no sabían qué hacer, así que llamaron por teléfono pidiendo ayuda. No habían estado con nosotros al principio. El hermano Seymour estaba fuera de la ciudad.

Yo estaba en el pasillo del primer piso. Otros se unieron a mí en oración. Bajamos y descendió fuego sobre esa reunión. Pero los líderes que estaban a cargo no eran espirituales. Se habían levantado otros líderes que "no conocían a José". No lo comprendían. Dios estaba tratando de volver. Parecían temer que alguien les robara la obra misionera. El Espíritu no podía obrar. Además, se habían organizado mucho y rápidamente, y yo no era parte de su organización. Así es en muchos lugares hoy. "Firme sobre la línea punteada, o no podremos confiar en usted." Sólo nos reunimos con los que llenan nuestros formularios. El "Pentecostés" nos quitó eso. ¿Por qué volver a ello? Todos los que hoy pertenecen a las distintas ramas de la obra pentecostal no tienen un espíritu de división. Pero Dios quisiera que siguiéramos el ideal de "un cuerpo".

El Señor me mostró mi refugio secreto. Decidí seguirle. Ese es el lugar donde hay poder. No temáis a nadie sino a Dios, y obedecedle. Hablé muchas veces en la Octava y Maple, en Azusa, y también en la obra misionera Alley, en Pasadena, exhortándoles a que buscaran con más denuedo a Dios, y a que anduvieran en el Espíritu. Yo había sufrido mucho en oración para que esta obra fuera realidad, y sentía que tenía el derecho de amonestarles. Nuestra gran batalla, desde el principio, había sido contra los religiosos fanáticos carnales, que decían obrar bajo el Espíritu de Dios.

6

Un Nuevo Ministerio en el Este

Los hermanos Boehmer y Allen recibieron el "bautismo" aproximadamente en esta época. El 11 de marzo de 1908 recibí una carta del hermano Sawtelle, líder de la obra de la Alianza Cristiana en Portland, Oregon, pidiéndome que fuera al norte para realizar algunas reuniones con ellos. Dios me había mostrado ya que me llamarían nuevamente de otro lugar. Reconocí su llamado. Debíamos ir al norte y al este una vez más. El hermano Boehmer decidió que esta vez iría con nosotros. Yo sentía que había vuelto a la costa, en gran parte, para llevármelo a él. Todo el invierno estuve exhortando a los santos a que se apresuraran a salir a trabajar para Dios en la primavera. Aproximadamente una docena de ellos nos siguió hasta diferentes lugares, y comenzamos de nuevo. El Señor parecía estar mostrándome que aún debería cruzar el océano por él. Y esto lo comprendimos luego. Como Pedro el ermita, algunas veces sentía que debía conmover a toda la cristiandad con mi clamor por un avivamiento.

El 25 de marzo comenzamos el viaje hacia el norte, hacia Portland, Oregon. Llegamos sin problemas a Stockton. Era difícil dejar Los Angeles. Yo veía que un gran endurecimiento se cernía sobre la obra y eso era una carga para mí. ¡Oh, si conociéramos "el tiempo de nuestra visitación" y preparáramos la cosecha, sin dejar que nuestra bendición se pierda! Ibamos a necesitar todo para establecernos, como lo hemos comprobado en los años pasados. Hemos tenido nuestros "siete años de hambre", así como hemos tenido abundancia. En Stockton hablé seis veces. Descubrí que allí había mucha carnalidad. Pero Dios dio la victoria. Era la misma vieja historia. Estaban esperando que Dios bautizara su fortaleza, no su debilidad. Sufrí mucho físicamente, atacado por resfríos y neuralgias.

El pequeño John también enfermó gravemente. Nuestra próxima escala en el viaje fue en el Hogar de Carrie J. Montgomery, en Beulah, cerca de Oakland, donde estuvimos algunos días. Mientras parábamos aquí, fui de visita a San Francisco y recorrí la ciudad destrozada. Yo no había estado allí desde el terremoto. A pesar de la labor incensante, de día y noche, durante dos años, para reparar los daños, la ciudad entera estaba prácticamente en ruinas. Se habían levantado algunas torres, con forma de edificios modernos, pero eran sólo una especie de disculpa para la ciudad. Había tantos escombros todavía que apenas podían despejar el terreno lo suficiente como para reconstruir. Muchas calles estaban todavía tan torcidas, hundidas y levantadas, que era difícil abrirse camino por ellas. Parecía una vieja aldea perdida en el campo, casi totalmente en ruinas, en vez de la orgullosa ciudad que alguna vez fuera. Se habían levantado muchos edificios baratos de madera. Pero las orgullosas mansiones habían quedado tal cual como cayeron, en ruina total.

El pecado parecía florecer más abiertamnte, si fuera posible, que nunca; la gente cada vez se preocupaba menos. En medio de las ruinas donde se habían perdido miles de vidas se levantaban infames covachas. Se limpiaba el terreno, se levantaban edificios, y la danza con la muerte continuaba. Los bares eran lo primero que se reconstruía. Todos desafiaban abiertamente a Dios. En realidad, en todas partes se escuchaban frases orgullosas contra él. ¡Qué tontos vuelve a los hombres el pecado! Un cartel con una calavera sobre dos tibias cruzadas, iluminado por una luz eléctrica, adornaba la entrada de uno de los bares más infames. Sentí deseos de irme. La ira de Dios parecía estar a punto de caer sobre ese lugar.

Tomamos el barco para ir hasta Portland, y tuvimos un viaje muy malo. La mayoría de nosotros nos enfermamos. Pero Dios nos libró. Nos detuvimos en Astoria y esto nos ayudó a sentirnos un poco mejor. Llegamos a Portland por la mañana, y mi esposa y los niños fueron en tren a Auburn, Washington, a visitar a unos amigos que habíamos conocido antes en Los Angeles. En total, prediqué aproximadamente veinticuatro veces en la Alianza Cristiana y Misionera de Portland. El hermano Boehmer estaba conmigo. Dios nos bendijo en una forma preciosa, pero no llegamos a lograr una apertura total. Había mucha oposición y conservadorismo. Sin embargo, en general, se lograron muchas cosas buenas y los santos fueron muy bendecidos. El hermano Sawtelle fue muy amable conmigo. Más tarde él dejó la Alianza, para dedicarse al trabajo profesional. Se desalentó al no poder avanzar con Dios en la Alianza, y por ello dejó totalmente la obra. Fue algo muy triste. Era un buen hombre. Cuando estuve en Portland me dieron sesenta y tres dólares.

Fui hasta Auburn, Washington. Mi esposa y los niños estaban bien. Después de dos días comencé las reuniones en Tacoma. Aquí prediqué diez veces, en la Alianza Cristiana y Misionera. Dios bendijo maravillosamente, y varios recibieron el "bautismo". En este lugar había un espíritu de gran dulzura, mucho amor y unidad. El Señor estaba complacido. Me dieron veinte dólares. En Seattle visité la obra misionera del hermano Gourley, donde prediqué una vez. Boehmer y yo hicimos una breve visita en barco a Victoria, C.B., en la Isla Vancouver. En Seattle también prediqué en la iglesia del hermano Burn. Pasé a buscar a mi familia en Auburn y salimos desde Seattle hacia Spokane, por tren.

Dios nos dio un hogar amueblado para nosotros solos mientras estuvimos en Spokane. No podrían habernos tratado mejor. El hermano Herbert Bursell nos había invitado allí. Encontramos un grupo fuerte de santos en este lugar. Prediqué un total de treinta y cinco veces, y tuvimos algunas reuniones verdaderamente llenas de poder. Estuvimos allí tres semanas. Comenzamos realizando las reuniones en un hogar, peor antes de que nos fuéramos, abrieron una iglesia. Algunas veces yo estaba en verdadero trabajo de parto por las almas. En muchas ocasiones Dios obraba de tal forma que yo no podía predicar. Teníamos cultos evangelísticos llenos de poder. Los santos anhelaban recibir la enseñanza. En Spokane sufrí muchas neuralgias. El hermano Boehmer se fue desde allí a visitar a su hermano, para luego unírsenos en el este. Además de nuestros gastos de estadía, nos dieron cien dólares. Necesitábamos bastante dinero para el próximo viaje, así que no nos quedó mucho. El amor de los santos en Spokane por nosotros era muy profundo.

Pasamos por Deer Lodge, y Butte, Montana, y cerca del Parque Nacional Yellowstone, con el tren Northern Pacific, camino a Minneapolis. Allí hablé cuatro veces en la pequeña obra misionera, a un precioso grupo de santos. También visité la catarata de Minehaha.

De allí pasamos a Chicago. Visité Zion City, y prediqué en la iglesia del hermano Durham. Nuestra próxima escala fue Grand Rapids, Michigan. Prediqué una vez allí, y luego pasamos a Toledo, Ohio, donde hablé doce veces en la obra misionera pentecostal. Tuvimos reuniones preciosas. Dios me favoreció especialmente iluminándome para transmitir su Palabra. Allí nos dieron veinticuatro dólares.

Nuestro próximo destino fue el campamento de Alliance (Ohio), donde habíamos estado el año anterior. Prediqué nueve veces allí. Fue una lucha más dura que la del año anterior. Se había producido mucho fanatismo y desorden. La carne trataba de dirigir las reuniones. Hablé, en medio de "dolores de parto", con gran ayuda de Dios, y el Señor comenzó a abrirse paso. El pequeño John comenzó a sufrir de convulsiones y el diablo trató de matarlo. Los santos no tenían una carga tan grande como deberían haber tenido. Estaban demasiado interesados en pasar un buen momento y ser bendecidos. Una tarde prediqué bajo una poderosa unción. Al sentarnos a la mesa para cenar, el Espíritu cayó repentinamente sobre nosotros. Tuvimos una cena con "todas las cosas en común". El Señor parecía querer mostrar que se complacía en esta situación. El fuego se extendió por todo el campamento con gran poder. La cena quedó intacta durante una hora. Muchos cayeron bajo el poder. Era una inundación. Esa noche volví a predicar. En dos ocasiones, casi todos los cincuenta que estaban en el campamento cayeron bajo el poder de Dios al mismo tiempo. Había muchos misioneros. En realidad, había un gran espíritu misionero. Los periódicos eran más irrespetuosos y falsos que nunca. Pero de esta forma nos hacían publicidad gratuita. Muchos recibieron el "bautismo", muchos fueron salvos, y algunos fueron sanados. La idea predominante era que Jesús volvería pronto, y que debíamos evangelizar al mundo para prepararnos.

Mi mente y mi cuerpo se estaban agotando. En Grand Rapids el diablo parecía haberse apoderado de los niños de la casa donde nos alojábamos. Corrían por toda la casa, hasta la medianoche, sin propósito alguno, sólo para cansarme. Yo estaba tan agotado que casi no podía continuar. En Toledo, mientras estaba predicando, el enemigo robaba los pensamientos de mi mente antes de que pudiera expresarlos. En este lugar yo estaba bajo una especial iluminación del Espíritu, capturando nuevos territorios de manos del diablo. Uno siempre se da cuenta cuando, al predicar, está entrando en nuevo territorio, que no ha sido reclamado antes. Siempre se descubre al enemigo, que generalmente nos ataca con furia.

Luego fuimos hacia Pittsburgh, a la iglesia de la Alianza Cristiana y Misionera, del hermano Whitesides. Aquí prediqué cuatro veces y escribí cinco artículos para el "Camino de Fe". También prediqué tres veces en Braddock. Los hermanos me dieron cuarenta dólares. Fuimos a Filadelfia y dejé a mi familia con mis padres en Michener, Pensilvania, no lejos de allí. El hermano Boehmer nos había alcanzado en Alliance, Ohio, y estaba una vez más conmigo. Juntos fuimos a Rochester, Nueva York, y nos detuvimos en el Hogar Elim. Aquí prediqué cuatro veces. Una noche, yo debía predicar, pero la líder no quiso que lo hiciera, porque ya había predicado durante más de una hora por la tarde. No estaba acostumbrada a dejar que Dios hiciera las cosas a su manera. La razón humana prevalecía en ella, y tomaba las reuniones en sus propias manos. El Señor dejó que se hiciera cargo. Un loco se puso en pie y hartó a todos con una larga arenga. Entonces me permitieron ponerme en pie para dar mi mensaje. Una noche, después de acostarnos, el hermano Boehmer y yo sentimos una gran carga. Durante más de una hora sentimos una tremenda presión del Espíritu para que orásemos. Sentíamos que era por alguien. Al día siguiente, un pastor que estaba en el Hogar testificó de haber recibido el "bautismo" durante la noche. Entonces comprendimos. La carga había sido por él.

Emprendimos el camino hacia Toronto, Canadá, pasando por las Cataratas del Niágara. En Toronto prediqué en la iglesia del hermano Sawder, una noche, y otra en la del hermano Hebden. En ambos lugares Dios nos bendijo en gran manera. Luego fuimos a la iglesia del hermano Craig, en la calle Camden. Aquí hablé un total de catorce veces. También prediqué en la Alianza Cristiana y Misionera del hermano Salmon, y en el Hogar de la hermana Builder. Una noche, en la iglesia del hermano Craig, el Espíritu nos mantuvo a todos en silencio durante todo el culto. El Señor no me permitía decir ni una palabra, aunque el Espíritu estaba sobre mí con toda su fuerza. Yo trataba de no hablar a menos que Dios me diera algo para decir. El pastor Craig no lo entendía. No había recibido el "bautismo" y se dejaba guiar mucho por su cerebro. Era un buen hombre, pero no le prestaba atención a la influencia del Espíritu. Para transportar una corriente eléctrica se necesita un cable de cobre.

El Espíritu obró muy profundamente en las reuniones en Toronto. Pero el líder estaba muy ofuscado conmigo porque no comprendía el obrar del Espíritu. Esperaba que las cosas se hicieran a la manera antigua, vino nuevo en odres viejos. El Señor me había dado una premonición de la situación en Toronto antes de que yo llegara. De esa forma el Espíritu me preparaba para el ministerio. El Señor me daba el mensaje y me preparaba para la situación y las necesidades en cada lugar en particular. Para Toronto, me preparó con un espíritu de quietud. Había demasiada "carne" allí. Los primeros dos o tres días ni siquiera me permitió caminar por la ciudad para observar las diferencias entre las costumbres inglesas y las americanas, aunque había muchas. No quería que mi espíritu se concentrara en las cosas terrenales que me rodeaban. Fue un ministerio cerrado. Luego se me permitió mirar un poco a mi alrededor. Los "carnales" se fueron después del primer mensaje. No podían vivir en esa atmósfera.

La siguiente escala fue en Potter Book, Pensilvania. Allí hablé tres noches, pero era tiempo de forraje y era difícil sacar a los hombres de campo de su tarea. Seguimos hacia Elkland, una localidad cercana. Aquí tuvimos una gran batalla. Un niño tenía un demonio que lo hacía chillar, y un perro ladraba como si estuviera poseído. Entre ambos causaban grandes disturbios en las reuniones. Hablé cuatro veces en este lugar, y muchos recibieron ayuda y gran bendición. Viajamos casi veinte kilómetros en un coche de alquiler para llegar a tomar el tren de la mañana, y llegamos a Michener, donde estaba mi familia, esa noche.

Luego seguimos hacia el sur, al campamento de Falcon (Carolina del Norte). Aquí prediqué ocho veces. Estuve toda una noche orando. No podía dormir. Al día siguiente Dios se hizo presente con gran victoria. El Espíritu nos ayudó en forma maravillosa. Había una multitud presente. Tuvimos magníficos cultos evangelísticos y muchas almas recibieron gran ayuda. Los pecadores fueron salvos, los santos, llenos del Espíritu Santo. Algunos fueron sanados. Yo le había pedido al Señor que en el campamento me dieran cuarenta dólares, pero él me dijo que pidiera cincuenta. El viaje era bastante costoso. Al final del campamento, el hermano Culbreth me dio exactamente cincuenta dólares. Yo ni siquiera había insinuado que necesitaba dinero. Alguien me alcanzó otros seis dólares. En Toronto, Dios me había mostrado que el hermano Sawders, a quien habían invitado a este campamento, no estaría aquí. Yo no había sido invitado, ni me esperaban, pero Dios me había mostrado que yo iría en su lugar. Naturalmente, no le dije esto a nadie. Por supuesto, Sawders no llegó. Dios sabía. El diablo me había estado machacando en la cabeza hasta último momento por eso de ir a Falcon sin haber sido invitado. Era un viaje costoso. Le había prometido al Señor que si me daba cuarenta dólares en Falcon, yo dejaría cinco para la obra allí. Pero en cambio, me dio cincuenta, y luego seis, para pagar mi promesa. El Señor nunca está en deuda con nadie.

El Dr. Hood escribió en el "Camino de Fe", acerca de este campamento: "La predicación fue de alto nivel. Lamentamos mucho que el Rev. J.E. Sawders no pudiera estar presente, pero estamos seguros de que el Espíritu Santo dirigió todo, ya que nos envió un 'hombre de Dios' con un mensaje muy adecuado, y proveniente directamente del trono. Nos referimos al Rev. Frank Bartleman, quizá, a mi entender, la persona más humilde y santa que he conocido jamás. Venía al púlpito luego de estar sobre sus rodillas, cargado con el poder de Dios, y mantenía a la congregación en completo silencio durante horas mientras les entregaba el mensaje justo para 'esta hora'. Creo que es verdaderamente uno de los hombres de Dios para esta época". (Dr. D.H. Hood). Transcribo estas palabras con humildad y vergüenza, y mi oración es que pueda convertirme al menos en algo similar al alto nivel que este hermano me ha atribuido tan generosamente.

Yo mismo escribí acerca del campamento de Falcon, en ese momento: "El Espíritu me hizo ver en Toronto que el hermano Sawders no podría llegar a Falcon, y me hizo saber que él deseaba que yo fuera. Por eso fui sin que me hubieran invitado, sólo obedeciendo a él. En esta época, ésa es la forma en que somos llamados, y Dios también desea liberarnos de la responsabilidad de elegir nosotros mismos a los obreros. El amado hermano Culbreth fue notablemente amable y paciente, tanto con amigos como con enemigos. Evidentemente Dios conoce a su hombre. Un corazón capaz de amar es algo muy útil. El amado hermano Floyd Taylor me recordó a ese pequeño pajarillo marrón al que Dios no le ha dado fino plumaje, pero lo ha recompensado con una bellísima canción. Sin duda, Dios mantiene a algunos en aflicción pra su gloria. Mefiboset era 'cojo de ambos pies', pero 'comía a la mesa del rey' y 'vivía en Jerusalén'. (El hermano Taylor era inválido). Dios bendiga a estos humildes hermanos del sur. Han sido una inspiración y un ejemplo para mí." (F. Bartleman, en "Camino de Fe").

El hermano Pike, editor del "Camino de Fe" escribió con relación al campamento de Falcon: "El Rev. J.H. King, uno de los pastores que generalmente asisten a este campamento, predicó con inusuales unción y poder, y la voz del Rev. F. Bartleman en predicación y oración fue como la de los antiguos profetas, con el agregado de la unción pentecostal. De este predicador ungido del cielo se puede decir literalmente que iba 'de las rodillas al púlpito', y aun cuando su presencia física es débil, pronto se hace patente que es un hombre enviado por Dios, y que habla con autoridad. Rara vez hemos oído predicaciones más ungidas que las del hermano King el domingo por la noche, y el hermano Bartleman el lunes por la mañana." (J.M.

Pike). Aprecié sinceramente las amables palabras del hermano Pike en esta ocasión. Generalmente recibimos lo suficiente de otra clase, para mantenernos humildes, pero realmente temo que los hermanos me hayan estimado en demasía. Mi única oración era que no llegara a desilusionarlos. Al menos me habían propuesto una meta a la cual llegar.

Volvimos a Washington, DC, donde hablé cuatro veces con gran bendición. Paramos en casa de la Madre Perry. Una preciosa hermana fue restaurada en estas reuniones. Fuimos a Baltimore, donde también prediqué cuatro veces. El hermano Boehmer rara vez hablaba en público. Tenía un maravilloso ministerio de oración, y viajaba conmigo con ese propósito. Su ministerio era oculto. Pero estoy satisfecho, porque ese ministerio tenía mucho que ver con la victoria de nuestras reuniones. Dios quizá lo recompense más que a mí, aunque yo hacía prácticamente todo el trabajo de predicación.

Llevé a mi familia de Michener a Peekskill, Nueva York, a casa de la familia de mi esposa, y luego fui a la ciudad de Nueva York, donde prediqué dos veces en la obra misionera del pastor Robert Brown, en la calle Cuarenta y Dos. Desde allí, el hermano Boehmer y yo fuimos a Boston, para asistir a una convención pentecostal. Fue una dura batalla. La "carne" actuaba en forma obvia. En la mañana prediqué contra la carne. En la tarde y la noche, diferentes personas hablaron sobre lo mismo, ambas sin saber que yo había predicado en la mañana. Pero los líderes no cedían. Años más tarde me confesaron que se habían equivocado en esa ocasión. Siguieron su propio camino y acabaron en gran vergüenza y dolor. Nadie puede mofarse de Dios. Ellos se negaban a recibir la corrección del Espíritu.

Luego nos detuvimos en Springfield, Massachusetts. Aquí prediqué tres veces, en la Iglesia de la Alianza Cristiana y Misionera, en "Rock Rimmon". Nos quedamos en el hogar de la hermana Weaver. Era una mujer muy rica. El hermano Cullen era el pastor. Había sido misionero en Sudamérica, y hablaba español con fluidez. Más tarde, la Alianza lo envió a Portland, Oregon, para llenar la vacante del hermano Sawtelle, a quien habían enviado a Texas. El hermano Cullen murió ahogado en Portland. Era un buen hombre; su final fue verdaderamente trágico.

Boehmer y yo regresamos a Peekskill para descansar algunos días, y luego seguimos hacia el oeste, a Grand Rapids, para asistir a una convención de oración. Viajamos toda la noche por Canadá y llegamos a Grand Rapids a salvo. Aquí nos alojamos en el Hogar Pentecostal de la hermana Noble. Prediqué varias veces en la convención. Tuvimos una gran batalla. Ellos se oponían al testimonio y a la experiencia pentecostal, y Dios me había enviado allí para defenderlos. Una noche sufrí de un trabajo de parto tal, que caí de la cama al suelo, y rodé bajo la cama. La batalla era tremenda. Traté de huir, y llamé a la estación del ferrocarril para averiguar cuándo salía el próximo tren. Pero la línea estaba ocupada. Mientras esperaba, mis ojos cayeron sobre un texto bíblico que estaba ubicado justo sobre el teléfono. Decía: "En tus manos están mis tiempos." El Espíritu me amonestó con una gran convicción. Yo no había estado seguro de que debía irme, pero estaba bajo una gran tentación. Nos quedamos y luchamos. Dios nos dio la victoria. Pero no recibí ninguna ofrenda.

Después fuimos a Indianapolis. Aquí el hermano Boehmer se compró un reloj para él y otro para mí, como regalo. Yo estaba necesitando uno. De esta forma el Señor me recompensó por haberme quedado fielmente en Grand Rapids. Yo sabía que en Indianapolis sentiríamos el poder de Dios en toda su frescura, después de la desértica experiencia de Grand Rapids, y se lo comenté con gran énfasis a Boehmer. Y así fue. Encontramos una convención de la que no habíamos tenido noticias. No habíamos sido invitados. Pero el Señor había preparado todo.

El hermano Copley y la familia Brelsford habían llegado antes. El Señor me dio varios mensajes. Pasamos un tiempo maravilloso. En realidad, hacía tiempo que no sentía el poder de Dios en tal medida. También había una tremenda oposición, pero Dios nos dio la victoria. La obra se había separado en dos facciones. Ambos grupos venían a la reunión, pero no se reconciliaban. En una reunión, el Espíritu obraba sobre mí con tal poder, que el grupo opositor se mantuvo aferrado a sus asientos y con las espaldas rígidas, para no ceder. Muy pocas veces he visto tal resistencia al Espíritu de Dios, ¡y en hermanos pentecostales! Era sencillamente terrible. Una noche, habían dispuesto todo para hacer el lavado de pies. Prediqué, y cuando terminé, creo que se habían olvidado totalmente de lo que habían preparado. Estaban demasiado ocupados arreglando su situación con Dios y con los hermanos. Sus almas necesitaban más limpieza que sus pies.

El Señor me bendijo mucho en Indianapolis. Yo estaba tan feliz de haberle obedecido yendo allí... Estaba en ese lugar solamente porque él me había invitado. Pero rara vez, o jamás, había sentido tal maravilloso fluir del Espíritu antes. Cuando predicaba, parecía que me extraían los mensajes. El deseo y el hambre de Dios de la gente casi me tiraban fuera de la plataforma. No podía hablar a la misma velocidad a la que me surgían los pensamientos, y casi tropezaba conmigo mismo al tratar de hablar más rápido. Una noche, cuando terminé de predicar, el Señor hizo caer a todos al suelo. Me di vuelta para mirar a los pastores que estaban sentados detrás de mí, y ellos también estaban en el suelo. Uno de ellos hasta tenía los pies enredados en la silla, por lo que pude estar seguro de que el poder del Señor lo había volteado. Caminé hacia el piano, cerca de la congregación. Mi cuerpo comenzó a sacudirse bajo el poder de Dios; finalmente caí sobre el piano, y allí me quedé. Era una manifestación ciclónica del poder de Dios. Dejamos la convención en gran victoria. Yo no había recibido un centavo desde que salí de casa y el diablo me estaba tentando mucho al respecto. Pero el Señor me aseguraba continuamente que él me proveería luego. Tenía que confiar en su palabra, porque no podía comprender la situación. Era algo nuevo para mí. Pero sabía que Dios había hablado.

Continuamos hacia Alliance, en Ohio, donde hablé dos veces a los seminaristas. Nuestra próxima escala fue en Beaver Falls, Pensilvania. Aquí prediqué cinco veces en total, en la iglesia de la Alianza Cristiana y Misionera que pastoreaba el hermano Rossiter. Yo había estado aquí, en una escala para cambiar de tren, el año anterior. Tuvimos una reunión tremendamente preciosa y beneficiosa. Mi cuerpo estaba bajo una gran presión, ya que estaba siendo atacado por una terrible neuralgia en el estómago. La mayor parte del tiempo tenía que aferrarme al escritorio que tenía adelante, y cada esfuerzo era como una puñalada en el vientre. Cuando trataba de orar, los mismos demonios parecían atacarme con nuevos dolores. Dios estaba tratando de llevar a los líderes de este lugar a la experiencia pentecostal y todo el infierno se estaba movilizando para impedirlo. Los obreros eran hermanos preciosos. La hermana Rossiter tenía una relación especialmente profunda con el Señor. Parecía que yo estaba luchando por ellos, tanto como por mi vida.

El hermano Rossiter era un hombre muy activo, muy nervioso. No podía estarse quieto. Mientras yo predicaba, el Señor quería alcanzarlo, y él estaba siempre dando vueltas y controlando que la ventilación estuviera bien, etc. La ventilación funcionaba bien, pero él no podía descansar. Se había habituado de tal forma a esta actividad, que sólo Dios podría librarlo. El mismo se dio cuenta de ello, y me rogó que orara por él. Su mente estaba siempre trabajando. Nada es mayor obstáculo para Dios que esto, especialmente cuando esperamos en él para recibir el "bautismo". La mente debe cesar sus propias operaciones y actividades para que Dios pueda tomar posesión de ella. Y aquí es donde se produce la muerte. Debemos ser "sellados en la frente", por así decirlo. Nuestras actividades propias deben morir. El Señor estaba persiguiendo al amado hermano Rossiter por toda la iglesia para alcanzarlo. Pero no pudo hacerlo mientras estábamos allí. En todo lo demás era un hombre realmente bendito. Pero el Espíritu no podía hacer su voluntad en él. En Findlay, Ohio, un tiempo después, estuve en una convención donde el líder era tan nervioso que el enemigo lo tenía arrodillado sobre la plataforma, encendiendo fósforos y examinando los pedales del órgano, mientras yo estaba tratando de predicar. Cuando un pastor está fuera del Espíritu, el diablo puede conseguir que haga aun las cosas más ridículas para frenar el éxito de una reunión. Dios estaba tratando de profundizar la obra allí y de aquietar al predicador, pero no pudo. Quizá la experiencia más inquietante que he tenido con un predicador "en la carne" fue en cierta ocasión que participé de una convención en las afueras de la ciudad de Nueva York. Una congregación representativa de diversos lugares se había reunido allí. Era en los primeros días de la obra pentecostal. Este pastor estaba decidido a predicar, aunque el mensaje ardía en mí. Ese hombre aburrió a la gente con una prolongada exposición de estadísticas en el pizarrón, mientras los santos gemían y esperaban el mensaje del Señor. Cuando se fue, era demasiado tarde. La mayoría de la gente tenía que irse temprano. Durante meses estuve sufriendo por esta derrota de la causa de Cristo. Años más tarde me encontré con hermanos que habían estado en esta reunión. Me dijeron que aún esperaban ese mensaje que yo no había podido dar. Sentían que se habían perdido un mensaje de singular importancia para esa ocasión. Rara vez yo había tenido una unción tal como aquella vez. Algunas veces escuchamos decir a la gente: "Mi mensaje puede esperar." Si Dios te ha dado un mensaje para las personas presentes, y para ese momento, no puede esperar. Cuando Dios les daba un mensaje a los antiguos profetas o a los apóstoles, era para ser entregado en cierta ocasión, a ciertas personas. Y eso mismo sucede hoy con un verdadero mensajero del Señor, guiado por el Espíritu Santo en su ministerio. Si no se lo entrega a tiempo, el mensaje se pierde.

Es difícil para los pastores recibir el "bautismo". Deben morir a mucha actividad propia, capacidad propia, etc. Es algo que deja completamente fuera al "yo". Es demasiado difícil para ellos convertirse en nada. Pueden perder su posición, su reputación, el apoyo que los demás les brindan, etc. Pero Dios siempre tiene algo mejor para nosotros. Cuando el Espíritu termine con nosotros, no nos quedará nada más que Dios. Pero la mayoría de nosotros no puede confiar en él, así que seguimos nuestro camino, nuestro propio llamado. Ser un verdadero siervo de Dios, obedecer implícitamente sus órdenes, sin tener planes propios, es un sendero que pocos se atreven a recorrer. Es demasiado alto.

La hermana Rossiter recibió una maravillosa visitación del Señor en este tiempo. El se apoderó de ella muy profundamente, para una mayor posesión de su ser de la que jamás había experimentado. Pero ella luchó con todas sus fuerzas. Creo que temía tener que morir a la Alianza. Era una mujer bendecida, un maravilloso instrumento para Dios. Pero seguir sólo a Jesús es una senda muy estrecha. El Espíritu nos mantuvo a todos despiertos una noche entera. Nadie podía dormir. El Espíritu era como un viento que soplaba en toda la casa. Oramos toda la noche, cada uno en su cama. Boehmer y yo nos alojábamos en casa de los Rossiter. Dios quería a esa pareja para algo mucho mayor de lo que ellos habían conocido hasta entonces. Qué sucedió luego con ellos, nunca lo supe.

Boehmer y yo volvimos a la ciudad de Nueva York. Visité a mi familia en Peekskill y volví a Nueva York. La hermana Weaver, que nos había alojado en Springfield, nos rogó que la visitáramos. Ella tenía otro hogar en Nueva York. Durante los días anteriores habían estado resonando en mis oídos las palabras del himno "Dios es fiel", etc. El Espíritu me había dicho, al salir de Grand Rapids: "Necesitas paciencia", cuando me enfrentaba a la tentación por mi situación económica. La noche anterior a nuestra visita a la hermana Weaver sentí que la promesa estaba pronta a cumplirse. La hermana Weaver no sabía nada del sacrificio que yo había hecho para viajar al oeste. Sólo había recibido unos pocos dólares en ese viaje. Los obreros que llegaron antes a Indianapolis se habían llevado todo el dinero. Yo había pagado cuarenta dólares de mi propio bolsillo.

La mañana que fuimos a visitar a la hermana Weaver, el hermano Boehmer le había pedido al Señor que me diera cincuenta dólares. El tenía fondos propios en ese momento, por lo cual se pagaba sus propios gastos. Yo también sentí que debía pedirle al Señor que le hablara a la hermana Weaver para que me diera esa suma. Estábamos a punto de partir hacia Columbia, Carolina del Sur, comenzando ya nuestro viaje de vuelta a California, y teníamos muy poco dinero. Mientras estábamos de rodillas, orando, en casa de la hermana Weaver, antes de partir, el Señor le dijo que me diera exactamente cincuenta dólares. Nadie había dicho ni una palabra sobre lo que yo necesitaba. Ella me entregó esa suma. El Señor había guardado su promesa y me había repuesto el dinero que yo había gastado en el último viaje al oeste. Pero yo tenía que estar dispuesto a hacer el sacrificio en fe, y esperar hasta el fin del viaje, para recuperarlo.

En Nueva York hablé tres veces en la iglesia de la calle Cuarenta y Dos, y luego fui a la Escuela de Capacitación de la Asociación Cristiana de Jóvenes en Nyack (Nueva York). Uno de los profesores, a quien yo conocía y que era pentecostal, me pidió que hablara allí nuevamente ese año, y ambos nos regocijamos con una risa santa. El Espíritu daba testimonio de su complacencia. En este momento la oposición en la escuela era muy grande. El arregló lo relativo a la reunión por teléfono, dado que estábamos a cierta distancia de Nyack. Los profesores fueron tomados por sorpresa. Cinco minutos más tarde, hubieran cancelado el compromiso, si Dios se los hubiera permitido. Me sujetaron a una censura pretendidamente severa antes de que yo subiera a la plataforma, indagando sobre qué predicaría. Esto me limitó un poco, pero Dios dio la victoria. Yo les hablaba a los alumnos. Y ellos estaban hambrientos. Dormí en la escuela y a la mañana siguiente se me permitió hablar nuevamente. Finalmente, Dios tocó sus corazones. Volví a Nueva York y prediqué cuatro veces en el "Salón de las Buenas Noticias". El Señor nos bendijo en gran manera. Luego recogí a mi familia en Peekskill y los llevé a la casa de mi hermano Will, en Filadelfia, mientras yo corría a Michener para despedirme de mis padres.

Boehmer y yo tomamos luego el tren hacia Providence, para asistir a una convención. Aquí yo era el orador principal, por lo cual prediqué dieciocho veces en total. Tuvimos un tiempo de gran sufrimiento. El líder se me oponía, deseando que todo se hiciera de una cierta forma. Pero yo debía obedecer a Dios. No estaba jugando a la religión. Si quisiera una profesión, sería granjero. La gente tenía hambre de Dios, pero el diablo trataba de poner obstáculos a mis mensajes. Ya el Señor me había advertido, fielmente, de esta situación.

En esta convención tuve una experiencia muy peculiar. Dios estaba bendiciendo maravillosamente mi ministerio. Predicadores y líderes llegaban de muchos lugares. El mensaje era, en gran parte, nuevo para ellos. El Señor me usó en forma tan preciosa que ellos comenzaron a fijar sus ojos en mí. Naturalmente, el Espíritu no poía soportar esto, por lo que una tarde en que el salón estaba lleno de gente que venía a escuchar "al pastor de Los Angeles", el Señor me dijo que me sentara detrás del piano, fuera de la vista, hasta el final de la reunión. Era hora de que la gente recibiera esta lección. En esa época yo hubiera preferido ir al bosque para orar, muchas veces, antes que ponerme a predicar frente a la gente. Estaba cansado de la adulación, y prefería apartarme de todos, y estar a solas con el Señor. Algunos se enojaron mucho conmigo, porque esa tarde no hubo mensaje. Pero Dios sabía lo que hacía.

Le pedí al Señor que me diera quince dólares de esta convención, y el líder, sin saber una palabra de esto, me entregó un sobre cerrado conteniendo exactamente esa cantidad. Era una iglesia pequeña y pobre. Yo no codiciaba su dinero. Lo único que quería era el privilegio de trabajar para Dios, y ser usado para bendición de la gente. Pero necesitaba ayuda para llevar a mi familia de vuelta a California.

Comenzamos nuestro camino hacia el sur en Columbia, Carolina del Sur. Aquí prediqué en la Obra Misionera Evangélica Oliver, del hermano Pike. La oficina de "Camino de Fe" estaba relacionada con esta iglesia. Tuve una breve oportunidad de descansar y orar junto con mi familia aquí. Hacía tiempo que yo escribía para el "Camino de Fe". Tuvimos reuniones prácticamente todas las noches, durante un largo tiempo. Los hermanos intercedieron mucho por este ministerio. Muchas de nuestras reuniones se pasaban casi enteramente esperando en Dios. Y él nos visitó en forma maravillosa. El hermano Pike fue muy bendecido en estas reuniones. Era un precioso hijo de Dios. También hablé en la Iglesia Presbiteriana y ayudé en la publicación de mi librito, "Mi historia de la lluvia tardía", que actualmente está agotado.

Mientras estábamos aquí uno de los obreros de la iglesia cayó enfermo con paperas. El hermano Boehmer y yo fuimos convocados para orar por él. El Señor me había mostrado que habría enfermedad antes de que fuéramos hacia el sur. Pero en ese momento no lo entendí. El hermano Pike me entregó cuarenta dólares antes de que saliéramos de Columbia. Eso nos ayudó a pagar el viaje hacia California. Yo había escrito durante años para el "Camino de Fe" sin recibir pago alguno. En realidad, nunca he escrito nada por dinero. No podría hacerlo, así como no podría predicar por un salario. Tomamos lo que Dios nos da. He escrito 550 artículos para la prensa religiosa, de los cuales ni siquiera media docena no llegaron a la imprenta, pero no he recibido dinero por ninguno de ellos. He trabajado por amor. "De gracia recibisteis, dad de gracia."

El hermano Pike, editor del "Camino de Fe" escribió lo siguiente sobre las reuniones que tuvimos con él: "Se está realizando una notable reunión en el Tabernáculo del Evangelio, en Columbia, Carolina del sur. Es notable por las prolongadas oraciones, en voz alta o silenciosas, y por la inusual manifestación de la presencia divina que se produce allí. Supuestamente, el hermano Frank Bartleman es el líder, pero él no lidera a menos que el Espíritu lo mueva específicamente a hacerlo. Por esto, las reuniones quedan perfectamente libradas a la guía del Espíritu. Es muy cierto que hasta el momento no se han producido reuniones de tan profundo nivel espiritualidad en este Tabernáculo."

El hermano Pike volvió a escribir con conceptos tan elogiosos de mi visita a Columbia, que casi dudo en reproducir sus palabras. Me marcó una meta muy alta. Escribió lo siguiente: "Hemos estado disfrutando de la compañía y el ministerio del hermano Bartleman durante las últimas dos semanas, y hemos recibido un estímulo para nuestra fe, y aprendido lecciones que serán de gran valor para nosotros en nuestra experiencia y nuestra obra futura. Las oraciones que han sido recibidas en el cielo, y las semillas que se han plantado entre nosotros, seguramente producirán resultados notables en el futuro. La manera sosegada de actuar del hermano Bartleman, y su insistencia en esperar en Dios en oración y quietud, encontrarán verdadera aceptación sólo entre aquellos que están acostumbrados a una íntima comunión con la deidad, y que conocen la bendición de la quietud. Estamos plenamente persuadidos de que Dios tiene tremendas manifestaciones de su presencia y de su poder reservadas para esta Institución, si es que se le permite hacer las cosas a su manera, y gran parte de ello se deberá a la intercesión e influencia de este devoto hermano, que deja bendiciones dondequiera que va.

"No conocemos la secreta historia de cómo este hombre de Dios llegó a relacionarse con el 'Camino de Fe', pero no quedan dudas de que todo el proceso fue arreglado por Dios. Es un hombre conforme al corazón del editor, y estamos seguros de que su relación con este periódico fue producida por Dios, en la plenitud de los tiempos. La presión de la presencia divina es algunas veces tan fuerte sobre él, que la comida no tiene atractivo para él, y su conducta posiblemente sea rayana en la abstinencia. Por ello, su aparición indica frecuentemente debilidad, sino una presencia demacrada. Dios le ha conferido, en alto grado, el ministerio de la intercesión; pero también le ha dado especiales mensajes para el tiempo presente, para santos de todas partes del mundo. Estos mensajes están siendo entregados en diversas secciones de los Estados Unidos y Canadá, por la voz en vivo, y por medio del periódico, llegan a los santos de todas las naciones. Lo encomendamos a las oraciones del pueblo de Dios en todo lugar, porque, estad seguros, que él ha venido al reino para esta hora." (J.M. Pike).

Creo que quizá nadie sepa mejor que yo cuán lejos estoy en todo momento de ser digno de tan elevada recomendación, pero la reproduzco aquí para mostrar el maravilloso espíritu que existía entre los hermanos en esos días. Si erramos, fue para bien, después de todo. Durante algunos años escribí regularmente para el "Camino de Fe", y mis artículos aparecieron en este periódico casi semanalmente durante un largo tiempo.

Nos detuvimos en Atlanta, Georgia, donde recibimos una entusiasta bienvenida de parte de la hermana Sexton. El Señor bendijo mucho nuestro ministerio allí. El hermano Boehmer nos dejó en Columbia para ir a la Escuela Bíblica Altamont. Luego emprendió un trabajo pastoral en el sur. Nos alegró haberlo ayudado a salir definitivamente al campo para el Señor. (Al tiempo de escribir estas líneas, el hermano Boehmer sigue sirviendo activamente). Tuvimos reuniones muy bendecidas en Atlanta. La pequeña Ruth enfermó de paperas aquí. Evidentemente las había contraído en Columbia. Esta era, entonces, la enfermedad que el Señor me había mostrado antes de salir al sur. El pequeño John también comenzó a manifestar síntomas de paperas. Todo el infierno estaba en pie de guerra. Yo predicaba dos veces por día.

Mi principal mensaje era la revelación de Jesús en el "bautismo". Era el mismo mensaje que Dios me había dado para entregar en la Octava y Maple. El gran peligro era que la gente adorara el "don de lenguas" en vez de adorar al Señor, convirtiéndolo así nuevamente en una serpiente de cobre ("una cosa de cobre"). Jesús debe estar primero que todo. El Espíritu Santo revela a Jesús. Tanto Ruth como John estaban enfermos de paperas. La pregunta era: ¿escaparíamos del contagio mi esposa y yo? Pero continué trabajando, confiando en Dios.

Dejé a mi familia allí y emprendí un corto viaje hacia Birmingham, Alabama. Aquí comencé a sufrir mucho físicamente. Evidentemente las paperas se estaban incubando en mi organismo, aunque yo me negaba a reconocerlo. En Birmingham sostuve una dura batalla. Conocí a algunos preciosos santos, pero también había espíritus muy extraños obrando en las reuniones. El hermano Pinson era el pastor a cargo. Era un hermano precioso, pero tenía las manos ocupadas. El diablo evidentemente quería arruinar la obra. Tuvimos muchas victorias a pesar del enemigo. Comencé a sufrir intensamente en mi físico. Estaba enfermo. La lucha espiritual era una de las más duras que jamás hubiera enfrentado. Esto me causaba gran sufrimiento espiritual. También hacía mucho calor.

Encontré muchos que profesaban un alto grado de santidad aquí. Pero había mucho del "yo" y el espíritu estaba muy endurecido. Cuando la "santidad" pierde su ternura, es algo muy duro al contacto. Esta era la situación que prevalecía entre los que se oponían al "Pentecostés" en Birmingham. Un espíritu apartado puede volverse positivamente demoníaco, y eso, en nombre de la santidad. Prediqué diez veces en Birmingham.

Luego de volver a Atlanta, partimos hacia Houston, Texas. Los niños se habían recuperado de las paperas. Esa noche pasamos por las mismas vías por las que yo había caminado cuando hacía evangelismo en las calles en Mobile, pero esta vez íbamos en un pullman (la única clase de coche que tenía este tren). Tuvimos algunas horas de espera entre trenes en Nueva Orleans, y visitamos el barrio francés. Llegamos a Houston el 24 de diciembre, justo a tiempo para la Navidad. La noche anterior comencé a manifestar síntomas de paperas. Mi esposa también estaba enferma. Fuimos al hogar del hermano M.E. Layne, saqué los baúles del tren, y me fui a la cama, justo a tiempo. Tendría que haber asistido a una convención en esa ciudad.

Dios nos había abierto un hermoso hogar allí, donde recibimos todos los cuidados necesarios. No podríamos haber sido tratados mejor. Fue una de las peores enfermedades que sufrí. Mi sufrimiento era horrible. Me sentía morir. Mis mandíbulas se quedaron trabadas de tal forma que no podía abrirlas ni para que pasara el filo de un cuchillo. Si no hubiera sido por el afortunado hecho de que tenía algunos dientes inclinados hacia adelante, no habría podido tomar alimento alguno. Después de una semana de terribles sufrimientos, comencé a recuperarme. Mi esposa no la había pasado tan mal y pudo cuidarme. El Señor protegió a la familia que nos alojaba de contagiarse. Oramos para que fueran librados, después de todos los cuidados que nos habían brindado. Tenían varios hijos. Después de tres semanas pude salir, aunque estaba muy débil, y hablé varias veces al cierre de la convención. Aquí conocí al hermano E.N. Bell. Jamás olvidaremos el cariño que nos mostraron el hermano y la hermana Layne, nuestros anfitriones, en este tiempo.

Mientras estaba enfermo, en Houston, escribí para el "Camino de Fe" las siguientes observaciones sobre la vida de un evangelista pentecostal pionero: "El predicador pentecostal de esta época se ve obligado a pasar la mayor parte de su vida en salones muy fríos, con la peor ventilación. Esto significa un ataque constante a su físico. La tensión nerviosa produce neuralgias y congestiones crónicas, por el frío que se toma continuamente, y el excesivo trabajo, ya que hay muy pocos para hacer esta agotadora clase de trabajo hoy en día. Esto significa un 'sacrificio vivo', y el evangelista debe encontrar un lugar para descansar o refugiarse por un corto tiempo. Sin decir nada de la separación de su familia, cuya compañía pueden disfrutar otros. También hay cientos de otras cosas de las que la gente nada sabe, como los peligros durante el viaje, el cambio constante de camas, comidas, climas, etc. Por no hablar de los conflictos espirituales, la concentración de las fuerzas espirituales opositoras en cada batalla, y la constante y terrible presión ejercida por las fuerzas del mal de los más elevados niveles. Constantemente se debe echar mano de los máximos recursos. El obrero está tanto tiempo en el suelo, arrodillado, orando, en las reuniones, que las corrientes frías castigan su cuerpo continuamente. Es difícil dejar de estar de rodillas en la obra actual. En realidad, nos vemos llevados a estar de rodillas y postrados sobre el rostro continuamente, y durante horas, cada vez. La remuneración generalmente es muy pequeña, si es que se le da alguna aparte de pagar los gastos, y el evangelista es simplemente un canal en uso continuo y agotador, pronto a desgastarse, y cuando esto sucede, muchas veces es dejado de lado. Su único refugio parece ser el cielo. Pero Jesús viene pronto. Y entonces ya no necesitaremos nada más." (F. Bartleman). Los viejos y gastados "caballos" pentecostales son muchas veces dejados a un lado del camino, para que arranquen los pocos pastos que pueden alcanzar, con sus dientes arruinados, hasta que, por misericordia, mueren. En general, cuando ya no sirven más, no se los lleva a pastos frescos para que puedan terminar bien cuidados y libres de preocupaciones sus días. Muchos ya están bajo tierra, debido al exceso de trabajo y los pocos cuidados.

Nuestra siguiente escala fue en San Antonio, Texas. Se nos había acabado todo el dinero. El pequeño John estaba enfermo otra vez. Mientras estábamos en el tren sentí una advertencia de que el diablo estaba listo para atacarlo, pero traté de alejar esa impresión de mi mente. Aún él no había mostrado ningún síntoma de enfermedad. Pero esa noche sufrió convulsiones. Pasamos una noche terrible luchando por su vida, orando de rodillas. Los mismos demonios parecían estar atacándonos. John sufría de gripe y malaria a la vez. Estábamos quedándonos en la casa del hermano y la hermana Smate. Finalmente nuestro hijo fue librado.

En total, prediqué unas diez veces allí. La espalda me dolía terriblemente, y estaba todavía débil por las paperas y el calor. También me había atacado la gripe. Prediqué en una carpa donde encontré mucho fanatismo. Mi mensaje hizo que tres falsos profetas se fueran de la ciudad. El diablo, con razón, se enojó. Había muchos soldados estacionados allí, y varias veces les prediqué en una pequeña iglesia. Yo esperaba que Dios nos proveyera el dinero para viajar a Los Angeles, y recibí varias cartas de otros lugares conteniendo dinero, luego de una fiera batalla en oración, con el cual pudimos avanzar hasta Phoenix, Arizona. El diablo parecía decidido a matarnos en Texas. Mientras estábamos en San Antonio visité el viejo fuerte de Alamo, y la iglesia, donde Davy Crockett soportó heroicamente el último ataque.

Tuvimos un viaje muy agradable hasta Phoenix. Pasando junto al Río Grande, podíamos ver el viejo-México del otro lado. Cruzamos El Paso, y recibimos una cálida bienvenida en Phoenix. Estábamos muy cansados, y no teníamos dinero para viajar desde allí hasta Los Angeles. Fueron muy amables con nosotros en Phoenix. Una hermana fue a buscar cuartos para nosotros, y mientras yo oraba, sentí que ella había encontrado lo que necesitábamos. Así fue: pronto regresó, luego de procurarnos unas habitaciones donde podríamos alojarnos. Comenzamos a realizar reuniones en una pequeña iglesia pastoreada por el hermano Scull. Estuvimos allí casi tres semanas. Yo hablaba dos veces por día, y tres los domingos. Pasábamos más tiempo en el altar que predicando. El Señor obró en forma muy profunda.

Tuvimos una lucha muy dura con el diablo al comenzar. Una noche alguien tiró una piedra por la ventana. Nos pasó justo por encima de la cabeza. Estábamos orando con un pobre borracho junto al púlpito. El diablo no quería perder a su siervo. Hasta envió un predicador desde Pasadena, California, para presentarme oposición allí. Pero Dios nos dio la victoria.

El pequeño John volvió a enfermar gravemente en Phoenix. Una vez más pasé toda la noche luchando por su vida en oración. Para este entonces yo mismo estaba muy agotado. Recibimos el dinero para pagar el viaje hasta Pasadena, donde el Señor me había mostrado que deberíamos quedarnos. Llegamos allí sin inconvenientes el 26 de febrero de 1909. Habíamos orado por un hogar, sin saber dónde ir. Yo le envié una nota a uno de los hermanos avisándole que estábamos por llegar. La Madre Wheaton y el hermano Crary nos fueron a buscar. Se acababa de abrir un nuevo Hogar Pentecostal, en la Avenida Winona 786, y allí nos dejaron. De esta forma, Dios había provisto una vez más, sin que nosotros lo supiéramos de antemano.

Me quedé en casa durante más de dos semanas, para descansar, y luego me metí de lleno a trabajar nuevamente. Visité la vieja obra misionera de Azusa, donde el Señor nos visitó con gran poder. También me bendijo maravillosamente en la Octava y Maple. Además visité la obra misionera del "Aposento Alto", en la calle South Spring 327_. Una noche, cuando estaba a punto de llegar a casa, en Pasadena, iba por la avenida Winona, aproximadamente a las 23:30, dos fieros perros corrieron a atacarme desde un jardín vecino. Se los conocía por ser peligrosos y se decía que estaban cebados y que ya habían mordido a varias personas. Su dueño estaba acostado. Extrañamente, justo en ese instante se apagaron las luces de la calle. Era "la hora de tinieblas". Parecía que el infierno se había desatado repentinamente sobre mí. El ataque fue tan repentino e inesperado que no tuve tiempo de pensar. Pero grité instintivamente el nombre de Jesús para pedir ayuda. Instantáneamente los perros me soltaron, como si les hubieran disparado. En ese mismo momento se prendieron las luces de la calle. Era una extraña coincidencia. Estoy seguro de que el diablo azusó a esos perros contra mí. Evidentemente también logró, de alguna manera, que las luces se apagaran. Pero Dios me libró.

El Señor me visitó con gran bendición al predicar en Los Angeles y en Hermón, después de este hecho. Muchas veces me quebrantaba de tal forma con su amor que yo rompía a llorar como un niño, especialmente en la iglesia del Aposento Alto. El líder de esa iglesia se me oponía en gran manera. Su espíritu no había sido quebrantado y él pensaba que yo era débil. Hasta cierta vez insinuó que yo podría tener algún problema mental. Pero él no comprendía el amor de Dios. Charles G. Finney, el gran evangelista, dijo en una ocasión: "Si tienes al Espíritu de Dios en gran medida, no será extraño que muchos te crean demente. Debes preparar tu mente para ser así juzgado, tanto más cuando vives por encima del mundo, y andas con Dios."

7

Visita a Hawai El Volcan Kilauea

Una noche, al volver a casa, encontré una carta llegada de Honolulu. Hacía ya tiempo que me sentía atraído hacia las Islas. Todos los días miraba las colinas que estaban detrás de nuestra casa en Pasadena, y una voz me decía: "las islas hawaianas". Yo había visto imágenes de H que se parecían a estas colinas. La carta fue una verdadera sorpresa para mí, ya que provenía de alguien a quien no conocía en absoluto. Cuando la vi, sentí inmediatamente, aun antes de abrirla, que era un llamado para ir allí. Contenía un cheque por $ 165. Yo nunca había recibido tanto dinero junto en mi vida. Y por supuesto, era un urgente llamado a ir a Honolulu, enviado por la hermana Henrietta Nuzum, y los hermanos de ese lugar. Naturalmente, dudé en dejar mi pequeña familia para ir tan lejos, cruzando el mar. Pero era la voz de Dios, y no me atreví a desobedecer.

Fui a despedirme de las iglesias de Azusa y la Octava y Maple. En la obra misionera del Aposento Alto trataron de convencerme de que no fuera. Algunos me advirtieron que habría desastres si yo persistía en esta obra.

Pero yo conocía la voz de Dios. El líder trató de disuadirme. Pero yo ya había aprendido, por amarga experiencia, mucho antes, aun en el movimiento de la Santidad, que debemos recibir las órdenes de Dios, no del líder de la iglesia. Creo que muy pocas veces emprenderíamos algo para Dios si escucháramos a los que siempre están listos para desanimarnos. Debemos escuchar nosotros mismos a Dios. Muchas veces los que nos desaniman son personas celosas que desean un llamado así para ellos de parte de Dios, pero no lo reciben.

Llevé a mi familia al norte, y los dejé en el Hogar de la hermana Carrie J. Montgomery, cerca de Oakland. Allí tendrían precios especiales por su estadía, y esperarían mi regreso de las islas. Yo me sentía llamado a trabajar allí cuando regresara. Pagué su estadía por un mes, y partí hacia Honolulu el 15 de mayo de 1909. Tuvimos un viaje excepcionalmente tranquilo. Sólo estuve descompuesto los dos primeros días. El Señor me visitó en una forma maravillosa en el barco, justo antes de llegar. El mismo me dio la bienvenida a las islas. Una vez más, el Espíritu me visitó al llegar al hogar del hermano Harold Hansen y su esposa, donde me alojaría.

Los "fragmentos" de los continentes (las islas) también deben ser recogidos, para que "nada se pierda". Encontré que las islas de H eran un paraíso natural. El follaje y los frutos tropicales me recibieron. Había hawaianos y coreanos, chinos y japoneses, y una muy reducida población blanca. El viaje por mar me benefició mucho en el aspecto físico. Pero pasar seis días lejos de mi familia, sin ver tierra firme, me había parecido mucho tiempo. Nunca antes había estado tan lejos de ellos. Estábamos a 3.360 kilómetros de San Francisco. Desde aquí se veía claramente la "Cruz del Sur" en el cielo.

El poder de Dios se derramó maravillosamente en nuestras reuniones. No había templo, sino que nos reuníamos en las casas de los hermanos. Muchos fueron bendecidos y fortalecidos en su fe. Hice un viaje a la isla mayor, H, en barco, del lado de sotavento. Pasamos por las islas de Molokai, Mauie, Lanai y Kahoolawe. Me detuve en Kailua, Kone, en casa de un misionero que tenía un hogar allí. El Dr. Yoakum me había visitado anteriormente. Estábamos a la misma latitud que Centroamérica. Un grupo de nosotros fue a caballo hasta la cima del monte Hulalai, de más de 2.700 metros de altura, atravesando una densísima vegetación, guiados por un vaquero portugués. Tuvimos un viaje extraordinario y la vista era maravillosa. Visitamos varios cráteres de volcanes extinguidos. Desde Honolulu envié el dinero para pagar un mes más de alojamiento de mi familia en el Hogar.

Luego de volver de Honolulu, viajé nuevamente a H, esta vez de barlovento, hacia Hilo. Este lugar estaba lleno de maldad. Estando aquí visité un volcán en actividad, el Kilauea. Era la imagen viva del "lago de fuego", el mismo infierno. Escribí un artículo sobre este volcán, del cual extraigo estos párrafos: "Llegamos a la 'Casa del Volcán', Kilauea, H, en la oscuridad, y comenzamos a andar a pie hacia el cráter, ubicado a casi cinco kilómetros de donde estábamos, en el centro de una profunda cuenca, sobre una base de roca de lava que tenía más de once kilómetros de diámetro. Hacía frío, y llovía. Bajamos con gran dificultad, caminando sobre arena suelta, primero, y luego, sobre restos de lava endurecida, rugosos y desiguales. La espeluznante luz del cráter brillaba en la distancia, como una gran chimenea, echando humo contra el lóbrego cielo. Todo a nuestro alrededor tenía un aspecto extraño. La senda se desdibujaba. Ibamos descendiendo hacia el abismo.

" 'Tú los has puesto en resbaladero...' 'Dad gloria a Jehová Dios vuestro, antes que haga venir tinieblas, y antes que vuestros pies tropiecen en montes de oscuridad...' Cruzamos temibles abismos, desgarrados por convulsiones de los conflictos internos de los fuegos de tormento en el seno de la tierra. A través de las grietas nos llegaban vapores de azufre. Toda la tierra parecía haber sido 'removida' como por fuego. Finalmente llegamos al volcán. Era una visión tremenda. 'Las tinieblas de afuera' cercaban las violentas llamas. Ráfagas de aire caliente nos sacudían ferozmente al aproximarnos al borde. Vapores de azufre se levantaban desde las profundidades, hasta casi sofocarnos. Eran verdaderamente 'las entrañas del infierno'. Sólo faltaban las siluetas de los demonios, y éstos parecían estar retorciéndose muy cerca de nosotros. Los nativos adoran este cráter.

" '...donde el gusano de ellos no muere, y el fuego nunca se apaga.' Verdaderamente 'salados con fuego'. Era éste un fuego imposible de describir. El chasquido de sus movimientos al fundirse sobrecogía de terror el corazón. Tal como el justo castigo por el pecado. Las oleadas de fuego azotaban las paredes del abismo cavernoso como si supieran que estaban confinadas sólo por un tiempo. Parecían fuegos vivos, 'eternos', esperando ansiosamente la llegada de su presa. El 'abismo' en sí mide poco más de trescientos metros de diámetro. En él está situado el lago de fuego. Las sombras amenazadoras, las luces diabólicas que estas feroces conmociones producen en su continua agitación contra las profundas paredes de la caverna, como si miles de demonios lucharan unos contra otros en fiera batalla; los vapores sulfurosos que brotan de sus terribles profundidades, formando nubes que llegan a lo alto de las elevadas paredes de pronunciada pendiente que marcan las alturas despojadas de sus solitarios confines, hacen que sea ésta una visión que provoca espanto. Lo hemos contemplado con gran solemnidad y admiración, como estando frente a la presencia de la divinidad airada. El ambiente circundante, de montañas sombrías, lluvia y el frío penetrante de la noche, todo contribuía a sumar horror a esta dantesca imagen. Como Moisés en el Sinaí, nos sentíamos 'temerosos y temblando'.

"Estas llamas, en poderoso conflicto de convulsión, hicieron elevar esos picos montañosos, desde casi cinco mil metros bajo el nivel del mar, hasta su actual altura de casi cuatro mil metros por sobre ese nivel. El 'abismo' en sí está ubicado a mil doscientos metros por encima del nivel del mar. ¡Qué masa terrible de materia fiera e incontrolable debe de revolverse bajo esta monstruosa chimenea del Pacífico, en las entrañas de la tierra! ¿No es eterno el fuego de Dios? Pensé en 'las olas del mar que no descansan', con las que se compara a los impíos. No hay descanso en el infierno. 'El lago ardiente de fuego y azufre'. 'Y el humo de su tormento sube para siempre.' 'No tienen descanso ni de día ni de noche'. Todos los elementos estaban presentes allí. La imagen era perfecta.

"Dos grandes canales, como fuentes de fuego, derramaban continuamente desde sus subterráneas profundidades toneladas de fuego líquido, materia fundida. Miles de millones de toneladas se agitaban en lo que parecía ser una producción constante. Parecía que se estuviera produciendo la formación del mundo. Era como si estuviéramos de pie junto al Todopoderoso, en el amanecer de la creación, cuando los mundos eran echados al espacio, hechos existentes por su Palabra creadora. Pero, ¿qué causa estos fuegos? ¿Qué los mantiene ardiendo? No dan respuesta sus abismales profundidades. Se niegan a responder. Es Dios.

"El ruido que producen, algo que está entre un silbido y un rugir, como el grito de una serpiente o una bestia herida, se asemeja a un clamor de venganza. Se estrellan contra las paredes de su involuntaria cárcel, movidos por la fuerza de un conflicto interno sin fin, con un grito casi humano; y luego, en la decepción de su fracasado intento de liberación, se entrechocan con una furia aún mayor. ¿Qué podría hacer el hombre si estos fuegos fueran puestos en libertad?

"No había descanso para las terribles olas de fuego de ese volcán. Se levantaban, poderosas, producto de tremendas fusiones, hasta alcanzar alturas de más de doce metros, sobre este lago de fuego, continuamente, de día y noche, sólo para caer nuevamente, derrotadas, con un golpe aterrador, como el rumor apagado de un trueno distante. Su fracaso al tratar de escalar las paredes de la prisión parecía enloquecerlas aún más. Al chocar contra las paredes, la materia se enfriaba, aferrándose a las rocas que ella misma había producido, sólo para fortalecer los límites de su encierro. Otras porciones de materia ígnea caían nuevamente en el foso, para fundirse una vez más en ese temible horno de insoportable calor y furia. No hay escape del infierno. El transcurso de un millón de años nada hace sino confirmar aún más el destino terrible de condena continua de esos apartados confines de desesperación.

"Esta tremenda corriente de lava fundida pasaba revolviéndose continuamente por un pasaje subterráneo que estaba al otro lado del lago. Y aun estos dos enormes hornos canalizaban su hirviente producto traído de Dios sabe dónde, a Dios sabe dónde, por cierto escondido y temible poder. No hay Niágara que apague ese fuego. Su tormento sólo se ve incrementado por su constante, continua acción. Hay un fuego que se alimenta a sí mismo sin fin, un gusano que 'nunca muere'. 'Horrible cosa es caer en las manos del Dios vivo'.

"Nadie puede tomar a la ligera los fuegos de este cráter. Los nativos lo llaman Pele. Dicen que Pele era una mujer. Otra mujer nativa le robó su esposo, usando hechicería. Pele vagó de isla en isla (dejando volcanes extinguidos detrás de sí), y finalmente, con toda su ira, se estableció en H. Los nativos le temen. Le tiran botellas de gin, su bebida favorita, para calmarla. ¿Y no deberían los creyentes temer a 'un Dios celoso'? La presunción significa una ruina segura y veloz. Volví de estos espeluznantes fuegos en las entrañas de la tierra, y los extraños paisajes de perdición que los circundan, colgando como una mortaja sobre la situación entera, con un sentimiento de maravilla casi rayano en el terror. No me atreveré a tomar a Dios a la ligera." (F. Bartleman).

Tuvimos un viaje difícil de vuelta a casa, desde Honolulu. Traje una gran canasta llena de frutas tropicales para mi familia. El Señor los había mantenido sanos y salvos en mi ausencia. Prediqué en la Capilla Beulah, en el Hogar de la hermana Montgomery, algunas veces, y luego viajé a Ukiah, Santa Rosa y Healdsburg, donde realicé varias reuniones. Dios estaba conmigo con poder. Prediqué también cinco veces en Oakland, en la carpa de Barney Moore. Mi siguiente viaje fue a Woodland. Aquí prediqué el mensaje en medio de grandes aflicciones y padecimientos. Los santos estaban en una situación de particular necesidad. La noche en que llegué allí sufrí un terrible ataque de apendicitis. Parecía que iba a morir. El dolor era terrible. Clamé al Señor en mi desesperación y él me libró. Pero continué sufriendo de neuralgias estomacales y cólicos. Apenas podía comer, y no dormía por las noches. No podía sentarme, ni acostarme, ni caminar, sin sufrir terribles dolores. Pero a pesar de todo prediqué y estuve allí varios días. Mi visita liberó a la obra de muchas extravagancias que habían matado al Espíritu, pero casi me mató a mí también.

Tuve un ministerio muy bendecido en Stockton, prediqué varias veces más en Beulah y en Oakland, y luego llevé a mi familia a Santa Cruz. Aquí ellos se quedaron visitando algunos amigos mientras yo iba a San José, donde prediqué seis veces en la iglesia pentecostal. El Señor me ayudó mucho. Los hermanos estaban muy divididos. Pasé tres días enteros orando en la iglesia. Mi mensaje fue un ruego por amor y unidad.

Luego volvimos a Los Angeles, y nos ubicamos en la calle South Gless 163. Nos habíamos enterado por medio de un hermano que la hermana Throop tenía cuartos prontos a desocuparse. La llamé por teléfono desde la estación y me enteré de que acababa de desocuparlos, y que estaban en alquiler. El Señor había manejado los tiempos de nuestra llegada con exactitud. Dios nos había mostrado que debíamos volver, pero no sabíamos dónde iríamos a vivir.

Pronto vi que las iglesias eran, como siempre muy celosas de su doctrina. Comencé a predicar en la Octava y Maple, en Azusa y en Hermón. Azusa había perdido mucho desde que nos fuimos. "Cómo han caído los poderosos" fue algo que vino a mi mente casi en forma obligada. Pero el Espíritu vino con poder sobre tres de nosotros que estábamos orando allí una noche. El nos aseguró que volvería a traer su poder a la obra misionera de Azusa como era en el principio. Nosotros sentíamos que habíamos orado todo lo posible. (Y la respuesta vino un poco más de un año más tarde, cuando el hermano Durham vino desde Chicago. Entonces, el lugar se llenó de hermanos, y de la gloria de Dios, una vez más, por un breve tiempo.)

La obra en general había caído en un estado penoso cuando volvimos a Los Angeles. Las iglesias habían peleado unas contra otras hasta cansarse. Quedaba poco amor. Había mucho gozo, pero en la "carne". Un celo frío, de corazones duros, y entusiasmo humano, había reemplazado al lugar del amor divino y la ternura del Espíritu Santo, en la mayor parte. Sufrí mucho al estar en contacto con esta situación. El Señor continuó bendiciendo mi ministerio en Octava y Maple, y en Azusa. En algunas obras me encontraba con una gran oposición, particularmente de parte de los líderes. Pero yo mantenía mi mirada fija en Dios. El nunca me permitió convertirme en satélite de otro hombre, ni siquiera por tener un lugar donde predicar. Si somos siervos de los hombres, no podemos agradar a Dios.

El 14 de octubre de 1909 mi esposa me regaló otra hija, Lois. Dios se ocupó de ella con su infinita gracia. Mi ministerio se repartía ahora principalmente entre Octava y Maple, Azusa y la iglesia del hermano Hill. El Señor me bendecía mucho y también inicié estudios bíblicos en Octava y Maple, que el Señor bendijo ricamente. Pasamos momentos de verdaderas pruebas, ya que algunas veces no teníamos ningún dinero, pero Dios siempre llegaba a tiempo para librarnos de sufrir verdaderamente.

En cierta ocasión, estábamos atrasados con el pago de nuestra renta y con el del gas. Fui a Pasadena, sin tener un centavo. Un hermano estaba debatiendo en su mente si debía ayudarme o no. Pero me aparté de él. El diablo me tentaba y decidí confiar en Dios y no en el hombre. Volví a casa sin un centavo. Antes de la hora de acostarnos, un hermano vino a vernos y nos dejó ocho dólares. Era el importe exacto de la renta. Nos dijo que el

Señor le había dicho que nos trajera ese dinero, y no había osado desobedecerle. El también era un humilde trabajador. Pero Dios le recompensó. El podía darle diez veces más, sin ningún esfuerzo.

Casi todas las noches yo predicaba o testificaba en Octava y Maple, o en Azusa. Una vez más pasamos por pruebas económicas, sin tener dinero para la renta ni para comida, pero el Señor nos libró. Recibí dinero de los hermanos de Honolulu en dos ocasiones diferentes; una vez fueron diez dólares, la otra, quince. La última vez, el pequeño John había orado para que tuviéramos dinero. Casi no nos quedaba comida. El se puso de rodillas y nos avergonzó a todos con su sencillez y su fe de niño al orar. Habíamos sido tentados tan terriblemente. El nos preguntó si Jesús nos enviaría dinero si se lo pedíamos. ¿Qué podíamos decirle? Naturalmente que lo haría. Muy pronto llegó el dinero, de Honolulu. El Señor había respondido antes de que le pidiéramos, como ya lo había dicho. "Antes de que clamen, yo les responderé." Esto fortaleció mucho la fe de John. "El sabe todas qué cosas necesitamos antes de que se las pidamos." Si esto no fuera cierto, muchas veces él no podría hacernos llegar la respuesta a tiempo.

La vieja obra misionera de Azusa estaba cada vez más y más atada. Las reuniones seguían ahora un orden fijo. El Espíritu trataba de obrar por medio de algunos pobres mejicanos analfabetos, que habían sido salvos y "bautizados" en el Espíritu. Pero el líder deliberadamente se negaba a dejarlos testificar, y los apartaba sin misericordia. Era como matar al Espíritu de Dios. Sólo Dios sabe lo que esto significaba para estos pobres mejicanos. Personalmente, yo hubiera preferido morir a asumir tal espíritu dictatorial. Ahora cada reunión estaba planificada de principio a fin. Era obvio que se acercaba el desastre, y así fue.

Muchos "profetas" enviados por Dios, han llegado a la muerte, tanto física como espiritualmente, en Los Angeles. Dios se ha visto obligado a quitar líderes y más líderes luego de que cayeran en este pecado. Hacía cinco años que yo oraba por una máquina de escribir. Una hermana me dio doce dólares, y compré una de segunda mano por $ 12,50. Luego la llevé en todos mis viajes por el mundo, usándola para escribir mi diario.

Yo estaba sintiendo que el Señor me estaba llamando a rodear la tierra en un viaje misionero para él. Debía hacerlo por fe, y no tenía ni un centavo a la vista. En realidad hacía años que sentía el llamado a hacer este viaje, y había llegado el momento. En lo natural, parecía una locura intentar tal cosa. En ese momento yo estaba atravesando una terrible prueba tanto en lo físico como en lo económico. Luego de una prueba muy severa en lo económico, en la cual parecía casi imposible conseguir siquiera diez centavos, el Señor me abrió las puertas para comenzar. Creo que Dios permitió que yo fuera probado de esta manera para prepararme para el viaje. Parecía que iba a morir de hambre antes de que finalmente se abrieran las puertas.

La hermana (y doctora) Trout me dio cincuenta dólares para poner en el banco y que mi esposa pudiera sacar para pagar la renta. El hermano Pike, editor del "Camino de Fe" me envió veinticinco dólares desde Columbia, Carolina del Sur. Este dinero debía ser utilizado para comenzar el viaje alrededor del mundo, y con esta suma lo comencé. Todo fue entregado sin que yo lo solicitara. No me hubiera atrevido a dar un paso en tremenda empresa, imposible en lo natural, de no haberme mostrado Dios tan claramente que no podía dudar de su voluntad al respecto. Además, dejar a mi familia sin medios, ir alrededor del mundo, con todas las posibilidades de peligros y desastres que esto implicaba, estar fuera por casi un año, hubiera sido demasiado para un pobre corazón de carne, si no contara con la guía y la fortaleza de Dios.

En la obra misionera de Azusa me entregaron una pequeña ofrenda de once dólares, que le entregué a mi esposa. No recibí ninguna otra ayuda de las otras iglesias. Era lo único que podía dejarles.

Cuando estaba por partir, muchos hermanos me aconsejaron que no lo hiciera. Algunos me dijeron que Dios les había revelado que sucederían terribles desastres, tanto a mí como a mi familia, si persistía en mi propósito. Pero yo sabía que Dios me había llamado. Tenía que obedecerle, y al hacerlo comprendí uno de los mayores privilegios y bendiciones de todo mi ministerio. Sentí que podía leer mucha envidia entre las líneas de algunas cartas que había recibido. Una hermana llegó a decir que no creía que el Señor me estuviera enviando porque ella siempre había deseado hacer un viaje así y el Señor no se lo había permitido. Su advertencia, naturalmente, no tuvo demasiada importancia para mí. Salí de Los Angeles sin un dólar en el bolsillo.

Salí de casa el 17 de marzo de 1910. (Mi viaje alrededor del mundo es relatado en otro libro, al cual puede referirse el lector: "Alrededor del mundo por fe, con seis semanas en Tierra Santa", precio: $0,50). Viajé alrededor del globo entero por fe, visitando Europa y la mayoría de los campos misioneros en mi recorrido, pasando seis semanas maravillosas en Palestina, y volviendo a casa por Egipto, India, Ceilán, China y Japón, cruzando el Pacífico, vía Honolulu. Estuve once meses y una semana fuera de casa. Mi familia confió plenamente en Dios y recibieron un mejor cuidado del que jamás habían gozado mientras yo estaba con ellos. Yo volví con poco más o menos que un dólar en el bolsillo. Mi esposa tenía cincuenta dólares en el banco. "Fiel es el que os llama, el cual también lo hará."

El hermano Pike, muy amablemente, escribió las siguientes líneas en el "Camino de Fe", al comenzar yo mi viaje: "Nos complacemos en publicar la carta personal enviada por el hermano Bartleman, que, siguiendo lo que cree ser indicación divina, ha emprendido un viaje alrededor del mundo. No sabemos de nadie cuyo ministerio sea más necesario, y vaya a ser más útil, en la etapa actual del movimiento pentecostal, que nuestro amado hermano Bartleman." (J.M. Pike). Aprecié en gran manera esta muestra de confianza. El editor de "Lluvia Tardía" escribió también: "El hermano Bartleman pasó unos días con nosotros antes de partir hacia Inglaterra. Nuestro hermano está ocupando un lugar muy importante en este movimiento, en enseñanza bíblica y sobrio consejo, que es como el ancla para un barco en la tormenta. Sigamos a este sacrificado siervo de Dios en su salida hacia las tierras más allá de nuestro alcance, con nuestras oraciones y aportes."

El hermano Albert Norton escribió para el "Camino de Fe" desde Dhond, India: "El mes pasado tuvimos en privilegio de tener al hermano Daniel Awrey y al hermano Frank Bartleman en Dhond. Estos dos amados siervos de Cristo, como Bernabé, están 'llenos de fe y del Espíritu Santo', y recibieron una cálida bienvenida tanto en Dhond como en Kedgaon (Ramabai). Nuestro único pesar es que no hayan podido quedarse por más tiempo en la India." (Albert Norton). El hermano Awrey y yo llegamos a la India en diferentes barcos, aunque, providencialmente, al mismo tiempo.

Al volver yo a los Estados Unidos, el hermano Pike escribió en "Camino de Fe": "Nuestros lectores se unirán a nosotros en sincero y humilde agradecimiento a Dios por haber sostenido a nuestro hermano en la tierra y en el mar, en tormentas y en calma, entre amigos y entre enemigos, en ambientes poco amistosos y hospedajes poco confortables. En medio de todo esto, le fue dada buena salud, y creemos que ha cumplido la misión que le fuera entregada, bajo la dirección divina. Los resultados de esta misión serán conocidos únicamente cuando los libros sean abiertos y leídos los registros. El dinero para cubrir cada necesidad apareció en el momento justo, enviado en respuesta directa a la oración, sin ser solicitado." (J.M. Pike). Personalmente, creo que ninguna gratitud a Dios es demasiada por los hechos contenidos en estas palabras.

El pastor Alex. Boddy, de Sunderland, Inglaterra, escribió muy amablemente en "Confianza": "El hermano Bartleman es conocido por muchos gracias a su reciente viaje por el mundo entero, y también por sus escritos. Su vida es una 'vida de fe', y en ese viaje alrededor del globo sus necesidades fueron suplidas maravillosamente. Sin embargo, él nunca menciona cuáles son sus circunstancias, y debemos sostenerlo en oración. Siempre está ocupado en los asuntos de su Padre, sin dedicar un solo pensamiento a sí mismo." (Alex. Boddy).

Aunque no puedo describir aquí mi viaje alrededor del mundo (el lector podrá solicitarme este relato, en un librito separado, en cualquier momento), quisiera repetir algunas expresiones salidas de mi pluma y publicadas en el "Camino de Fe", al llegar a salvo a casa: "Estoy tan feliz de no haber desobedecido 'a la visión celestial'. Antes de partir recibí varias comunicaciones, tanto alentadoras como desalentadoras. Algunos profetizaban bendiciones; otros, desastres. Sin embargo, habiendo confirmado en mi corazón que era un llamado de Dios, y no producto de mi imaginación o mis deseos, yo no podía hacer otra cosa que partir. Si el Señor no me llevó alrededor del mundo, no sé quién lo hizo. No toqué ninguna conexión, ninguna persona ni iglesia se comprometió a pagar los gastos de mi viaje, y no me comprometí con ningún hombre o grupo. Yo sabía que Dios me enviaba, y confié plenamente en que él me llevaría a todas partes. Físicamente, en lo natural, tenía razones para creer que no viviría para completar ni la mitad de mi viaje. Pero yo no iba en lo natural.

"El Señor me preservó de enfermedades en forma maravillosa. Pasé a través de lugares infestados de cólera, plaga y viruela, exponiéndome a ellas, y por lugares donde las fiebres en esa época provocan la mayor cantidad de muertes en el año. Pero el Señor me sostuvo. Volví a mi hogar pesando cinco kilos más de lo que ha sido mi peso normal en años. Mi familia fue conservada en buena salud durante mi ausencia, y teniendo abundancia para cubrir sus necesidades temporales. Jamás pedí un centavo, ni una ofrenda. Todo me fue dado voluntariamente. Sólo recibí cincuenta dólares desde Estados Unidos después de dejar sus costas. En Palestina, India y China, la ayuda vino de los lugares más inesperados e impensables. Dios probó que podía proveer tanto fuera de mi país como en él. Llegué a China con sólo diez dólares, y no recibí ningún dinero de los Estados Unidos mientras estuve allí. Visité Inglaterra, Escocia, Irlanda, Gales, Holanda, Alemania, Bélgica, Francia, Suiza, Italia, Egipto, Palestina, Ceilán, India, China y Japón, pasando por Honolulu en el viaje de regreso. Llegué a casa el 25 de febrero de 1911."

8

El Hermano Durhan en los Angeles

Aproximadamente una semana antes de que yo volviera, el hermano Durham comenzó a realizar reuniones en la vieja Obra Misionera de Azusa. Fue enviado por el Señor desde Chicago con un mensaje para los santos pentecostales en Los Angeles. Primero se le había negado una audiencia en la iglesia del Aposento Alto, por lo que fue a Azusa. El hermano Seymour estaba de viaje por el Este. Durham comenzó a hacer reuniones y los hermanos se agolparon en el viejo lugar y lo llenaron nuevamente con elevadas alabanzas a Dios. Esto fue lo que el Señor nos había hecho saber a tres de nosotros, más de un año antes, mientras orábamos. Yo había vuelto justo a tiempo para verlo. Dios había vuelto a reunir a muchos de los viejos líderes de Azusa, trayéndolos de muchas partes del mundo, a Los Angeles, evidentemente, para esto. Muchos lo llamaron "el segundo aguacero de la lluvia tardía". El domingo, el lugar estaba atestado de gente, y quinientas personas debieron quedar afuera. La gente no dejaba sus asientos entre reuniones por temor a perderlos.

Con esto, la iglesia del Aposento Alto perdió su base de un día para otro. El líder había abusado de su privilegio, así como los hermanos. El también le había fallado al Señor en otros aspectos. El Señor puede librar a cualquier hombre o iglesia si se obliga a hacerlo. Pero no podemos abusar persistentemente de nuestro privilegio, destruir a los profetas de Dios, y creer que finalmente escaparemos a las consecuencias. Grande fue la caída de la iglesia del Aposento Alto. El líder había sido muy usado por Dios en un tiempo. Pero Dios tenía otro lugar, otro hombre y otro mensaje listos. El nunca deja desamparado a su verdadero rebaño. La "nube" se movió hacia otro lugar, y los santos con ella.

El fuego comenzó a caer sobre la vieja Azusa como en el principio. Yo asistía a estas reuniones con gran interés y gozo. El Señor también me bendijo mucho en Octava y Maple, que seguía funcionando. Lake Avenue, de Pasadena, la pequeña iglesia metodista en la que Dios había obrado en forma tan bendecida en 1905, ya hacía tiempo que se había vuelto pentecostal. Sigue siendo ocupada por los pentecostales al tiempo de escribir estas líneas.

Nos mudamos a Long Beach poco después de mi regreso. Mi familia necesitaba desesperadamente un cambio después de estar en la calle Gless. Nos invitaron a ocupar un hermoso Hogar de Descanso, en la calle Short 323, amueblado, muy cerca de la playa. Era una proposición privilegiada. Ni siquiera habíamos osado pedirle tanto al Señor. Pero él era tan bueno con nosotros... El 2 de mayo fui a Azusa, como siempre. Pero, para nuestra sorpresa, encontramos las puertas cerradas, con cadenas y candados. El hermano Seymour había regresado apresuradamente del Este; él y su junta habían decidido sacar de la iglesia al hermano Durham. Pero al hacerlo, también sacaron a Dios y a los santos de la vieja cuna de poder. Era el mensaje de Durham a lo que se oponían.

Conseguí, al menos temporariamente, la iglesia de la calle Kohler, y la "nube" partió con nosotros. Mejor dicho, ella nos llevó allí. Pocos días después el hermano Durham alquiló un gran edificio en la esquina de la Séptima y Los Angeles. Los domingos asistían a las reuniones realizadas aquí, unas mil personas. Teníamos una congregación de cuatrocientas personas los días de semana. La "nube" descansó aquí. La gloria de Dios llenaba el lugar. Azusa quedó desierta. El Señor estaba con el hermano Durham con gran poder. **Dios pone su sello especialmente para que se establezca la verdad presente.** El predicaba un evangelio de salvación por fe. Fue usado con poder para marcar nuevamente la línea de separación entre la salvación por obras y la que es por fe, entre la ley y la gracia. Esto se había vuelto muy necesario, aun entre los pentecostales. Y es seguro que tal revelación y reforma son necesarias hoy en las iglesias casi tanto como en la época de Lutero. Tenemos, en gran parte, un protestantismo romanizado.

"Aprended de mí", dijo Lutero, "cuán difícil es desprenderse de los errores confirmados por el ejemplo de todo el mundo, y que, por medio del prolongado hábito, se han convertido en una segunda naturaleza para nosotros." Pero una multitud de almas aceptaba el mensaje del hermano Durham con gozo. "Los hombres estaban asombrados de no haber reconocido antes la verdad que ahora sonaba tan evidente en los labios de Lutero", dice el historiador D'Aubigne. Y lo mismo sucedía con el mensaje de Durham. Pero también tenía gran oposición. Algunos abusaban del mensaje, como lo hacen con todo mensaje enviado por Dios, llegando al extremo de declarar que dado que la obra de redención había sido totalmente lograda en la cruz estaba, necesariamente, terminada también en nosotros en el momento en que creíamos. Esto era un gran error, y un gran obstáculo para el mensaje y para la obra. Los hombres siempre hacen agregados al mensaje que Dios ha dado. Esta es la forma principal en que Satanás lo desacredita y lo destruye. Tanto Lutero como Wesley debieron luchar contra esa misma dificultad. Y lo mismo ha sucedido en todo avivamiento dado por Dios. Los hombres son criaturas de extremos. El mensaje generalmente sufre más en manos de sus amigos que en las de sus enemigos. Tenemos este tesoro en "vasos de barro". Siempre puede abusarse de la verdad. Algunos llegaban al extremo de combatir el principio mismo de la santidad, pretendiendo justificarse a sí mismos con el mensaje de Durham. Pero, o lo habían malentendido, o, lo que es más probable, habían aprovechado la supuesta oportunidad para luchar contra ese principio al que sus propios corazones se negaban a rendirse, y de esta forma hacían violencia al mensaje que Dios les había enviado.

El dueño del Hogar en que vivíamos en Long Beach decidió venderlo, por lo que nos vimos obligados a mudarnos. El 1 de julio volvimos al Hogar Pentecostal de la avenida Winona 786, en Pasadena, donde habíamos vivido antes de que yo fuera a Hawai en 1909. Deberíamos habernos mudado un mes antes, pero unas personas habían ocupado la casa y no querían abandonarla, aunque Dios las estaba llamando a Sacramento. Al negarse a obedecer a Dios, nos obligaban a nosotros a estar en otro lugar, y esto causó mucho sufrimiento a nuestro alrededor. Más tarde confesaron su error. De esta forma no cumplieron la volutad de Dios para ellos, salieron del curso de los eventos señalado divinamente, y sufrieron mucho, además de hacer sufrir a otros. El dueño de la casa en la playa insistía en que la desocupáramos, pero no teníamos adónde ir. Dios nos quería en el Hogar de Pasadena. Nunca sabemos cuánto hacemos sufrir a otros cuando nosotros mismos le fallamos a Dios. El Señor había bendecido nuestra estadía en Long Beach. Pero ahora nos quería en Pasadena.

Poco después de volver a Pasadena tuve un horrible ataque de hemorroides, y estuve postrado durante días, sufriendo terriblemente. Luego de intensas oraciones, el Señor me libró. Mi sistema nervioso estaba muy afectado. Yo estaba bajo una gran tensión en mis centros nerviosos y en el cerebro. El pequeño John también sufrió un espantoso ataque de convulsiones. El diablo trataba de matarlo. Luego de que oramos, el Señor libró su vida. Muchas veces el diablo ha venido a mí y me ha ofrecido hacer un trato. Me ha prometido que si no lo presiono tanto, me dejará vivir más tranquilo. Pero Dios no permita que alguna vez haga un trato con el maligno.

1911 fue un año maravilloso en Los Angeles. La batalla era claramente entre las obras y la fe, entre la ley y la gracia. Gran parte del poder y la gloria de la obra misionera de Azusa en los viejos tiempos volvió a nosotros. Yo tenía gran libertad y gozo en la iglesia del hermano Durham, especialmente al principio. Dios me había preparado de antemano para el mensaje. Yo había sido llevado totalmente al fin de la autodependencia. Las obras ya no tenían lugar en mí como procuradoras de salvación. "Porque somos obra suya, creados en Cristo Jesús para buenas obras" (Efesios 2:10). Somos llamados nuevamente a la humildad, para que el poder de Dios pueda descansar en nosotros.

Tan decidido estaba yo a no arriesgarme a sobrevivir por mis propios esfuerzos, que en este momento quemé no menos de 500 cartas personales que había recibido en los comienzos de la obra de Azusa, escritas por líderes de iglesias, predicadores y maestros, de todo el mundo, inquiriendo ansiosamente sobre el avivamiento que en ese momento se producía entre nosotros. Algunas de estas personas estaban en puestos oficiales muy elevados. Tenían mis informes sobre el avivamiento en los distintos periódicos. Pero yo temía que estas cartas pudieran llegar a ser una tentación para mí, de creer que había sido una persona de cierta importancia. Casi todas esas personas me rogaban con gran interés que orara por ellas. Algunas veces casi desearía haber conservado esas cartas. Hubieran sido de gran interés ahora, como evidencias históricas de lo ampliamente que se había extendido la influencia de este avivamiento. Sin duda el Señor podría haberme mantenido en humildad sin este sacrificio, pero decidí no correr riesgos. Tan profunda y genuina era la obra comenzada nuevamente en nuestros corazones en la época del hermano Durham.

En esos momentos nada temíamos más que el buscar nuestra propia gloria, o que la experiencia pentecostal se convirtiera en un tema de la historia pasada. En realidad, esperábamos y creíamos que el avivamiento durara sin cesar hasta que Jesús volviera, lo cual sin duda sucedería, debería suceder, si los hombres no le fallaran a Dios. Pero continuamente nos desviamos hacia las viejas concepciones, formas y ceremonias eclesiásticas apartadas de Dios. Por esto, tristemente, la historia rara vez se repite. Ahora debemos trabajar por un avivamiento anual. Vamos a la iglesia los domingos, etc., igual que "las naciones (iglesias) de alrededor". Pero en el comienzo no fue así. En los primeros días de la obra de Azusa apenas se podía lograr que los santos dejaran de estar de rodillas.

Cuando dos hermanos se encontraban, inevitablemente iban a orar. Hoy es difícil lograr arrastrar a alguien para que ore. Algunos se encabritan tanto por ello, como en el oriente lo hace el viejo camello cuando quieren ponerle una carga encima. Se queja, y muerde, y gime, antes de que su amo pueda hacerlo arrodillar para colocarle la carga. Me alegro de no haber destruido mi diario, ni los artículos que escribí sobre esos primeros días de la obra pentecostal, con los informes de las reuniones, experiencias en diferentes lugares del mundo, etc. He conservado entre quinientos y seiscientos artículos impresos, además de más de cien diferentes tratados escritos y publicados en relación con estos mismos hechos. De éstos he podido extraer una tremenda cantidad de la más confiable información para este libro, que probablemente jamás hubiera podido escribir si los hubiera destruido. En todos mis escritos producidos en al menos, veinticinco años, permanentemente he trabajado por la unidad del cuerpo de Cristo. Están llenos de los sentimientos de Juan 17:21. También he luchado por la realidad desde el comienzo. Mi primer artículo se tituló: "Vive la Vida". El segundo, "Salvación vs. Imitación".

El Señor nos dio una pequeña escuela privada para nuestros hijos en Pasadena. Habíamos estado temiendo el hecho de dejarlos en medio de las influencias de las escuelas públicas. La hermana Anna Palmer, una preciosa hermana pentecostal, vino a vivir con nosotros para enseñarles. Era una mujer de carácter muy firme, y un espíritu absolutamente dispuesto al autosacrificio. Fue puramente una labor de amor de su parte, para el Señor. Algunos de los niños vecinos también aprovecharon esta oportunidad. Estuvimos muy agradecidos por esta especial muestra de la misericordia de Dios.

Aproximadamente en este tiempo tuve una poderosa manifestación del Espíritu en la iglesia de Lake Avenue. El poder de Dios vino sobre mí un domingo por la mañana, mientras estaba sentado, en medio de la reunión. El Señor me había dado un tremendo mensaje mientras iba hacia la reunión. El hermano Ansel Post estaba comentando la Palabra. Lo que él decía era bueno, pero no tenía ninguna unción especial. Repentinamente el Señor me ungió para que compartiera mi mensaje. Dudé, ya que el hermano Post estaba encargado de predicar. El Espíritu me atravesó como una espada, y me levantó de la silla. Corrí por el salón gritando con todas mis fuerzas, pero luego volví a sentarme. No quería interferir con el que estaba hablando. El mensaje me estaba consumiendo. Ya había dudado demasiado. Dios quería que lo compartiera en ese momento. El Espíritu me golpeó nuevamente y casi me hizo caer de la silla. Entonces supe que debía obedecer a Dios. Me levanté y hablé con el hermano Post, quien, muy amablemente, me cedió la palabra. Compartí el mensaje con una gran unción. ¡Cuántas veces le he fallado a Dios al no obedecerle en circunstancias similares! Esta vez parecía que Dios me mataría si no le obedecía. Tememos lastimar a los hombres más de lo que tememos lastimar a Dios. Se requiere mucha gracia para obedecer a Dios en tales circunstancias.

Muchas veces ministré, con gran bendición, en la iglesia del hermano Durham, ese verano. También escribí y publiqué un librito, llamado "Cuadro Profético", que me dio el Señor. Tres mil ejemplares me costaron treinta y cinco dólares. El proveyó los medios. En setiembre nos mudamos de Winona a Altadena. Nuestro hogar estaba en la calle Pine. Aquí abrimos una pequeña escuela, con la señorita Palmer como maestra. Otros niños del vecindario comenzaron a asistir. Pasamos grandes penurias económicas. Una hermana me dio veinticinco dólares, en respuesta a constantes oraciones. Comencé a sentir el fuerte deseo de salir nuevamente a servir activamente al Señor.

Hice un corto viaje a San Diego, donde prediqué nueve veces, con gran bendición. Luego hice un viaje por mar hasta Oakland, donde tuve a cargo algunas reuniones, con gran provecho y bendición. Desde allí pasé a Stockton, donde prediqué dos veces, en un campo muy duro. El Espíritu no estaba en profundidad allí. Al volver a casa, seguí trabajando en la iglesia del hermano Durham.

La oposición contra el hermano Durham era tremenda y finalmente él se sintió tentado a devolver el golpe. Sentí que esto no era del Espíritu de Cristo, aunque Durham estaba bajo una tremenda provocación. Posiblemente muy pocos fueran capaces de soportar exitosamente una prueba tal. Finalmente dejé la plataforma, dado que no quería defender un espíritu de venganza. Sentía que debía mantenerme lejos de las luchas y controversias carnales. Pero el Señor había usado maravillosamente al hermano Durham. El lo había enviado a Los Angeles. Posiblemente su obra ya estuviera cumplida. Si se hubiera quedado mucho tiempo más, su victoria podría haber sido destruida. Su palabra estaba convirtiéndose casi en ley para las iglesias pentecostales, casi hasta llegar a la costa del Atlántico. El periódico que estableció en conexión con la igleia comenzó a tomar especialmente la naturaleza de una controversia carnal, combatiendo la teoría de la "segunda obra de la gracia". El Señor me mostró que estaba a punto de detener este espíritu. También, tener demasiado poder es malo para cualquier hombre.

El hermano Durham escribió las siguientes observaciones sobre la obra algún tiempo antes de morir, que son de tal vital importancia que nos sentimos movidos a reproducirlas, como sigue: "Se está produciendo una gran crisis. Los hombres no ven el plan de Dios en el actual movimiento pentecostal. Es necesaria una revolución total que los sacuda. No quieren ver aquéllo por lo cual han trabajado tanto para construirlo, destrozado; pero para que los planes de Dios puedan llevarse a cabo, antes deben ser dejados de lado los planes humanos. Ellos no ven que Dios, habiendo apartado de sí todo plan humano, está comenzando a obrar según su propio plan. Dios está revelando su verdadero plan a tantos, que jamás consentirán en que la obra actual se convierta en una secta. El pueblo de Dios simplemente no se dejará engañar por organizaciones humanas otra vez.

"Dios ha derramado su Espíritu nuevamente, de manera que Jesús ea glorificado. Todos los movimientos pasados han resultado en la promoción de uno o más hombres a posiciones de honor. El Espíritu Santo siempre exalta a Jesús, y su preciosa sangre. Mientras él es exaltado, y predicado con fidelidad, Dios restaura el poder de los viejos tiempos. Pero no todo ha sido restaurado aún. Al no ver el plan de Dios, los hombres no han cumplido con las condiciones, y por lo tanto no han recibido todo lo que Dios tiene para ellos. Muchos han querido adelantarse a Dios."

Poco después de que Dios me llenara, su Espíritu descansó firmemente sobre mí una mañana, y Dios me dijo: "Si eres lo suficientemente pequeño, podré hacer cualquier cosa contigo." Un gran deseo de ser pequeño, sí, de ser nada, se apoderó de mi corazón. Pero ha sido... ¡oh, tan duro! mantenerme lo suficientemente bajo como para que él pueda en verdad trabajar por medio de mí. Y él solamente me usa cuando soy pequeño a mis propios ojos, y realmente humilde a sus pies. Cuando siento que debo hacer algo, siempre me deja fracasar. Pero cuando estoy a sus pies, y siento que no soy nada, y que él es todo, y por consiguiente, sólo confío en él, él hace su obra en una forma tan hermosa que es maravilloso para mí.

"Dios no está tratando de construir otra cosa, o de hacer algo que haga grandes y poderosos a los hombres, sino de llevar a todos los hombres a ser nada, y de hacer la obra por el poder del Espíritu Santo. Dios llama ahora a su pueblo a humillarse; a reconocer su debilidad y falta de poder, postrarse ante él, y esperar hasta que su poder sea restaurado. La gran pregunta es: ¿verán los hombres el plan de Dios, y se rendirán a él? ¿Se postrarán los hombres en humildad a los pies de Jesús, y orarán y esperarán hasta que él restaure plenamente su poder pentecostal? ¿O continuarán adelantándose a él, sólo para fracasar al final?

"Que el pueblo de Dios en todo lugar vea su plan, y comience a buscar en verdadera y profunda humildad. Entonces él se revelará a sí mismo, y su plan, a ellos. Un hombre con el verdadero poder de Dios sobre él puede hacer más que mil que salen por sus propias fuerzas. Sólo los que son leales y sinceros ante Dios, y a su mensaje actual, tendrán parte en esta gran victoria. Aquellos que se humillen realmente, y que pasen la prueba, serán usados por Dios para hacer su obra." (Wm. H. Durham.). El hecho es que cuando un hombre llega al punto en que verdaderamente ama la oscuridad, que no le preocupa predicar, y que prefiere sentarse en el banco de atrás en vez de sobre la plataforma, entonces Dios puede levantarlo y usarlo; no antes.

El viejo Aposento Alto, de la calle South Spring 327_, fue reabierto aproximadamente en esta época, bajo el liderazgo del hermano Warren Fisher, el hermano Manley y el hermano Allen. Allí prediqué un domingo, y dos personas recibieron el "bautismo". Dios me ungió maravillosamente. La presencia del Señor estaba muy cercana. Yo le había pedido a él un testimonio. Así que pasé a ministrar en la iglesia del Aposento Alto. La situación en la iglesia del hermano Durham parecía estar cambiando. Después de que dejé de predicar en su iglesia, aparentemente comenzó a desconfiar de mí. Quizá pensaba que yo trabajaría en su contra. Hablé varias veces en el Aposento Alto, donde el Señor me bendecía en gran manera. Poco después de esto, el hermano Durham fue a una convención en Chicago. Era invierno, y allí contrajo un resfrío, a consecuencia del cual murió poco después, cuando ya había vuelto a Los Angeles, luego de ser utilizado maravillosamente en Chicago.

En este tiempo el Señor me hablaba claramente de salir otra vez al campo, con mi familia. Me sentía fuertemente atraído hacia Europa. Cuando pasé por este continente, en 1910, ya había sentido una firme convicción en este sentido. El tiempo había llegado. El Señor comenzó a tocar corazones en nuestro favor en forma notable, para este fin, aunque casi toda la ayuda económica que recibimos, como siempre antes, provino de fuera de Los Angeles. Un hermano de Stockton, y una hermana (no pentecostal) de Pasadena nos pagaron los viajes hasta Denver, nuestra primera escala. Dios no permitió que ninguna iglesia ni grupo nos enviara. Y quizá fuera mejor así. Hoy está todo bien para uno; mañana puede estar todo mal con ellos. Así que es mejor, al menos, mirar al Señor. Nuestros pobres misioneros que están en el exterior pocas veces saben dónde están parados en relación con las iglesias. Antes de que les llegue la siguiente carta, toda la situación doctrinal puede haber cambiado, o la sociedad puede haberse disuelto totalmente. Ellos necesitan de nuestra simpatía y nuestras oraciones. ¿Cuándo se convertirá el pueblo de Dios en "un rebaño", con "un Pastor", Jesús, como él lo prometió? Ciertamente es tiempo de que oremos como Jesús oró: "que todos sean uno, para que el mundo crea" (Juan 17:21).

Dejamos Los Angeles, después de sacrificar nuestro escaso mobiliario, como tantas veces lo habíamos hecho antes, y comenzamos a abrirnos paso por el continente una vez más, ahora, creíamos, camino a Europa. Teníamos el dinero justo para llegar a Denver. Pero el relato de nuestra "Obra misionera de dos años en Europa, justo antes de la guerra mundial, 1912-1914", con el relato de nuestro trabajo en Inglaterra, Escocia, Gales, Holanda, Suiza, Francia, Alemania, Noruega, Suecia, Finlandia, y la vieja Rusia, donde tuve que predicar en secreto, casi debajo de las narices del zar; con un vívido relato de las primeras semanas de la Gran Guerra Mundial, antes de que saliéramos de Europa, y que finalmente nos llevó de vuelta a Estados Unidos, cruzando las líneas de fuego, debe pedirse por separado, ya que constituye otro librito ya publicado, cuyo precio es $ 0,30. No queríamos volver tan pronto a Estados Unidos, pero nos vimos obligados a hacerlo por la seguridad de la familia. Además, todo el esfuerzo de las naciones se concentraba ahora en llenar los corazones de su gente de odio y muerte. Parecía que no había lugar para el espíritu del evangelio. El Sermón del Monte no tiene nada en común con los principios de los "dioses de la guerra". Se espera que uno haga todo lo posible para odiar, maldecir o matar al enemigo en tiempo de guerra, naturalmente, no para amarlo. Que otros lo hagan, sin embargo, si así lo desean; pero para mí, el evangelio es el mismo en la guerra o en la paz. "Jesucristo es el mismo ayer, hoy y por los siglos."

Los Angeles, Calif., abril de 1925

9

Chispas en el Yunque

"Los Padres deben ser explicados e interpretados según las Escrituras, no las Escrituras según los Padres. ¡Cuántas veces se ha malinterpretado a Jerónimo, Agust'n o Ambrosio! ¡Cuántas veces sus opiniones difieren, y se retractan de sus errores!" (Melancton).

"El mayor grado de sabiduría logrado por mentes ambiciosas, o por almas colmadas del deseo de la perfección, ha producido sólo desesperación en ellas." (D'Aubigne).

"Dios, quien prepara su obra a través de los siglos, la lleva a cabo por medio de los más imperfectos instrumentos, cuando el tiempo ha llegado, para que pueda verse que la obra es de Dios y no de los hombres. Lograr grandes resultados por medios imperceptibles, ésa es la ley de Dios." (D'Aubigne).

"Amarga cosa es para la carne que un hombre tenga un poco más de luz que sus hermanos." Dicho escocés. Ellos lo considerarán más inteligente por eso.

La iglesia primitiva pon'a a Dios primero, y al "yo",

último. Nosotros tenemos primero al "yo", y a Dios último. Este era el secreto del poder de la iglesia primitiva. La iglesia está apartada. Pero estamos dando vuelta al c'rculo, y finalmente será restaurada por completo. El Esp'ritu ha sido levantado de ella, como en la visión de Ezequiel. Sus ministros deben "llorar entre la entrada y el altar". Los "cadáveres" de las antiguas multitudes quizá deban "caer en el desierto" hoy. Tenemos corazones demasiado duros. ¡Oh, ser un Josué, o un Caleb!

Hay dos errores que se deben evitar. La dictadura, y la falta de ley. Las iglesias no organizadas tienen generalmente un círculo de comunión más estrecho que aquellas que se han organizado. Usualmente, las sectas comienzan con un honesto esfuerzo por preservar y restaurar alguna verdad perdida hace tiempo. Y terminan en una división. La historia se repite. Ningún cuerpo religioso se ha recuperado luego de perder su "primer amor".

Toda influencia errónea en la profesión cristiana hace que el camino sea mucho más duro para todo el cuerpo de Cristo. Cada individuo debe ser juzgado también por sus propios méritos, aparte del grupo con el cual se reúne.

Las "lenguas" eran la "señal", la "zarza ardiente", que Dios usó para atraer la atención de las personas hacia el derramamiento pentecostal, como había utilizad la "sanidad", etc., en derramamientos anteriores. ¿Qué "señal" especial acompañará el próximo derramamiento?

Los razonamientos filosóficos, las especulaciones intelectuales, etc., están muy difundidos, y son una verdadera epidemia en esta hora, acicateados por las fuerzas demon'acas, para alejarnos de la base de una fe "infantil" en Dios, de la salvación por la sangre. Muchos se encuentran perplejos, engañados por la "serpiente", como Eva. Es un universo terrible para estar perdido en él.

Ser como Jesús es la medida que Dios nos ha puesto. **Tomar las cosas con tanta seriedad como Dios.** Si el cielo es real, debemos vivir de esa forma. Esto producirá el "Pentecostés". El espíritu humano predomina muchas veces, mientras que el amor y la humildad se visten de cilicio y se sientan a suplicar al costado del camino. El dulce Jesús es zarandeado una y otra vez, y derribado, en las reuniones. El pecado y la "carne" matan a cualquier "Pentecostés". El médico examina la lengua antes que todo. ¿Has estado hablando maldad? Eso denota un corazón malo. Cada movimiento radical por Dios ha fallado, en el final, en la prueba del amor. La iglesia de Filadelfia ("amor fraternal") fue la que tuvo la "puerta abierta" (Apocalipsis 3).

Si hubieran estado "cavando", yendo hacia abajo, en Babel, en vez de querer subir, Dios quizá no los hubiera castigado. Israel pecó al pedir un rey terrenal y dividir la nación. Nos negamos a seguir la regla del Espíritu, y dividimos el "cuerpo". "...si entresacares lo precioso de lo vil, serás como mi boca" (Jeremías 15:19). Es mejor hacer contristar a todos los hombres que a Dios. Las mismas verdades que dieron luz al movimiento pentecostal, hoy en d'a son rechazadas como demasiado "fuertes". Pero si Israel seguía a la columna de fuego y de nube con tanto cuidado, ¡cuánto más debemos nosotros seguir al Espíritu Santo! Hasta ahora, cada obra de Dios ha sido desviada, o no ha llegado a cumplir su verdadero objeto y propósito. Por eso, continuamente hemos necesitado "nuevos golpes". El espíritu partidista, y el interés en lo temporal, el "yo", son las dificultades.

Tenemos muchos "'dolos chinos" y mucha música "jazz". Charles G. Finney, el gran evangelista, llegaba hasta a desestimar el buen canto en demas'a. Mata la convicción. Gastamos demasiado "vapor" en nuestros "silbidos". Pentecostés significa "cincuenta". Para algunos de nosotros, es "cincuenta y cincuenta".

Millones de personas están encerradas en sistemas fijos e irrevocables, tanto doctrinal como experimentalmente. Están atadas, y temer salir con Dios a sus extensos pastos verdes. Están atados a un poste, y no pueden disfrutar de los pastos. La corriente se mueve junto a ellos, pero temen dejar su lugar, separarse de las cosas a las que han estado unidos en el pasado, y confiar en la corriente del movimiento progresivo de Dios para restaurar la verdad que una vez estuvo perdida. Los paganos, que no han sido indoctrinados, comprenden la soberanía del obrar de Dios. Ellos se llevan la mejor parte.

Tanto Jonás como Balaam tenían el "don de profecía", pero eran, en gran medida, hombres sin gracia. Necesitamos santidad de corazón. Es un error vital sustituir la luz por el calor. "El conocimiento envanece, pero el amor edifica". Leamos 1 Corintios 13 una vez más. No nos apartemos de "la sencillez que es en Cristo". La fe consigue lo máximo, el amor trabaja al máximo, la humildad conserva lo máximo. La visión de Dios llega a los hombres humildes. Quien busca dejar huellas y hacer cosas sublimes es un fracaso. El que se gloría de sí mismo es un perdedor. Si dejamos que el "yo" se entremeta, todo se arruina. La excelencia se logra con el olvido del "yo". La persona que busca cumplidos ha perdido a Dios. Debemos dejar de estar pendientes de nosotros mismos. Estamos también demasiado pendientes de los demás. Necesitamos estar pendientes de Dios.

Humildad, no infalibilidad, es lo que conviene a las criaturas caídas. El agua busca los lugares bajos. La infalibilidad es el vértice de la proposición de Satanás al hombre. El mayor arrepentimiento y humillación, nuestra propia fragilidad y debilidad, es lo que debemos ver antes de poder conocer la potencia de Dios. Las armas se pierden de vista después de disparar. Lo mismo debemos hacer nosotros, por nuestra seguridad. Debemos ser "quebrantados".

Los celosos religionistas se preocupan sólo por el triunfo de su propia doctrina o grupo. Cualquiera puede tener una posición ventajosa y prestigio si trabaja para los intereses ego'stas de algún grupo. Defender solamente un principio es otra cosa. Los que lo hacen no son bien comprendidos. Una persona egoísta jamás puede comprender el desinterés.

La mayoría de la gente necesita llevar una pesada carga para mantenerse firme. La espera es el instrumento más comúnmente utilizado por Dios para ejercer su providencial disciplina. El prueba a los hombres aceptables en el horno de las aflicciones. La mayor'a de los grandes hombres realiza el trabajo de toda su vida en un período breve de tiempo. Esto los consume. Ningún hombre determina sus propios tiempos; es el tiempo el que determina los hombres.

El diablo no tiene conciencia, la "carne" no tiene sentido común. Entonces, ¿por qué esperar que se comporten bien en una reunión? Deberíamos actuar y hablar como estando en la presencia inmediata y conciente de Dios. Arreglar todas las diferencias ante su trono. Protege el buen nombre de los demás y ellos hablarán bien de ti. Nuestra influencia, para bien o para mal, hace que se levanten olas que romperán únicamente en las playas de la eternidad. Un pequeño empujón, dado en el momento justo, puede hacer caer a un alma en el infierno, o elevarla al cielo.

El arte del sacerdocio está pasando. Los hombres piensan hoy por sí mismos, no un hombre por miles. El Espíritu Santo no resignará su autoridad a favor de ningún hombre o grupo. Tenemos demasiadas controversias dogmáticas. Analizar a Cristo es destruirlo. Los términos significan muy poco, excepto para quien toma conciencia de ellos.

El alma humana es naturalmente perezosa en lo relativo a Dios. Toda la debilidad de la humanidad puede ser vista en el "bautismo pentecostal". Tenemos sólo una vida, una oportunidad. Pasará rápidamente. ¿Tenemos buenas reservas? Es mejor asegurarnos.

"Siete años de abundancia" en el comienzo del derramamiento pentecostal. "Siete años de hambre" con el advenimiento de la Guerra Mundial. Profetizamos esto en el comienzo. También vimos que la mayoría de las iglesias caerían en ello. Esto produjo un endurecimiento de la totalidad de la situación religiosa. ¿Qué seguirá ahora? Lutero esperaba "el fin del mundo" en su época.

"A nadie conozco según la carne". ¿Qué produciría esto en nuestras reuniones, que se han convertido en una babel de confusión y sociabilidad carnal desarrollada en demas'a? Les cuesta tanto sumergirse en Dios como en el Mar Muerto. Las oleadas de entusiasmo y celo humanos no tienen descanso. En los días de Azusa, cuando dos santos se encontraban, invariablemente iban a orar. Apenas pod'amos hacerlos levantar de sus rodillas. En aquellos días teníamos que cavar para sacar a los predicadores de la tierra. Hoy, no podemos sacarlos de la plataforma. Si no se los invita, lanzan un aullido aterrador.

Si Jesús estuviera aquí, toda esta agitación se detendría. El sería el único. Pero necesitamos hombres con su carácter y su esp'ritu para manejar la situación. Pocos hombres son lo suficientemente grandes como para manejar exitosamente las dificultades, las preguntas y las personas que asisten a las iglesias. Necesitamos más sabiduría, paciencia, humildad, amor, todo. ¿Qué haría Jesús? Necesitamos ser liberados de las contiendas y la confusión, consagrarnos más profundamente, morir al "yo". El entusiasmo y el celo humanos, el espíritu de broma y liviandad, en el predicador o en la iglesia, resultan en ruina. Si hemos perdido nuestro rol como "peregrinos y extranjeros", no somos cristianos bíblicos. Los cuidados de esta vida, el engaño de las riquezas, la codicia, etc., son los "gusanos". La mayor'a de los cristianos consiguen su "aceite" en las estaciones de servicio.

La iglesia organizada ha probado ser un tremendo marco de formas y ceremonia, construida en contra de Dios. El Espíritu no tenía derecho de paso. Si las palabras de Jesús ejercían presión sobre ellos, se rebelaban con violencia en su contra, como en la época de Cristo. ¿Acaso no nos estamos desviando nosotros también? Grandes iglesias, evangelismo popular, propagandas sensacionalistas, etc. Reuniones con "un hombre", órdenes de culto anunciados con anticipación. ¿Es esto "pentecostal"? Hemos de dejar lugar para Dios en alguna parte. Tampoco necesitamos andar sin ley. Tenemos el arca en un "carro nuevo" una vez más. Dios castigó a Uza por este error, y David la dejó por el camino. Cuando la pusieron nuevamente "sobre los hombros de los sacerdotes", todo anduvo bien otra vez (2 Samuel 6). Promocionamos los "milagros", maravillosos predicadores, etc., y hacemos que la gente mire las "señales" de las carteleras, para la próxima gran reunión. Pero ¿acaso nos "siguen" las señales? Los seres humanos aman lo espectacular. Lo que no entendemos es "maravilloso".

El fuego de Dios cae sobre los sacrificios, como en el caso de Elías. Cuanto mayor es el sacrificio, la consagración, mayor es el fuego. Pero en la iglesia de hoy tenemos muchos Anan'as y Safiras. Ellos, con su influencia y su dinero, hacen que caigan muertos los Pedros. El hombre que paga todo el precio de la consagración tiene poca voz en las reuniones. Y la gente evidentemente sirve al Señor por lo que puede obtener de ello: bendiciones para sí, etc. Hay muchos "cristianos por interés" en Estados Unidos. Un joven sacrifica todo, si es necesario, por la muchacha que ama. ¿Realmente amamos al Señor?

El Espíritu Santo fue dado para dar testimonio de la "resurrección", no para ayudar a propagar las nociones e ideas favoritas de cada persona. La verdad se descubre, y mora, con los humildes. El "bautismo" es sólo un comienzo, no el final de todo. El debe guiarnos "a toda verdad". La iglesia primitiva comenzó así. Estamos volviendo al comienzo, listos para empezar otra vez, a partir de la caída de la iglesia.

La vida del cristiano es un "trabajo de parto". Estamos en pruebas hasta que finalmente nacemos. "El debe crecer, y yo menguar". La traducción que Lutero hizo del Nuevo Testamento, la obra más importante de su época, no lleva su nombre. Dice: "Nuevo Testamento en alemán. Wittemberg." Esto es abnegación. Estos son tiempos de sacrilegio generalizado y de presunciones peculiares. Tengamos cuidado de no tener una familiaridad indebida con Dios. "Los necios se apresuran a pisotear donde los ángeles temen apoyar su pie." Que el arca siga tapada (1 Samuel 6:19). Daniel, y Juan, el autor de Apocalipsis, cayeron postrados sobre sus rostros cuando se encontraron con Dios.

Una mujer, luego de dar a luz un hijo, está débil,

pero la domina un gozo incomparable. El padre es el que grita. La demostración no significa necesariamente un profundo gozo. Los espíritus rudos aplastan bajo sus pies el suave esp'ritu de Jesús. Posiblemente un noventa por ciento de las manifestaciones religiosas desde la ca'da de la iglesia primitiva hayan sido humanas. Observemos las sectas que han hecho guerra unas contra otras, las luchas de credos, las contiendas, y aun la Inquisición.

Si quieres mantener una visión clara, manténte alejado del espíritu partidista, y habla la verdad en todo tiempo, sin temor o favor. No prediques para complacer a un "grupo", sino para levantar un estandarte. La mayoría de los movimientos siguen un círculo, en un surco tan profundo que no pueden ver hacia afuera. Dios tiene sólo un "tema": "Jesús".

Tenemos demasiadas hechicerías y manipulaciones humanas. Como en la Iglesia de Inglaterra, donde hay que levantarse, sentarse, decir esto, hacer aquello. ¿D—nde entra "Pentecostés" en esta imagen? ¿Cómo podemos seguir tanto a Dios como al líder? "Ninguno puede servir a dos amos." Supongamos que estamos en espíritu de oración. A algunos líderes les gusta controlar sus congregaciones por completo. Cambian el orden de culto según su propia y amada voluntad. No creemos en la falta de orden, pero ciertamente el Espíritu debe tener cierto control. Cierta medida de orden es necesaria algunas veces. Pero estamos hablando del abuso de ésta.

Dios reunió a muchos santos experimentados en Azusa, al comienzo. Ellos fueron sometidos y purificados por medio de meses de oración, y años de experiencia con Dios. Desde la guerra, vivimos en una era de liviandad y jazz. Se niegan a pasar por los fuegos de la santificación y la purificación del corazón. Tenemos una atmósfera de confusión. Hay mucha obra "profesional", y se lleva a los creyentes de un lugar a otro con toda prisa, como en una "visita de médico". Esto produce un "falso" Pentecostés, con "lenguas" espurias. También se imita el "canto en el Espíritu". Las personas han aprendido a hacer estas cosas sin el Esp'ritu, y sugieren a otros que las imiten. Aun hemos visto a los l'deres pedir la manifestación que desean de la gente. ¿Qué dir'a Pedro de tal manifestación? Muchos han prometido un elefante, pero producen un rat—n. Pero éstos son sólo sustitutos apartados de Dios.

Los viejos grupos, anquilosados en posiciones amargas, partidistas, jamás podrán ser usados por Dios para el próximo mover de su Espíritu. La historia se repite. No están en condiciones. Se requiere siempre un "nuevo giro". El pueblo de Dios nace libre. Sólo quien ha estado en el "monte", ha visto la visión celestial, y ha recibido el espíritu de obediencia, puede saltar los abismos, y trepar las montañas de la duda y el temor, hasta llegar a la victoria. Necesitamos hombres "llenos de fe y del Espíritu Santo", para llevar al pueblo a la victoria.

Apreciemos nuestra libertad en el Espíritu Santo, que fue comprada con sangre. La iglesia primitiva la perdió, y se deslizó en una "era de tinieblas", al comprometerse con el poder temporal y el abuso y el poder eclesiástico. Hoy estamos siendo probados en las mismas áreas. La historia se repite. Si no recibimos la advertencia, caeremos nuevamente en la "era de las tinieblas". "No os sometáis nuevamente al yugo de servidumbre."

10

Un Ruego por la Unidad

El Dr. Philip Schaff, reconocido erudito, ha declarado felizmente: "Las divisiones del cristianismo serán finalmente superadas en favor de una más profunda y rica armonía, de la cual Cristo es la nota principal. En él, y por él, todos los problemas de la teología y la historia serán resueltos. En el mejor caso, un credo humano es sólo una expresión aproximada y relativamente correcta de la verdad revelada, y puede ser mejorado con el progresivo conocimiento de la iglesia, mientras que la Biblia sigue siendo perfecta e infalible. Cualquier visión que dé mayor autoridad a los credos es antiprotestante y esencialmente romanizante."

El editor de "El Amigo de Rusia" escribe: "Los credos y las disciplinas humanas jamás lograrán unir al pueblo de Dios. Son demasiado estrechos y cambiantes. Tenemos un fundamento que es lo suficientemente amplio como para que todos se apoyen en él. Cristo mismo es este fundamento. En Cristo, todo el pueblo de Dios es uno, sin importar las razas, colores, posición social o credo."

Un cierto predicador de renombre, en una prominente iglesia que no pertenece a las filas pentecostales, hablando a los santos que habían sido "bautizados", dijo: "Al mirar a la iglesia dividida, y la multitud esparcida en sectas, ninguna de las cuales es similar a la otra, ¡cómo claman nuestras cansadas almas por ese amor original! No ganaremos el mundo confiando en ningún otro medio. Los paganos que contemplaban a los primeros cristianos decían: '¡Mirad cómo se aman!' Mientras nosotros nos separamos en sectas, credos, 'ismos' y doctrinas, nuestro amor muere, nuestras iglesias quedan vacías, y nuestro pueblo, perdido. Vuestra preciosa obra pentecostal, tan llena de promesas, donde Dios se ha complacido en venir para llenar las almas y bautizarlas en forma maravillosa en el Espíritu Santo, está rota y desnuda, y arruinada, por falta de amor." ¿No es éste un terrible juicio?

Eric Booth-Clibborn, uno de los nuestros, que falleció recientemente en Africa, escribió: "Antes de la terrible agonía del Getsemaní, nuestro bendito Salvador oró fervorosamente para que sus discípulos fueran uno, como él era uno con el Padre. Mientras la iglesia luchaba contra las hordas del paganismo, se mantuvo pura y unida, pero tan pronto como perdió en este conflicto, la guerra, en vez de dirigirse hacia las fuerzas del mal que estaban afuera, se metió dentro de las paredes de la iglesia. Terribles controversias surgieron. Los concilios ecuménicos se proponían lograr la paz y la unidad, pero sólo trajeron deshonor y desgracia en el nombre de Cristo, por el odio y las disensiones que en ellos se manifestaban. He estado en muchos lugares donde el 'Pentecostés' se ha corrompido. Han estado muy ocupados corrigiendo al otro, y promoviendo alguna doctrina o tema favoritos. En cuanto a probar que el otro está equivocado, es algo que se resolverá por sí mismo a medida que avancemos."

Alguien ha dicho: "En el día de la batalla, un único sentimiento anima cada pecho; después de la victoria, todos se dividen." Y esto, lamentablemente, puede aplicarse al pueblo de Dios.

Poco después de la Guerra Mundial, el káiser alemán hizo acuñar una medalla que tenía grabadas las siguientes inscripciones a cada lado: "No conozco a los demás; sólo conozco a los alemanes." "El Rey llamó, y todos acudieron." ¿No debería ser la iglesia igualmente sabia?

John Wesley escribió lo siguiente: "Estoy harto de opiniones. Dadme un humilde, pacífico, amante de Dios y del hombre, un hombre lleno de misericordia y buenos frutos; sin parcialidad ni hipocresía. Que mi alma esté con tales cristianos, dondequiera que estén y cualquiera sea su opinión. Quien hace la voluntad de mi Padre, ése es mi hermano."

En un artículo en contra de los prejuicios, Wesley escribió: "El prejuicio es estar demasiado apegados, o amar demasiado nuestro propio grupo u opinión. ¡Cuán poco dispuestos están los hombres a reconocer algo de bueno en aquellos que no coinciden en un todo con ellos! No debemos limitar la causa de Dios a nuestro propio grupo, sino gozarnos en la bondad, dondequiera que ésta aparezca."

Una vez más, Wesley escribe: "¿Acaso no podemos tener todos un mismo sentimiento, si no una misma opinión? Sin duda que podemos. Hubo un tiempo en que todos los cristianos tenían un mismo pensamiento, así como un mismo corazón; tan grande gracia fue sobre todos ellos, **cuando fueron llenados con el Espíritu Santo por la primera vez**. Pero ninguna animosidad es tan profunda e irreconciliable como aquélla que surge de los desacuerdos en asuntos religiosos." Qué terrible afirmación... pero cuán cierta es.

La recuperación de la iglesia hasta volver a la unidad, como en el principio, ha sido el sueño más preciado por muchos de los más grandes pensadores del cristianismo. Melancton nos ha dejado su famosa máxima: "En lo esencial unidad, en lo dudoso libertad, en todas las cosas amor." Melancton trabajó incesantemente por la unidad del cuerpo de Cristo en su época. Escuchamos a algunos hermanos decir que esto no es posible. Entonces tendremos que rechazar la última oración de nuestro Salvador, en Juan 17. Posiblemente pocos quieran confesar que el Señor no puede restaurarlos al verdadero espíritu cristiano. Entonces, si me toca a mí, ¿por qué no al otro? ¿Soy yo mucho más prometedor que él?

Como comentario de valor histórico, aun la Iglesia Ortodoxa Griega espera, a partir de la realización del Séptimo Concilio Ecuménico, en el año 787, la realización del Octavo (que aún no se ha concretado), cuando todas las controversias del cristianismo sean resueltas. Ellos saben que así debería ser.

Se nos dice que cuando el general Allenby tomó Jerusalén, no sabía qué hacer con la Iglesia del Santo Sepulcro. No pudo encontrar un verdadero comité cristiano al que se le pudiera confiar su cuidado. Las sectas cristianas se odian terriblemente allí. Pero hay aproximadamente una docena de ellas que adoran bajo el mismo techo. Por ello, el general se vio obligado a designar a un viejo musulmán para que preparara el esquema de horarios de los cultos de estos grupos, y que evitara que, literalmente, se mataran unos a otros a causa de su fervor religioso (algo que sucede allí con mucha frecuencia). Bajo el antiguo régimen, un guarda turco guardaba el orden. Este anciano musulmán cuenta, entre risas, a los visitantes, que él está allí para evitar que los cristianos se maten unos a otros. Y no está mintiendo. ¿Puede alguien decirnos cuánto tiempo sería necesario para que este musulmán se convirtiera, con este estado de las cosas?

Los registros históricos sobre los cruzados de la Edad Media dicen: "Los píos peregrinos entraron humildemente, con los pies descalzos entre los muros de Jerusalén, para luego quemar a los judíos en su sinagoga y bañar con la sangre de miles de los sarracenos los lugares donde vinieron a buscar las sagradas huellas del Príncipe de Paz." ¿Acaso ha de maravillarnos que los judíos no hayan sido salvos? Recordemos los "pogroms" rusos, instituidos por la Iglesia Ortodoxa Rusa contra los judíos. Durante siglos, la iglesia estatal europea, en sus épocas de especial celo, se ha propuesto firmemente exterminar a los judíos.

Alguien ha dicho: "Las pasiones jamás se muestran con mayor violencia que en una discusión sobre temas religiosos." Es un hecho que en ninguna parte del mundo ha habido guerras más terribles que entre los cristianos. Pensemos en la que acaba de terminar. En vista de estos hechos, es de la mayor importancia que nos cuidemos de tener el Espíritu de Cristo, no un espíritu religioso. Alguien ha dicho, además: "Las facciones no tienen misericordia, y lo que debiera excitar su compasión, no hace sino inflamar su ira." Hay multitudes de personas que, según parece, creen seriamente que "el fin justifica los medios" en lo relativo a la religión.

Lutero, en su época, escribió sobre el espíritu de desunidad que imperaba entre las diversas sectas y divisiones de la Iglesia Romana, las siguientes palabras: "Sacerdotes, monjes, y laicos, han llegado a odiarse más entre ellos que lo que los cristianos odian a los turcos. Cada uno se aferra a su propia secta, y desprecia las demás. La unidad y la caridad de Cristo han llegado a su fin." Eso pensaba Lutero.

El historiador D'Aubigne, escribiendo sobre la Reforma en Suiza, comenta: "Los dominicanos, los agustinos y los capuchinos, por tanto tiempo enemigos, se vieron reducidos a la necesidad de vivir juntos (debido a la pobreza); un anticipo del infierno, para estos pobres monjes."

En el concilio donde finalmente se encontraron Lutero y Zwinglio, éste último le rogó a Lutero que se reconciliara con los reformadores suizos. "Confesemos" dijo él, "nuestra unión en todas las cosas en que concordamos; y en cuanto al resto, recordemos que somos hermanos. Nunca habrá paz entre las iglesias si, mientras mantenemos la gran doctrina de la fe, no podemos diferir en cuestiones secundarias." Sólo con gran esfuerzo Lutero aceptó esta posición, y como consecuencia de su espíritu tan poco amoroso y violento, cayó en un abismo de melancolía y desesperación en el que sentía que Dios lo había abandonado. Y así fue, sin duda, por ese momento. El amor se ocupa de su propia venganza, y Lutero había violado ese mismo principio. Y ése es exactamente el problema que sufre un sinnúmero de pastores que pasan por grandes depresiones espirituales. Es la ley de la retribución, que cae sobre sus propias cabezas. Cuando Zwinglio y Lutero se encontraron, finalmente, ambos se sorprendieron al ver en cuántas cosas estaban de acuerdo. ¡Cuánto mejor sería si hoy buscáramos en cuántas cosas estamos de acuerdo, en vez de aquéllas en las que diferimos!

H.L. Hastings ha escrito lo siguiente: "Parece que el diablo ha tenido durante siglos un instrumento favorito, que es el de 'poner rótulos', y de esta forma, separar y dividir al pueblo de Dios, por cuya unidad oró nuestro Salvador tan intensamente." Juan Bunyan fue muy directo. Escribió estas palabras: "Ya que deseáis saber por qué nombre deseo ser llamado, deseo, si Dios me considera digno, ser llamado un cristiano, un creyente, o cualquier otro nombre aprobado por el Espíritu Santo. En cuanto a esos títulos facciosos, como anabaptistas, etc., creo que no provienen ni de Jerusalén ni de Antioquía, sino del infierno y de Babilonia, ya que naturalmente llevan a divisiones, y por sus frutos los conoceréis."

Hastings continúa escribiendo sobre la situación poco después de la caída de la iglesia: "En esos antiguos días, cuando hombres cuyos reinos eran 'de este mundo' habían asumido autoridad sobre el rebaño de Dios, y habían establecido organizaciones en las cuales la política tenía más poder que la piedad, y donde la fe, en vez de venir por el oír, y el oír, por la palabra de Dios, era definida por las decisiones de concilios y los decretos de déspotas..."

Hablando sobre James Murdoch, autor de la traducción del Nuevo Testamento al siriaco, Hastings escribe: "Con una mente equilibrada, resistiendo toda tendencia a los extremos, una sabia sagacidad para detectar los principios eternos, diferenciándolos de las formas temporarias de expresión, con osadía para apartar las trabas tradicionales, y una amplitud de visión que comprendía un tema con todos sus aspectos, su devoción a la verdad y la justicia era suprema. Las cuestiones de minorías, mayorías y políticas eran de poca importancia a sus ojos."

Se dice de Fruth, uno de los primitivos reformadores: "En lugar de propagar sus propias opiniones, y de dar origen a divisiones, se aferró únicamente a la fe que salva, e hizo avanzar el dominio de la verdadera unidad. Esta", agrega el historiador, "es la señal de los grandes siervos de

Dios." Debemos "luchar a conciencia" por los grandes principios fundamentales salvíficos del evangelio, no por alguna pequeña teoría de nuestra preferencia.

Cranmer, otro de los reformadores, no adhería a ningún grupo o época en particular; sino, poseyendo una mente libre y filosófica, pesaba todas las opiniones en la balanza de su juicio, tomando a la Biblia como medida.

Cuán diferente es otro personaje de esos tiempos, como muchos que tenemos hoy. Se dice de él: "De disposición desasosegada, incapaz de disfrutar de algún reposo, siempre en búsqueda de nuevos objetivos, era un tormento para todos quienes le rodeaban. La confusión era su elemento; parecía haber nacido para la contienda, y cuando no tenía adversarios, se hacía enemigo de sus amigos."

Alguien ha escrito recientemente: "Es algo común leer en los periódicos las siguientes palabras: 'Sólo se admitirá a los afiliados al sindicato.' Y se está convirtiendo en algo común leer en los periódicos pentecostales: 'Están invitados todos los hermanos afiliados.' Cuál es la diferencia, se pregunta este autor. Y se responde: 'Ninguna diferencia, excepto que en un caso se trata de un sindicato secular, y en el otro, de uno religioso'."

Cada nueva división o partido en la iglesia le presenta al mundo una contradicción en cuanto a la unidad del cuerpo de Cristo y la verdad del evangelio. Son incontables las personas que se inclinan y queman incienso frente a una doctrina, en vez de hacerlo frente a Cristo. Los muchos grupos sectarios que existen en el cristianismo son para el mundo, por decir lo menos, una evidencia de que los cristianos no se llevan bien entre ellos. Los credos escritos sólo sirven para publicar el hecho de que no podemos comprender la Palabra de Dios de la misma forma, y reunirnos alrededor de ella. ¿Es, entonces, la Palabra de Dios, difícil de comprender? Quienes establecen un credo fijo le cortan el camino al progreso.

Se dice que el poderoso evangelista Charles G. Finney "forjó su teología en el yunque de la oración, dentro de su propio corazón". El no se dejó limitar por los sistemas de su época.

El Espíritu está obrando por la unidad de los creyentes hoy, por "un cuerpo", para que la oración de Jesús: "que todos sean uno, para que el mundo crea", sea respondida. Pero los hermanos están siempre listos para servir a un sistema o a un grupo, para contender por egoístas intereses religiosos partidistas. El pueblo de Dios está encerrado en sus propias cárceles. Como los pollos, siempre deben ser alimentados en sus propios comederos. "El error siempre lleva a una exclusión militante. La verdad siempre se inclina para lavar los pies de los santos." Al visitar muchas iglesias pentecostales, en la actualidad, uno siente que no es su lugar, simplemente porque no está alineada oficialmente con esa variedad o esa clase en particular. Estas cosas no deberían suceder. "...por un solo Espíritu fuimos todos bautizados en un cuerpo..." (I Corintios 12:13). Deberíamos ser como una familia, que lo somos, y sentirnos como en el hogar en cualquier casa de Dios.

Pertenecemos al uno y único cuerpo de Cristo, tanto en el cielo como en la tierra. La iglesia de Dios es una. Es algo terrible ir desmembrando el "cuerpo de Cristo". Cuán necias y malvadas parecerán esas pequeñas diferencias entre los cristianos a la luz de la eternidad. Cristo es el "tema". No una doctrina sobre él. El evangelio nos lleva a Cristo. Lo exalta a él, no a alguna doctrina en particular. "Conocer a Cristo" es el alfa y la omega de la fe y la práctica cristianas.

"La iglesia era en el principio una comunidad de

hermanos, guiada por algunos hermanos." (D'Aubigne). "...uno es vuestro Maestro, el Cristo, y todos vosotros sois hermanos" (Mateo 23:8). Tenemos demasiado espíritu de "liderazgo". Esto divide al "cuerpo" y separa a los santos.

Estamos volviendo en círculo, desde la caída de la iglesia primitiva, al amor y la unidad que había en el principio, en "un cuerpo" de Cristo. Esta es, sin duda, la iglesia a la que Cristo vuelve, "sin mancha ni arruga, ni cosa semejante".